U0657502

21

世纪文学之星

丛书 2021年卷

顾 问

王　蒙　王巨才　袁　鹰　谢永旺

编审委员会

主　任　徐贵祥
副主任　何建明
委　员　（按姓氏笔画排序）
　　　　叶　梅　叶延滨　李一鸣　何向阳
　　　　吴义勤　邱华栋　施战军　阎晶明
　　　　梁鸿鹰　彭学明　鲍　坚

出版委员会

主　任　路英勇
副主任　鲍　坚　张亚丽
委　员　（按姓氏笔画排序）
　　　　李亚梓　赵　蓉

作者简介：

徐威，男，1991 年生，江西龙南人。中山大学文学博士、访问学者，现任教于惠州学院文学与传媒学院。中国作家协会会员，中国文艺评论家协会会员。在《人民文学》《作品》《诗刊》《中国诗歌》《当代作家评论》《南方文坛》《当代文坛》《中国当代文学研究》《新文学评论》等发表小说、诗歌、评论四十余万字。主持 2019 年度广东省普通高校青年创新人才类项目、广东省教育科学"十三五"规划 2020 年度研究项目各一项。主要研究方向为中国当代文学、创意写作。

目录

总　序

袁　鹰

　　中国现代文学发轫于本世纪初叶，同我们多灾多难的民族共命运，在内忧外患，雷电风霜，刀兵血火中写下完全不同于过去的崭新篇章。现代文学继承了具有五千年文明的民族悠长丰厚的文学遗产，顺乎 20 世纪的历史潮流和时代需要，以全新的生命，全新的内涵和全新的文体（无论是小说、散文、诗歌、剧本以至评论）建立起全新的文学。将近一百年来，经由几代作家挥洒心血，胼手胝足，前赴后继，披荆斩棘，以艰难的实践辛勤浇灌、耕耘、开拓、奉献，文学的万里苍穹中繁星熠熠，云蒸霞蔚，名家辈出，佳作如潮，构成前所未有的世纪辉煌，并且跻身于世界文学之林。80 年代以来，以改革开放为主要标志的历史新时期，推动文学又一次春潮汹涌，骏马奔腾。一大批中青年作家以自己色彩斑斓的新作，为 20 世纪的中国文学画廊最后增添了浓笔重彩的画卷。当此即将告别本世纪跨入新世纪之时，回首百年，不免五味杂陈，万感交集，却也从内心涌起一阵阵欣喜和自豪。我们的文学事业在历经风雨坎坷之后，终于进入呈露无限生机、无穷希望的天地，尽管它的前途未必全是铺满鲜花的康庄大道。

　　绿茵茵的新苗破土而出，带着满身朝露的新人崭露头角，自然是我们希冀而且高兴的景象。然而，我们也看到，由于种种未曾预料而且主要并非来自作者本身的因由，还有为数不少的年轻作者不一定都有顺利地脱颖而出的机缘。其中一个重要的原因，乃是为出书艰难所阻滞。出版渠道不顺，文化市场不善，使他们失去许多机遇。尽管他们发表过引人注目的作品，有的还获了奖，显示了自己的文学才能和创作潜力，却仍然无缘出第一本书。也许这是市场经济发展和体制转换期中不可避免的暂时缺陷，却也不能不对文学事业的健康发展产生一定程度的消极影响，因而也不能不使许多关怀文学的有志之士为之扼腕叹息，焦虑不安。固然，出第一本书时间的迟早，对一位青年作家的成长不会也不应该成为关键的或决定性的一步，大器晚成的现象也屡见不鲜，但是我们为什么不在力所能及的范围内尽力及早地跨过这一步呢？

于是，遂有这套"21世纪文学之星丛书"的设想和举措。

中华文学基金会有志于发展文学事业、为青年作者服务，已有多时。如今幸有热心人士赞助，得以圆了这个梦。瞻望21世纪，漫漫长途，上下求索，路还得一步一步地走。"21世纪文学之星丛书"，也许可以看作是文学上的"希望工程"。但它与教育方面的"希望工程"有所不同，它不是扶贫济困，也并非照顾"老少边穷"地区，而是着眼于为取得优异成绩的青年文学作者搭桥铺路，有助于他们顺利前行，在未来的岁月中写出更多的好作品，我们想起本世纪20年代和30年代期间，鲁迅先生先后编印《未名丛刊》和"奴隶丛书"，扶携一些青年小说家和翻译家登上文坛；巴金先生主持的《文学丛刊》，更是不间断地连续出了一百余本，其中相当一部分是当时青年作家的处女作，而他们在其后数十年中都成为文学大军中的中坚人物；茅盾、叶圣陶等先生，都曾为青年作者的出现和成长花费心血，不遗余力。前辈们关怀培育文坛新人为促进现代文学的繁荣所作出的业绩，是永远不能抹煞的。当年得到过他们雨露恩泽的后辈作家，直到鬓发苍苍，还深深铭记着难忘的隆情厚谊。六十年后，我们今天依然以他们为光辉的楷模，努力遵循他们的脚印往前走去。

开始为丛书定名的时候，我们再三斟酌过。我们明确地认识到这项文学事业的"希望工程"是属于未来世纪的。它也许还显稚嫩，却是前程无限。但是不是称之为"文学之星"，且是"21世纪文学之星"？不免有些踌躇。近些年来，明星太多太滥，影星、歌星、舞星、球星、棋星……无一不可称星。星光闪烁，五彩缤纷，变幻莫测，目不暇接。星空中自然不乏真星，任凭风翻云卷，光芒依旧；但也有为时不久，便黯然失色，一闪即逝，或许原本就不是星，硬是被捧起来、炒出来的。在人们心目中，明星渐渐跌价，以至成为嘲讽调侃的对象。我们这项严肃认真的事业是否还要挤进繁杂的星空去占一席之地？或者，这一批青年作家，他们真能成为名副其实的星吗？

当我们陆续读完一大批由各地作协及其他方面推荐的新人作品，反复阅读、酝酿、评议、争论，最后从中慎重遴选出丛书入选作品之后，忐忑的心终于为欣喜慰藉之情所取代，油然浮起轻快愉悦之感。"他们真能成为名副其实的星吗？"能的！我们可以肯定地、并不夸张地回答：这些作者，尽管有的目前还处在走向成熟的阶段，但他们完全可以接受文学之星的称号而无愧色。他们有的来自市井，有的来自乡村，有的来自边陲山野，有的来自城市底层。他们的笔下，荡漾着多姿多彩、云谲波诡的现实浪潮，涌动着新时期芸芸众生的喜怒哀伤，也流淌着作者自己的心灵悸动、幻梦、烦恼和憧憬。他们都不曾出过书，但是他们的生活底蕴、文学才华和写作功力，可以媲美当年"奴隶丛书"的年轻小说家和《文学丛刊》的不少青年作者，更未必在当今某些已经出书成名甚至出了不止一本两本的作者以下。

是的，他们是文学之星。这一批青年作家，同当代不少杰出的青年作家一样，都可能成为 21 世纪文学的启明星，升起在世纪之初。启明星，也就是金星，黎明之前在东方天空出现时，人们称它为启明星，黄昏时候在西方天空出现时，人们称它为长庚星。两者都是好名字。世人对遥远的天体赋予美好的传说，寄托绮思遐想，但对现实中的星，却是完全可以预期洞见的。本丛书将一年一套地出下去，十年二十年三十年五十年之后，一批又一批、一代又一代作家如长江潮涌，奔流不息。其中出现赶上并且超过前人的文学巨星，不也是必然的吗？

岁月悠悠，银河灿灿。仰望星空，心绪难平！

1994 年初秋

序

王十月

　　近来我时常反思，《作品》杂志多年坚持不懈力推"90后"作家，最终在全国文学界掀起的这场堪称热闹的文学运动——"90后文学运动"——的得与失。

　　徐威这本书，给了我答案。

　　对于这一运动的盛况，徐威在本书中，以数据说话，有着客观准确的书写。

　　使用"90后文学运动"这样的表述，可能会让一些"90后"作家感到被冒犯。但事实如此，集体热捧"90后"作家，是纯文学期刊近些年来少有的一次共识。其行动背景，大抵是作为我国文学生产的重要一极，除了《萌芽》杂志外，其他文学期刊几乎完美错过了"80后"作家制造的文学盛宴，痛定思痛之后，不想再错过"90后"。

　　不仅不想错过，且带有补偿心理，这种补偿，并不是出于对作家的补偿，而是对文学期刊错失机遇的补偿，"90后"作家，不过恰巧成为了受益者，而已。于是，对"90后"作家的追捧，来得轰轰烈烈，去得干净利索。反观那段时间，几乎都有刊物在抢着发表"90后"作家的作品，抢着推出新人。固然发现了一些新人，却也"催熟"了更多的作品。要重点讨论的是，徐威，本书的作者，作为一名"90后"，他写小说、写诗、写评论，在自觉与不自觉中，成为了这场运动重要的推动者、参与者、见证者，最难得的是，现在，又成为反思者与小结者。

这部《群像与个体——"90后文学"论稿》，便是这一过程的忠实书写。

仅从这个意义上来说，这部书，便有着独特的价值。

徐威是被动成为"90后文学运动"推动者的。

当时，全国文学期刊都在热捧"90后"作家，作为这一运动的创始者，《作品》杂志想再次先行一步，开设专栏推进"90后"作家的研究。我们的想法，是构建一个"90后编、90后写、90后评"的文学生态。其时徐威尚在中山大学求学，师从谢有顺先生。徐威少年老成，思维敏捷而博学，言语间颇具有顺先生之风，文章写得也漂亮。编辑部讨论时，大家一致赞成请徐威来做"90后研究"专栏的执行者。

本书中的众多篇章，来自这一专栏。

虽是被动选择，完成这一研究却是徐威主动努力的结果。

"90后"研究，是开创性的工作，所论者，都是刚刚露头的新人，并无资料可供参考。且对于新人，每一句定论，都要下得妥当，不能过高评价，否则容易沦为小圈子的帮闲，也不宜过于苛责，毕竟许多人拿出的是处女作。如何做出客观、准确，且有前瞻性的评价，很是考验论者的学养、眼光和胸襟。从杂志的角度，刊发一个新人的作品，很多时候，是在奖掖他的未来。徐威很快进入了状态，同为"90后"，对同龄人的写作，徐威心有戚戚焉，因此他的论，更多的是理解、包容，当然，也有专业的审视与批评，这一切，都是那样情真意切。这也是我乐于见到的，随笔式的、有温度的批评。徐威的这个专栏很快受到了关注，我想，最关注这一专栏的，还是"90后"作家。在当时，能被徐威评论，进入他的视野，对于刚刚露头的年轻写作者意义非凡。

徐威自然认识到了这一工作的意义，他不满足于只是在《作品》杂志开设专栏，而是有意识地将研究确定在"90后文学"这一方向。他也从这一文学运动的被动参与者，进入到主动推动者的角色。这也成就了徐威。可以毫不夸张地说，当下中国，对于"90后"写作者最了解的、研究最深入的，可能是徐威。

徐威到中山大学读博士时，"90后文学运动"正是热火朝天，而他博士毕业时，文学期刊已鲜见"90后"的专栏。作为"90后文学"最早的关注者和大力推动者，《作品》在众多文学期刊热捧"90后"时，选择了提前淡出，《作品》杂志的"90后"专栏，也被"网生代"取而代之。当时的想法，是"90后"已经走向了台前，心愿已达。事了拂衣去，深藏功与名。后来的故事，有点出乎我的意料。

巧合的是，徐威的"90后文学"研究，也由具体的文本研究，转向了对"90后文学"这一现象发生的研究。他更像社会学的研究者，在观察"90后"这一代人。他做了充分的田野调查，向"90后"的写作者发出了300份问卷，研究内容从他们的成长环境、学习背景，到他们的文学主张、文学行为，再到他们的作品。他研究的，是"90后文学"的发生与这个时代的关系。诚如本书书名所示，是"群像"与"个体"。事实上，他是站在反思者的角度，冷静地打量着这一代写作者，而不再是运动发生之初，作为一名热心推手为同代人张目。

正因如此，这本书立足于文学，也超脱于文学。

同为"90后文学"的推动者与见证者，我很乐于见到这样的研究。

这本书，是一个及时的小结，也是一代写作者，在喧哗与骚动之后，走向沉静的开端。

以上。

2022 年 8 月 17 日

绪论　新世纪以来的"代际之分"与"代际之争"

　　将"代"的概念引入对文学创作的考察是中国传统文学批评的常见方法之一。刘勰《文心雕龙·通变》云："搉而论之，则黄唐淳而质，虞夏质而辨，商周丽而雅，楚汉侈而艳，魏晋浅而绮，宋初讹而新。从质及讹，弥近弥淡。何则？竞今疏古，风味气衰也。"[①] 王国维《宋元戏曲考》开篇指出："一代有一代之文学，楚之骚、汉之赋、六代之骈语、唐之诗、宋之词、元之曲，皆所谓一代之文学，而后世莫能继焉者也。"[②] 胡适认同文学进化说："文学者，随时代而变迁者也。"[③] 在这些论述中，"代"生成于漫长的岁月沉淀，其意多指向于朝代、年代和时代等，着重强调因时代不同而引发的文学创作与文学审美的变迁。在当代文学批评和研究中，伴随着代际理论的传入与发展，这种"代"在保持宏大时代之意的同时，也进一步细化为更具体更微小的、具有某种"现时性"的种种"代际"："新生代""中生代""中间代""晚生代""第三代诗人""70 年代作家"等指称在 20 世纪 90 年代以来陆续产生；在世纪之交，以出生年代命名的"80 后"

---

① 周振甫：《文心雕龙今译》，北京：中华书局，1986 年，第 272 页。
② 王国维：《王国维文学论著三种》，北京：商务印书馆，2010 年，第 46 页。
③ 胡适：《文学改良刍议》，《胡适文集（第三卷）》，北京：人民文学出版社，1998 年，第 18 页。

一代引发了广泛的社会关注。从"70年代"作家到"80后"作家，以年龄为划分依据的"××后"这一指称也逐渐从"80后"蔓延到"60后""70后""90后""00后"等。

文学场域中"××代"与"××后"的流行，实质上是从代际视野出发对文学现场进行观察、批评和研究的一种路径。近30年来，代际批评迅速发展，引发广泛关注的同时，也引发了众多争议。

第一节 "代"与"代际"：
从生物学、社会学到文学批评

代际理论在20世纪50年代末和60年代兴起，而后传入中国，成为人类学、社会学和文学研究的一种新视角。但"代"这一学术概念本属于生物学，涉及时间的延续与生命的更替。因着时间的流动，生物有了年龄之分，从这一代生物到下一代生物，从这一代到下一代，代代相传，生命由此绵延不息。这即是所谓代的"自然属性"："代首先是一个自然（即年龄或生理）范畴，具有自然属性。"[①]

从人（生物）的年龄与年代到社会和世界的年龄与年代，"代"的含义逐渐延伸到"时代""朝代"乃至于世界从诞生至今的无比漫长的"代""纪"区分，"代"也逐渐从生物学概念演变为历史学、人类学和社会学概念，逐渐从"自然属性"延伸出其"社会属性"。更重要的是，"代"的划分标准逐渐脱离其"自然属性"的唯一性，而着重依托"社会属性"的异同："人们已经更倾向于以社会文化标准来划代，即赋予代以社会文化属性——

[①] 廖小平：《伦理的代际之维》，北京：人民出版社，2004年，第25页。

一代人区别于另一代人的实质性内容是其社会文化特质而不是其自然属性。"① 从生物学意义上的"代"到社会学意义上的"代"，这期间经历了漫长的岁月。甚至有学者认为，直至 20 世纪 60 年代社会学意义上的"代"才真正存在："无论是在以血缘和以阶级为尺度的社会中，'代'都只是一个可有可无的概念，它的生物学意义远远超过它的社会学意义（几乎不存在社会学的意义）。"② 究其原因，一方面代际理论在 20 世纪中后期才兴起；另一方面中国传统社会结构相对稳定，代与代之间的隔阂、冲突与断裂相对较小，它隐秘而微弱地，而不是显性地存在。

一方面，代际理论在 20 世纪 50 年代末和 60 年代兴起，在 20 世纪 80 年代才传入中国，而在此之前，中国学界尚未全面重视"代"的社会学意义。在 20 世纪 50 年代后期，国外有学者开始从代际角度出发，分析社会学相关领域问题，如关于代际与职业流动问题。1957 年，伊夫·德·约卡斯和罗彻的《魁北克省的代际职业流动》（*Inter-generation Occupational Mobility in the Province of Quebec*）从代际视角切入职业流动和职业稳定性研究，探讨索罗金提出的"代际职业流动"问题。1958 年，B. 本杰明在《职业上的代际差异》（*Inter-generation Differences in Occupation*）中探讨社会流动中职业转变的代际变化。而后出现代际理论与心理学相结合的研究。B.G. 史黛丝将代际与心理学联系在一起，在 1965 年起先后发表了《成就动机与代际流动》（*Achievement Motivation and Inter-generation Mobility*）、《关注状态与代际流动》（*Concern with Status and Inter-generation Mobility*）、《代际流动与投票》（*Inter-generation Mobility and*

---

① 廖小平：《伦理的代际之维》，北京：人民出版社，2004 年，第 26 页。
② 李新华：《"代"的时代——关于"代际"理论的手记之一》，《当代青年研究》1988 年第 5 期，第 7—18 页。

Voting）等文章，分析不同代际在成就动机、关注状态和社会行为上的异同，探讨由代际关系产生的心理问题。1970 年，美国人类学家玛格丽特·米德出版《代沟》①一书，提出了"后象征文化"（后喻文化）、"互象征文化"（互喻文化）、"前象征文化"（前喻文化）等概念，产生了重要影响，成了代际理论研究与运用的重要基石。

"后象征文化"可以理解为一种长辈文化——长辈即权威，即知识，即经验。在这种文化中，社会的发展与变化显得迟缓，乃至凝固。在漫长的岁月中，生活方式与生活理念保持高度的一致性，且保持一种封闭状态。"他们的长者表达了这样一种意识：事情就该是这样。孩子是长者身体与精神的后代，是长者的土地与传统的后代；兹事体大，不容混淆，孩子的身份意识和命运意识都是不准改变的。只有外来的暴力事件的冲击，如天灾或军事征服，才能改变这一点。"②在这种文化中，晚辈继承的不仅仅是房屋、土地和生产资料等物质存在，还包含完整的、持续不变的精神存在，大到世界观、人生观和价值观，小到解决生活问题的历史经验。于是，祖辈的生活即是后辈所要"继承"的生活，"祖辈的过去"即是"后辈的未来"，两者之间并无本质性的区别，不过是在一代死亡新一代又出生之间的不断轮回和重复。于是，代的数量与代的传承显得无比重要：代的数量越多、传承越

---

① ［美］玛格丽特·米德：《代沟》，曾胡译，北京：光明日报出版社，1988年。该著另有周晓红、周怡译本，两个版本的书名及相关重要关键词译法均有所差别。曾胡译本的"后象征文化""互象征文化""前象征文化"在周晓红、周怡译本中译为"后喻文化""互喻文化""前喻文化"。参见［美］玛格丽特·米德：《文化与承诺——一项有关代沟问题的研究》，周晓红、周怡译，石家庄：河北人民出版社，1987 年。

② ［美］玛格丽特·米德：《代沟》，曾胡译，北京：光明日报出版社，1988年，第 21 页。

群像与个体 ｜

完整，其文化影响则越深入、越坚固。

"互象征文化"可以理解为一种同辈文化。在"互象征文化"中，尽管长辈仍然是权威，仍然代表着秩序的制定者与守护者角色，但他们已经无法为后辈提供有效的经验和知识。因为，"互象征文化"是对"后象征文化"的突破，它发生在原有社会文化发生某种巨变之后，长辈无法向后辈提供新的、相适应的生活模式。这种巨变有多种形式："或是经过一场大动乱后，全体人民，尤其是对领导地位十分关键的老年人死伤惨重；或是新形式的技术发展的结果，老年人对这些新技术不在行；或是由于迁徙到一个永远把老年人视为移民和陌生人的新国度；或是一次军事征服的后果，屈服的人民不得不学习征服者的语言和生活方式；或是改变宗教信仰的结果，成年的皈依者试图培养儿童去体验新的观念，而他们本人在童年和青少年时期未曾有过这种经历；或是有目的地搞一次革命，为年轻人引进一种新的、不同的生活方式。"[1] 但无论出现以上哪一种情况，一个事实是：社会环境发生了变化，而长辈并不比年轻一辈知道得更多，了解得更深。因此，在"互象征文化"中，年轻一辈"必须根据自己的经验发展新的形式，并向同代人提供榜样"[2]。在"互象征文化"中，外在环境远不如"后象征性文化"中外在社会环境那般稳固、封闭，它总是变化的、波动的，甚至是颠覆的。于是，"在我们这种社会变动性很大的社会里，在教育和生活方式方面就不可避免地产生代与代之间的断裂"[3]。代际的断裂，带来了代际的隔阂，

---

① ［美］玛格丽特·米德：《代沟》，曾胡译，北京：光明日报出版社，1988年，第43—44页。

② ［美］玛格丽特·米德：《代沟》，曾胡译，北京：光明日报出版社，1988年，第46页。

③ ［美］玛格丽特·米德：《代沟》，曾胡译，北京：光明日报出版社，1988年，第63页。

也带来了代际的冲突：长辈在面对年轻一代不同价值观念时，常感受到自身权威被挑战；而"凡是在没有祖辈人或祖辈人失去控制权的地方，年轻人便会堂而皇之地蔑视成年人的标准，或采取不同于他们的态度"①。但是，正视代与代之间断裂的存在，正视长辈与年轻一辈之间有着文化观念、生活方式、精神信仰和处事风格等方面存在的种种不同，恰恰是不同代际之间能够真正相互交流的基础，也是现代世界文明的特征之一。

"前象征文化"可以理解为一种晚辈文化。工业革命以来，我们的世界发生了翻天覆地的、不可逆的巨变，"世界变成了一个共同体，尽管它还没组织形式和政治团体可以运用的制裁手段"②，"知识的冲击是世界范围的"③，"我们在理解过去、解释目前或展望未来等方面都毫无准备"④。这种巨变导致的情形是：我们处在一种新的文化、新的秩序的边缘，晚辈在接受能力与创造能力上都表现出超越祖辈的倾向；未来是属于晚辈的，属于那些尚未出世的孩子，而不是长辈；新的道路、新的创造方式、新的经验将在晚辈中产生；长辈并不比晚辈懂得更多，甚至他们在新的社会文化中需要或不得不向晚辈学习新的经验与生活方式，即晚辈反哺长辈。进入21世纪后，伴随着网络信息技术与智能化技术的迅猛发展，中老年人向年轻人学习网络、计算机、智能手机、各类软件等的使用，即是一种典型的"前象征文化"现

① ［美］玛格丽特·米德：《代沟》，曾胡译，北京：光明日报出版社，1988年，第52页。

② ［美］玛格丽特·米德：《代沟》，曾胡译，北京：光明日报出版社，1988年，第70页。

③ ［美］玛格丽特·米德：《代沟》，曾胡译，北京：光明日报出版社，1988年，第71页。

④ ［美］玛格丽特·米德：《代沟》，曾胡译，北京：光明日报出版社，1988年，第73页。

群像与个体 |

象。综上，玛格丽特·米德在 20 世纪世界各国青年运动风云涌动之时对代际的研究，使得代际理论迅速地成为一种人类学、社会学、心理学、经济学、文学等其他学科研究的新视角，在世界范围内产生了重要的影响。

另一方面，在中国传统社会中，社会结构相对稳定，代与代之间的隔阂、冲突和断裂相对较小，它隐秘而微弱地，而不是显性地存在。按照玛格丽特·米德的理论，中国传统社会在相当漫长的一段时间内都处在"后象征文化"中：在数千年中，中国始终处于农耕文明之中，中国传统文化根深蒂固，且相对稳定；以儒家为主、佛道为辅的传统文化精神影响着世代中国儿女，展现出中国社会文化的一致性和连贯性；长辈权威在漫长的中国历史中始终存在，始终处于专制地位；"天地君亲师""君为臣纲，父为子纲，夫为妻纲""仁义礼智信"等众多伦理纲常在道德层面与宗族层面约束着每一位中国人的行为举止。在这种社会环境中，后辈大多遵循着长辈的意志、经验与规训，重复着祖辈的生活方式与生活模式。当后辈在思想、认知和行动上表现出与常规不一致时，就容易被视为"不忠""不孝""不义"之徒，成为封建社会中的"异端"，从而受到伦理纲常的剧烈批判与猛烈打击。二者力量的极度差异使得在中国传统社会中，即便代际之间有隔阂、代沟与冲突，也并未完全地显现，而总是隐秘而微弱地存在：或被毁灭于萌发阶段，或是隐藏于心默默忍受。在巴金的小说《家》中，高家长孙觉新接受了新潮思想却又深陷宗族礼法、伦理纲常而无法真正付诸行动，真切地表现出这一特点。在《家》中，中国社会的封闭状态已经被打破——无论是物质层面还是精神层面——各类工业革命以来的新科技、新事物和新思潮等均涌入中国。相比中国数千年的封闭状态而言，近代以来中国社会的巨大变革接连而至：抵抗外国侵略、沦为半殖民地半封建社会、"中学为体、西学为用"、废除帝制、建立民国政府、军阀内战、新文化运动、抗日战争、解放战争、建立中华人民共和国、土地改革、"文化大革命"、改革开放、计划生育、科技革命……百余年来，中国社会文化与环境发生了翻天覆地的变化。在剧烈的社会变动中，代与代之间的冲突表现得比以往都要明显：青年群体反抗权威，竭力发声，身体力行，为寻找中国自强道路而不懈奋斗，"他们感到一定有更好的办法，他们必须找到它"①。

这种代际冲突显现在近现代中国社会的方方面面：在政治上，各种不同政见相互碰撞，各类社会变革接连而至；在教育上，科举制度废除，传统秩序分崩离析；在文化与思想上，争斗日益剧烈，西方现代思潮影响深重，引发众多中西之争，青年一代发起新文化运动；在文学上，青年一代相继发起"诗界革命""小说界革命""白话文运动"……凡此种种都显现出社会变革时期代际的隔阂与冲突。社会性因素而非生物性因素成为代际划分与代际研究的重要依据。在今日，代际传承、代际传递、代际差异、代际隔阂、代际冲突、代际公平、代际伦理、代际流动、代际正义、代际心理、代际批评等都已经成为社会科学研究的热门话题。"代"与"代际"也从生物学领域走向了更为开阔的人类学、社会学、心理学、经济学等领域。当然，也包括文学批评和研究领域。进入21世纪之后，代际理论作为一种理论方法与新颖视角被广泛运用到文学研究和文学批评中，为文学研究和批评提供了新的分析路径。

20世纪90年代末期，"80后"群体的"特立独行"与"横空出世"引发了广泛关注。21世纪后，韩寒、郭敬明、张悦然

---

① ［美］玛格丽特·米德：《代沟》，曾胡译，北京：光明日报出版社，1988年，第76页。

群像与个体 |

等"80后"作家的创作逐渐引起主流文坛与文学研究者的注意。2004年2月2日，春树的照片登上《时代》周刊亚洲版的封面，春树与韩寒被杂志文章称为中国"80后"的代表人物。这一事件引发了社会热议，直接点燃了"80后"写作群体内部关于"偶像写作"与"实力写作"、"谁能代表80后"等问题的激烈争议，也引发了文学评论界对于"80后"作家作品的关注。于是，在2004年前后，一大批关于"80后文学"的评论文章相继面世："偶像派"与"实力派"、"市场化"与"主流文坛"、"80后写作特点"与"80后写作局限"、"80后文学"命名的有效性与合理性、"80后"文化现象等问题引发了广泛讨论，甚至论争。2004年11月22日，由中国当代文学研究会和北京语言大学人文学院共同举办的"走近'80后'研讨会"在北京语言大学会议中心举行，白烨、曹文轩、梁晓声、杨匡汉、程光炜、高旭东、陈福民、郑万鹏、路文彬、谭五昌、徐妍等众多知名学者、评论家和作家与会。这一会议"意味着'80后'写作首次得到学术界的大面积关注"①。我们且以2004年的几项研究成果为例。白烨在《崛起之后——关于"80后"的答问》中表示："主流文坛对于'80后'，不能说完全没有关注，但确实关注得不够。目前我们知道的这种'关注'，还主要是个别的和个人的现象"②。江冰在《试论80后文学命名的意义》中梳理了"80后"写作群体内部的"偶像派"与"实力派"之争，认为"'80后'不是年龄段的概念，同样也不是商业化的概念"，"《时代》周刊对'80后'的命名，其实更多的是着眼于'另类'这一社会学与文化学的意

---

① 侯桂新：《"80后"与市场化写作》，《中关村》2005年第1期，第100—103页。
② 白烨、张萍：《崛起之后——关于"80后"的答问》，《南方文坛》2004年第6期，第16—18页。

义，至于'年龄段'只是一个限定词，更多地指称在于社会学上的'代沟'与文化学上的'亚文化群落'"①。在江冰看来，"80后"的命名事件"可以成为一种文学现象载入文学史。其意义在于从一个侧面解读了当下中国文学界的心态，并且成为从网络成长起来的青年作家群体生存状态的一个写照"②。而曹吟对于"80后"写作者的命名事件表示坚决反对："仅仅以作者出生年代为差异的命名方式是难以想象的暴力认识论的结果。"在曹吟看来，"80后文学的写作者的一个特点是创作呈散点分布"，这种散点分布的状态是一种无法命名的征符，因而研究者恰恰应当在正视他们的创作的差异性与无法归纳性中发现"80后"写作者的创作特点。③关于"80后"命名的有效性与合理性问题的讨论，是"走近'80后'研讨会"重要内容之一：陈福民认为"80后"这一概念充满了商业色彩；徐妍认为"80后"并不是一个整一性的精神实体，而是一个指代不清的命名，在不同的语境论述中，具有众多不同的所指；侯桂新认为"80后"作为一个文学概念是"莫须有"，作为一个出版市场的概念却闪着耀眼的光芒。④

以上争鸣仅仅是开始，自2004年以来，代际理论不断从"80后"延伸到"70后""60后""90后"等其他代际的文学创作研究中，取得了丰硕的成果。然而，就如同对"80后"命名有效性与合理性的论争一样，代际批评作为一种批评方法与研究路径，同样也受到了相当多的质疑。时至今日，代际批评的"有效"与

---

① 江冰：《试论80后文学命名的意义》，《文艺评论》2004年第6期，第40—44页。
② 同上。
③ 曹吟：《话语的跃升——无法命名80后》，《中文自学指导》2004年第6期，第58—62页。
④ 侯桂新：《"80后"与市场化写作》，《中关村》2005年第1期，第100—103页。

群像与个体 |

"有限"，仍然是一个未能完全阐释清楚的问题。

第二节　争鸣：代际批评的"有效"与"有限"

代际批评在整体意识的基础上，将社会学、政治学、经济学、文学等不同学科紧密联系起来，分析不同代际作家之间的差异，探究不同代际作家书写题材、书写风格、书写路径、审美意识等与社会变革、文化环境、经济发展和技术革新之间的内在联系，能够为当前的文学观察与文学研究提供一条新颖的路径。这一研究方法在 21 世纪以后被广泛使用，显现出其"有效"的一面。洪治纲在《中国新时期作家代际差别研究》中，从不同代际的成长环境与社会文化入手，分析了新时期以来不同代际作家的整体风格，最后得出结论："50 后"作家群作为共和国诞生后的第一代人，他们自幼受到革命理想主义的启蒙，具有强烈的社会责任感和历史使命感；"60 后"作家群的成长环境有别于上一代，他们主动回避对宏大叙事与现实场景的正面书写，清算并反思集体主义带来的诸多问题，自觉卸下了社会历史使命感，而注重对社会历史内部的人性景观的书写与刻画；"70 后"作家群立足于"小我"展示庸常的个体与日常现实生活之间的百般牵连，完成对日常生活的诗性建构；"80 后"作家群带有鲜明的时代特征，充满消费主义、娱乐文化、市场化写作等因素。[①] 在成长环境与社会文化的差异中观察代际作家书写风格的差异，洪治纲的代际研究带来了新颖之气。但是，在代际批评发展的过程之中，它的"有限性"同样饱受争议，学界对代际批评的批评与质疑也持续不断。

---

① 洪治纲：《中国新时期作家代际差别研究》，北京：人民出版社，2014 年，第 14—16 页。

代际批评首先面临的问题是：代际如何划分？代际划分的标准是否合理、有效、科学？这些问题直接涉及代际批评对象的确立与研究领域边界的确认。按照玛格丽特·米德的代际理论观点，划分一代人主要依据的是现实社会文化的变革与差异，即社会学特征，而不是单纯生物学意义上的年龄之分。

然而，在 21 世纪以来的代际批评中，代际的划分大多却是以精确的出生年龄为标准，以 10 年为一代，如出生于 1980 年 1 月 1 日至 1989 年 12 月 31 日的为"80 后"，出生于 1990 年 1 月 1 日至 1999 年 12 月 31 日的为"90 后"。事实上，1989 年 12 月出生与 1990 年 1 月出生的两个不同代际作家，其所处社会环境并无本质上的差别，亦无显著的变化。按照严格的、硬性的出生年月为标准，将他们划入"80 后""90 后"两个不同的代际之中，显得过于简单与粗暴。相比较而言，生于 1990 年，与生于 1989 年差别不大，反而是与生于 1999 年之间的差异更明显，更巨大。

面对这种情况，一方面，不少青年作家与研究者对代际做了更为细致的划分——将 10 年一代改为了 5 年一代，于是就出现了自称或被指称的"85 后""95 后"等新一代。但是，对代际的年龄边界进行精确划分是无比困难的，比如对"青年""中年""老年"的划分至今都无定论。另外，对代际的年龄边界进行精确划分，容易陷入机械主义的泥淖，使代际批评与研究走向"为了代际而代际"的、脱离实际的"生搬硬套"中去。在李遇春看来，"85 后""95 后"等愈来愈清晰的代际划分，彰显的是我们时代的一种普遍性焦虑，即一种时间焦虑症，且这种划分越细致，焦虑越显著："在现代化高速运转的时代中，我们都害怕被时间遗忘，所以我们拼命地强调我们每一代人的特殊性，甚至还有 65 后、75 后、85 后这样的提法，这样的划分越来越细，也

群像与个体 |

越来越让人焦虑了"①。另一方面，也有研究者将代际的边界定位为"10+X"——它不是对代际进行细化，而是进行泛化，即以 10 年为基本划分，前后浮动 2—3 年。如洪治纲在他的研究中为代际划分设立了弹性的时间过渡区间，"这个过渡性的区间段，应该包括前后 2—3 年，至于在这一区间内出生的作家究竟属于哪个代际，则要根据其创作的主要特征与哪个代际的共性倾向更接近"②。

也有研究者试图摆脱这种简单的硬性规定，重回以社会特征变化为依据的代际划分上来，从物质生活、社会环境、群体经验、精神风貌等入手对一代人进行划分。如此，跨代的代际就产生了。比如，贺仲明就认为"1965—1975"应当为一代："我们这代人的划分不能将出生时间以 1960 年作为分界线，而是应该从 60 年代中期开始，到 70 年代前几年结束。我感觉，这年代人的童年记忆和生活经历更为相似，精神特征也接近些"③。"90后"作家黄帅更是独辟蹊径地提出"90 后"的文化代际应该是 1992 年到 2012 年，而不是 1990 年到 1999 年。理由是 1992 年邓小平"南方谈话"后中国建立了社会主义市场经济体制，而"90后"最主要特点就是在社会主义市场经济体制下的商业化社会中成长，这是和前人的本质不同——"90 后"天生就是去革命化与去政治化的。显然，在黄帅的论断中，年龄之差别并无划分的意义，相同的成长环境与社会环境才是代际划分最重要的依据。在商业化社会环境中，"90 后写作者对待资本话语的态度，与前人

---

① 贺仲明、李遇春：《代际批评与学院批评——关于"中国新文学批评文库"及当前文学批评的对话》，《南方文坛》2014 年第 6 期，第 80—85 页。
② 洪治纲：《中国新时期作家代际差别研究》，北京：人民出版社，2014 年版，第 16—17 页。
③ 贺仲明、李遇春：《代际批评与学院批评——关于"中国新文学批评文库"及当前文学批评的对话》，《南方文坛》2014 年第 6 期，第 80—85 页。

已大不相同。或是身处现实生活的直观感受，或是'想象的彼岸'，商业文化无孔不入的渗透，对 90 后写作者的思维方式都产生了强烈的冲击"①。

还有一种观点：代际划分只是代际批评一种暂时性的策略。这一策略的使用是基于目前我们暂时无法从文学流派、文学题材、文学风格、文学主张、文学地域等以往常用的划分根据，来对 20 世纪 90 年代末以来的种种文学现象和文学创作进行特征鲜明的划分与归类。换而言之，当文学批评和文学研究在 21 世纪以来的文学现象与文学创作面前"失语"，丧失了"命名"的能力时，我们只好暂时使用以年龄为划分标准的代际划分，从而更便捷地关注、分析和研究新一代文学创作。在这种情况下，代际批评失去了其作为一种融合社会学与文学的新颖研究方法与研究路径的身份，而更多地成为一种常被使用却又不被认可的尴尬的、暂时性的替代品。比如刘大先认为："代际划分只是一种权宜之计……代际划分不应该是硬性的时间切割，'文革'结束到 1980 年代中期出生的人无论从生长、教育和传播环境都更像是一代人，即所谓的后革命、影像电子媒介和消费主义时代的一代人。当然，'70 后'、'80 后'这样的提法本身有着易于操作的策略性因素在里面，这是一种无可厚非的方便说法，并不构成学理上的意义，这一点在很多批评家那里也都有着明确的自觉"②。申霞艳也认为，代际划分最初只是在"命名焦虑"中大家约定俗成的一种命名，但它从最初的"饱受质疑"走向了"普遍认可"："当初'70 后'、'80 后'兴起的时候学界也并不认同，质疑声无处不在，但是后来我们还追加命名了'60 后'、'50 后'。回头看

---

① 黄帅：《90 后文学的代际迭变：以厘清概念为中心的思考》，《北京大学研究生学志》2017 年 Z1 期，第 57—60 页。

② 刘大先：《代际融合与范式更新》，《文艺报》2016 年 3 月 21 日第 5 版。

群像与个体 |

可以说新世纪以来最为响亮的文学命名就数代际了"①。

代际批评面临的第二个问题是：不同代际是否存在根本差别？代际批评的难度之一在于它并不是单纯的文学研究，不是简单地对某个作品进行文本修辞、文本主题等内部分析，而是综合文学、社会学、人类学、心理学等多种学科，在更为广阔的视域中探讨文学与社会、文学与时代、文学与精神共性等之间的紧密联系，分析不同代际创作之间的"继承""抗争"与"突破"。这就要求代际批评者不仅要熟练掌握文学史、文学理论等相关知识，还必须能够全面把握不同代际社会文化的异同，分析社会变革、经济发展、文化生态、技术革新等对于一代人的意义。而事实上，代与代之间的延伸与发展并不是一个断裂式的、阶梯式的、带有明显特征的，而是延绵不绝的、渐变式的、缓慢而内敛的变化过程。如何在这"静水"之中挖掘出深藏的"潜流"与"波动"，成为代际批评的一大困境。更关键的问题是，代与代之间，除去年龄差异，是否真正存在本质上的或具有颠覆性的差别？倘若将视野放大——再过一百年、两百年，无论今日的"50后""60后""70后"，还是"80后""90后""00后"，其实都可以称之为"同代人"。既然如此，今时今日的代际划分与代际批评的意义和有效性就大打折扣了，这也成为学界对代际批评的质疑之一。

代际批评面临的第三个问题是：代际批评是否会遮蔽创作群体中的个体特征？相比较而言，代际批评更多的是从整体出发，以一代人的整体创作风格、精神风貌、审美趣味为研究对象。一代人由一个个独立的个体构成，但在代际批评中，个体的独立性往往容易被整体所"概括""归纳""总结"，成为代际共性特征

---

① 申霞艳:《代际与省际——新世纪文学坐标》,《文学报》2016年3月24日第7版。

中的一部分。当某一作家作品在书写风格、审美姿态等方面无法被纳入代际共性中时，它甚至很有可能被有意无意地"忽略"与"遮蔽"。代际批评追求共性，而文学创作恰恰是强调个体独立性、讲究个人风格的艺术创作，它的珍贵往往就在于它的与众不同。在这种情况下，如何在保持整体观察与共性研究的基础上，保证对文学创作个体性与独立性的发现和分析，就成为代际批评不得不面对的问题之一。这恰恰也是许多人对代际批评与研究持反对态度的原因。在《"代际划分"的误区和影响》一文中，雷达表达了他对代际批评的深深忧虑。雷达认为，代际划分与代际批评进入文学评论界，成为风靡一时的"学术摩登"，至少带来了三种负面影响：一是错把年龄当成最重要的价值和审美依据，而丧失了以文本为根本的批评原则；二是代际划分容易使得作家囿于其代际中，恪守代际规范，而不敢勇敢地打破种种界限，书写自己的独特；三是助长了作家的"溺爱需求"与"自恋情结"，使作家生成较强的依赖性，不利于作家的成长。基于以上判断，雷达否定了代际批评的意义，而重申伟大作家和伟大作品在突破桎梏和打破俗规陈见上的异质性之可贵："伟大的作家之所以不同凡响，正在于他们突破了年龄、身份、职业以及社会对他们的一般性规定，完成了其年龄几乎无法完成的时代高度。他们不是被动地接受某种划分和定位，而是反抗这种框范和要求；他们不是小心地求同存异，而是敢于标新立异，与不同年龄层次的广大人群进行对话。代际划分理论的'求同为本'和'排异倾向'对文学生机的压抑是显而易见的，它要把千姿百态的创作现象嵌入一个个方格子里，让活生生的、多样的文学变成他们的一个注脚。"①

---

① 雷达：《"代际划分"的误区和影响》，《文艺报》2015年6月17日第2版。

综上所述，代际理论和文学批评与研究结合在一起后，既产生了丰富的研究成果，受到研究者的喜爱，但也因为"代际划分的模糊与不确定""代际差异的显著与否""共性研究与个性发现之间的矛盾"等问题，而饱受质疑。赞赏也好，批评也罢，无法否认的是，在这漫长的争鸣中，代际批评作为一种方法，正一步步茁壮成长，成为21世纪以来文学批评与研究中的一道亮丽风景。

第三节　代际批评：作为一种方法

21世纪以来，代际批评作为一种新的方法与路径被广泛运用到文学研究中。尽管代际批评有着它自身的局限性，但是无法否认的是它同样有它的优势：作为一种方法，代际批评敏锐地抓住了社会、时代与创作个体之间的紧密联系，有助于从宏观上对创作群体嬗变进行观察，为文学研究带来新的视角，提供另类路径，从而使研究者发现那些尚未被发现的"风景"。因而，我们不能够因为它的"有限"，而彻底地忽略它的"有效"；同样也不能因为它的不完美，而完全地否定了它的价值与意义。

首先，代际批评敏锐地抓住了社会、时代与创作主体之间的紧密联系。"文章合为时而著，歌诗合为事而作"，中国文学向来强调社会现实、时代风貌与文学书写的紧密关系。但是，这种紧密联系更多的是作品与现实的互动，换言之，文学评论更多关注的是文学作品的题材、内容、人物形象等与社会历史现实的相互呼应。无论是写实主义、社会主义现实主义、新写实主义，还是底层写作，文学文本内部要素的"历史性""现实性""时代性"都受到充分重视。文学文本的独特性、现实性等实质上来源于创作主体对于历史、现实、时代的细致观察与深入思考，来源于创作主体的独特书写。然而，创作主体与社会、时代的密切联系却并未引起足够的重视。从这个角度而言，代际批评从创作主体角度出发，分析历史、现实、时代给创作主体带来的深刻影响，继而探究其文学创作与现实之间的双向互动，具有非同一般的意义。创作主体作为社会中的一员，不可避免地受到社会变革的影响：政治运动、经济变革、科技革新、文化发展等时时刻刻在改变着创作主体。时代的发展与社会文化的嬗变，导致创作主体在物质上、精神上都产生新的社会体验，从而使得代际作家群体产生文学理念、创作风格、审美趣味上的显著差异。也就是说，创作主体的主体性在不断变化，不断更新。与此同时，文学生产、文学传播、文学接受等机制也在时代发展中产生了巨大变化。当下的"80后""90后"作家群体的成长环境与上一代作家都有明显差异，消费社会、商业化、新媒介、现代性、城市化、身份焦虑等成为他们创作中的基本底色。"发达社会的青年一代，不再为油盐柴米愁眉苦脸，但他们却为自己的内在世界的残缺而忧虑重重；他们不再为自己的行动自由而义愤填膺，但他们却为自己的内心自由而唉声叹气；他们不再为现世的天堂而怀疑游移，但他们却为自己的心灵归属而焦虑不安。"① 李新华所描绘的这一景象，正是当下青年的普遍面貌。郭艳从代际与现代个体身份焦虑的角度出发认为："代际以及代际之间的复杂关系也就成为现代社会身份意识多元混杂的根本标志。现代个体身份焦虑源于权威瓦解、传统崩溃、宗教祛魅，现代个体陷入'我是谁'的现代性困惑，从而徘徊于自我、他者，此在、彼岸，工具理性与自我欲望的无边黑暗之中"②。因此，相比着重文本内容与历史现实之

① 李新华：《"代"的时代——关于"代际"理论的手记之一》，《当代青年研究》1988 年第 5 期，第 7—18 页。
② 郭艳：《代际文化身份与当下青年写作》，《文艺报》2015 年 5 月 11 日第 2 版。

间关系的"社会—历史批评",代际批评敏锐地注意到创作主体与历史现实的双向互动。

其次,代际批评有助于从宏观上对创作群体嬗变进行观察。代际批评本质上是将文学与社会学、心理学、人类学、经济学等不同学科相结合的一种研究方法,带有典型的跨界性质。因而,在代际批评中,文学文本的内部分析不再是唯一内容,创作主体、文学文本与时代、社会变革、经济发展、科技革新等外部条件变化的关系得到广泛关注;代际批评的对象,也不再局限于某一作家、某一作品或者某一流派,而是作为一个整体的某一代作家。相比较而言,代际研究具有更广阔的宏观视野,能够在更漫长的历史线条中,挖掘新一代文学创作者的"继承""发展""新变",观察新一代作家在文学创作中所呈现出的共同特征。因此,代际批评既是"历史的"又是"当下的",既梳理"共性"也分析"个性",既是文学的也是跨学科的,既能够进行宏观观察也能够进行微观分析。正如李遇春所说:"文学代际研究作为一种文学社会学研究方法,它既可以做宏观研究也可以做微观研究,宏观代际研究更强调共性,微观代际研究更强调个性,二者相结合才能更好地发挥代际研究的功能"①。

最后,代际批评对青年一代作家的成长起到重要推动作用。尽管雷达一再强调代际批评会加重作家的"溺爱需求"与"自恋情结",但是就近 20 年的文学发展来看,代际批评作为一种推动力,在青年一代作家出场和成长过程中发挥了重要作用。以"80后"为例,2004 年前后文学评论和文学研究对于"80 后"写作现象的关注,使得"80 后"作家从最初的"各自为政"进入到了"群体关注"之中;"80 后"的代际文化、创作风格、市场化

---

① 贺仲明、李遇春:《代际批评与学院批评——关于"中国新文学批评文库"及当前文学批评的对话》,《南方文坛》2014 年第 6 期,第 80—85 页。

倾向、亚文化特征、类型化写作、新媒介生产等诸多问题都得到了进一步梳理；韩寒、郭敬明、张悦然、王威廉、孙频、双雪涛、甫跃辉、林森、刘汀等"80后"的文学创作备受关注；不少期刊开辟"80后"作家作品及研究专栏，使得众多"80后"作家走向了当代文学创作的前台。再以"90后"作家为例，2016年前后至今，《人民文学》《诗刊》《作品》《收获》《中华文学选刊》等众多传统文学刊物集中发力，力推"90后"文学新人，并不断邀请评论力量加入其中。在短短数年之间，数百位"90后"青年作家以群体姿态进入当代文学场域，其中数十位"90后"佼佼者已频频斩获各类奖项，作品进入各类权威选本，成为当代文学创作中表现突出的青年一代。

近几十年间，代际批评引发了广泛关注，也受到了诸多质疑，但终究还是在不断茁壮成长。代际批评不是单纯的文学内部机理与机制的批评和研究，而是融合了社会学等不同学科、文化的一种新型路径，对于文学现场的把握与文学代际特征的宏观梳理具有重要意义。当然，代际批评的"有效"不意味着它具有普遍适用性。同样，代际批评也有其"有限"的一面，但我们不能草率地将其彻底否定。作为一种批评方法，代际批评有着独特的价值与意义，问题的关键就在于我们如何运用它对当代文学进行观察和解析。

发表于《当代作家评论》2022年第2期

第一章 代际视野中的"90后"作家群体

　　与"80后"一样,"90后"也曾被贴上许多标签。在初期,这种标签多为负面形象,诸如"叛逆""迷茫""自我一代""非主流""火星文""缺乏社会担当""脑残"等。此类标签往往出现于"90后"尚未成年之时:一方面青年群体在成长阶段(尤其是在叛逆期)行为与想法相对于上一代而言有稍显另类之处;另一方面,以负面、极端的词汇修饰"90后"同样是部分媒体博取眼球的方式之一,而彼时"90后"群体处于弱势地位,无法获取相关的话语权力,亦无法为自己的负面形象"翻案"。此外,不少媒体和研究者往往以个案替代整体,将个别"90后"的形象挪用到整个"90后"群体之上。因此,这些标签的普适性是值得怀疑的。① 不少"90后"如今已经"三十而立",贴在他们身上的

---

① 2008年,武汉大学对"90后"入学新生进行了调查研究。调查报告表明:"90后"大学生,既不像社会上炒作的那样娇惯自私、不可理喻,也不像人们想象的那般"独"性十足、难以接触。他们"经济上富裕,关心天下大事,兴趣爱好广泛,易于接受新鲜事物,责任观念比较明确"。在被调查学生中,仅有10.9%的人热衷于标新立异的文字或者装扮,这与社会上流传的大部分"90后"喜欢使用"火星文"和"非主流装扮"的说法大相径庭。参见戴长澜:《全国首份"90后"大学新生调查报告公布》,《中国青年报》2008年11月12日。另外,一份针对上海2283名"90后"的调查显示,"90后"遭遇了众多负面事件和负面评价,但"上海90后

标签也在不断变化：从"非主流"等负面标签到"二次元""佛系青年""宅""丧"等青年亚文化标签，再到"靠谱""独立""中坚""英雄"等正面标签。这种嬗变，与"90后"自身的成长相关，与社会对于"90后"的认知变化相关，也与时代的变迁相关。《中国青年研究》在 2020 年第 5 期策划了《全民抗疫行动与 90 后青年崛起》特别企划，发表了五篇关于"90后"青年群体社会责任感、担当意识、能力成长等问题的论文。在这些论述中，"90后"已经从"垮掉的一代"走向了"逆行英雄"："他们已经并将成为中国社会建设的中坚力量"①。

在文学创作上，"90后"作家群体同样经历了从被"忽略""轻视"到被"重视""力推"这一过程。2007 年后，《诗选刊》《中国诗歌》《作品》等刊物不时推出"90后"作家作品小辑，但并未生成浩大声势。2016 年以来，"90后"作家群体在《人民文学》《诗刊》《收获》《十月》《作品》《芙蓉》等各大传统文学刊物频频亮相，倍受关注。"90后"作家群体是怎样的一代？知其人，论其世，这一问题关系到我们对于"90后文学"的判断与认知。单单通过"90后"身上所背负的种种标签，无法真正了解这一群体。因而，有必要通过调查问卷对"90后"作家群体进行细致的分析。

青少年的情感是健康的：他们的心情快乐阳光，他们感受着成长的压力，但是这种压力在可控的范围内，他们的兴趣总体积极广泛，他们关心父母，关爱同学，渴望和谐的师生关系，他们爱国，富有责任感，价值取向跟随主流"。参见陈宁、黄洪基：《走进 90 后的内心世界——对上海市 2283 名青少年的情感调查，《中国青年研究》2010 年第 3 期。

① 胡小武：《从"垮掉的一代"到"逆行英雄"：90 后青年在抗击新冠肺炎疫情中的群体镜像研究》，《中国青年研究》2020 年第 5 期。

第一节　300 位"90 后"作家基本情况

所谓"90 后"作家，指的是在 1990—1999 年出生的作家。在他们的成长过程中，改革开放、计划生育、1994 年与国际互联网连接、1997 年香港回归、1998 年特大洪水、1999 年澳门回归、千禧年、2001 年加入世界贸易组织 WTO、2003 年抗击非典、2003 年"神舟五号"升空、2008 年汶川大地震、2008 年北京奥运会、2009 年和 2019 年的大阅兵、2010 年中国 GDP 超过日本成为世界第二大经济体、2012 年莫言获诺贝尔文学奖、2015 年屠呦呦获诺贝尔生理学或医学奖、2020 新冠疫情等等重大事件，构成了他们共同的集体记忆，也使得"90 后"一代有着与众不同的成长环境。时代环境的变迁，潜移默化地影响着"90 后"作家群体的审美与创造。

本次调查以全国各省份出生于 1990—1999 年的"90 后"作家为研究对象，以网络问卷调查的形式进行。问卷共设置 33 道单选、多选题，内容涉及"90 后"作家的基本信息、成长环境、教育经历、文化资源、创作信息等。本次调查通过微信朋友圈及微信群转发传播，共获得不记名调查问卷 300 份。

以下是 300 位"90 后"作家的基本情况：

一、性别分布：男性 170 人，占 56.67%；女性 130 人，占 43.33%。

二、年龄分布：1990 年出生者 44 人，约占 14.67%；1991 年出生者 20 人，约占 6.67%；1992 年出生者 29 人，约占 9.67%；1993 年出生者 21 人，占 7%；1994 年出生者 29 人，约占 9.67%；1995 年出生者 21 人，占 7%；1996 年出生者 23 人，约占 7.67%；1997 年出生者 27 位，占 9%；1998 年出生者 27 人，占 9%；1999 年出生者 59 人，约占 19.67%。数据显示，"90 后"头尾两

年参与调查的人员较多，其余年龄段人员相差不大。

三、是否独生子女：在 300 位"90 后"作家中，独生子女为 102 人，占 34%；非独生子女 198 人，占 66%。可见，在实行计划生育的 20 世纪 90 年代，非独生子女所占比例仍然较高。

四、城乡差异：在 300 位"90 后"作家中，成长在农村的有 131 位，占 43.67%；成长在县城的有 52 位，占 17.33%；成长在中小城市的有 45 位，占 15%；成长在一、二线城市的有 35 位，占 11.67%；从农村走向城市的有 37 位，占 12.33%。由此可见，在"90 后"作家群体中，具有农村、乡土经验的作家仍占多数。

五、受教育情况：在 300 位"90 后"作家中，初中学历者 5 人，占 1.67%；高中学历者 9 人，占 3%；本科学历者 200 人，占 66.67%；硕士和硕士研究生 70 人，占 23.33%；博士和博士研究生 16 人，占 5.33%。此外，具有海外留学经历的有 22 人，占 7.33%。由此可见，"90 后"作家群体绝大多数都接受过高等教育，且将近三成的人接受过硕士、博士高层级教育。

六、创作体裁：在 300 位"90 后"作家中，从事小说创作者 161 人，占 56.37%；从事诗歌创作者 179 人，占 59.67%；从事散文创作者 78 人，占 26%；从事戏剧创作者 8 人，占 2.67%；从事报告文学创作者 12 人，占 4%；从事新媒体、编辑、批评研究等其他创作者 22 人，占 7.33%。由此可见，诗歌和小说这两种体裁受到更多"90 后"作家的欢迎。

七、创作成果：（一）在 300 位"90 后"作家中，从事创作 7 年以上者 81 人，占 27%；从事创作 5—6 年者 49 人，占 16.33%；从事创作 3—4 年者 69 人，占 23%；从事创作 1—2 年者 44 人，占 14.67%；从事创作 1 年以下者 57 人，占 19%。（二）在国家级刊物发表过作品者 120 人，占 40%；在省级刊物发表过作品者 180 人，占 60%；在市级及以下刊物发表过作品者 95 人，占 31.67%。（三）中国作家协会会员 13 人，占 4.33%；省级作家协会会员 75 人，占 25%；市级及以下作家协会会员 38 人，占 12.67%。（四）参加过国家级文学竞赛并获奖者 91 位，占 30.33%，参加过省级文学竞赛并获奖者 74 人，占 24.67%。（五）有 29.33% 的人已经公开出版著作，其中出版作品 1—2 部的 69 人，占 23%；出版作品 3—4 部的 11 人，占 3.67%；出版作品 5 部以上的 8 人，占 2.67%。以上数据表明，本次调查所选取的 300 位"90 后"作家，在创作持久性和创作水平上都有较高水准，能够作为探究代际视野下的"90 后"作家群体形象的有效样本。

八、代际差异：相比于"80 后""00 后"，"90 后"是不是与众不同的一代？在 300 位"90 后"作家中，有 59 人（占 19.67%）认为存在代际差异较大，有 203 人（占 67.67%）认为有一定的代际差异，仅有 38 人（占 12.67%）认为三者不存在代际差异。显然，绝大部分人认为"90 后"作为独特的一代，有着自身的代际特征。而在种种代际特征中，"独立自主，自我意识强的一代""信息化、网络化的一代""多元文化的一代"等特征受到较多"90 后"作家的认可。（见图表 1）

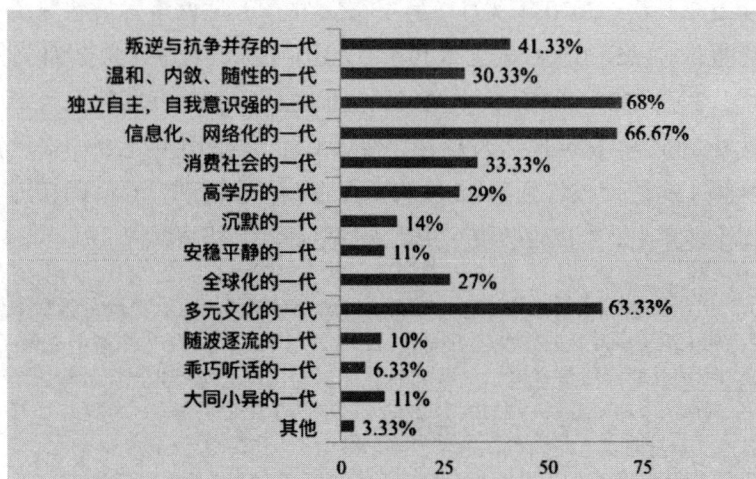

图表 1　300 位"90 后"作家眼中的"90 后"群体代际特征

事实上，这些受到"90后"作家自身所认可的代际特征，都深刻地影响到了"90后"作家群体的文学创作——尤其是"自我意识""信息时代与网络空间""全球化与多元文化""消费社会""高学历"等，在创作题材、创作风格和传播方式上都使得"90后"作家生成了他们独特的时代气息。

第二节　信息时代、网络空间与"90后"作家群体

1997年，中国互联网络信息中心（CNNIC）组织开展了第一次中国互联网发展状况调查，并发布了第1次《中国互联网络发展状况统计报告》。《报告》显示，截至1997年10月31日，中国上网计算机数为29.9万台，www站点数约为1500个，cn下注册的域名4066个，上网用户数为62万——其中15岁以下用户（1982—1997）占0.3%，16—20岁（1977—1981）占5.3%，21—25岁（1972—1976）占36.3%，26—30岁（1967—1971）占29%，31—35岁（1962—1966）占13.2%。[①] 而后，此报告每半年发布一次。2020年4月，第45次《中国互联网络发展状况统计报告》已经出炉：截至2019年12月，中国域名总数为5094万个；截至2020年3月，中国网民规模达9.04亿，互联网普及率达64.5%，手机网民达8.97亿，使用手机上网的比例达99.3%。[②] 从第1次统计报告到第45次统计报告，可以看到，互联网在近二十多年来，彻底地改变了中国人的生活。（见图表2[③]）

---

① 中国互联网络信息中心：第1次《中国互联网络发展状况统计报告》，http://www.cac.gov.cn/2014-05/26/c_126547412.htm，2020年7月27日查询。

② 中国互联网络信息中心：第45次《中国互联网络发展状况统计报告》，http://www.cac.gov.cn/2020-04/27/c_1589535470378587.htm，2020年7月27日查询。

③ 以上数据均来源于中华人民共和国国家互联网信息办公室官网 http://www.cac.gov.cn。2020年7月27日查询。

统计报告	时间	上网计算机数	上网用户数	上网用户各年龄段占比	互联网普及率
第 1 次	1997 年 10 月	29.9 万台	62 万	15 岁以下用户（1982—1997）占 0.3%，16—20 岁（1977—1981）占 5.3%，21—25 岁（1972—1976）占 36.3%，26—30 岁（1967—1971）占 29%，31—35 岁（1962—1966）占 13.2%	
第 6 次	2000 年 6 月	650 万台	1690 万	18 岁以下用户占 1.65%，18—24 岁占 46.77%，25—30 岁占 29.18%，31—35 岁占 10.03%，36—40 岁占 5.59%，41—50 岁占 5.07%，51—60 岁占 1.3%，60 岁以上占 0.41%	
第 16 次	2005 年 6 月	4560 万台	10300 万	18 岁以下用户占 15.8%，18—24 岁 37.7%，25—30 岁占 17.4%，31—35 岁占 10.4%，36—40 岁占 7.3%，41—50 岁占 7.4%，51—60 岁占 3.0%，60 岁以上占 1%	
第 26 次	2010 年 6 月		4.2 亿	10 岁以下用户占 1.1%，10—19 岁占 29.9%，20—29 岁占 28.1%，30—39 岁占 22.8%，40—49 岁占 11.3%，50—59 岁占 4.9%，60 岁以上占 2%	31.8%
第 36 次	2015 年 6 月		6.68 亿	10 岁以下用户占 1.8%，10—19 岁占 23.8%，20—29 岁占 31.4%，30—39 岁占 23.2%，40—49 岁占 13%，50—59 岁占 4.3%，60 岁以上占 2.4%	48.8%
第 45 次	2020 年 3 月		9.04 亿	10 岁以下用户占 3.9%，10—19 岁占 19.3%，20—29 岁占 21.5%，30—39 岁占 20.8%，40—49 岁占 17.6%，50—59 岁占 10.2%，60 岁以上占 6.7%	64.5%

图表 2　第 1、6、16、26、36、45 次《中国互联网络发展状况统计报告》关键数据一览表

数字化技术的产生与传播，彻底地改变了人们的生活。2001年，马克·普伦斯基提出了"数字原住民"（Digital Natives）和"数字移民"（Digital Immigrants）两个概念，前者指的是成长于数字化时代并对各种数字技术、数字工具都有着熟练掌控的年轻人，后者指的是没有成长在数字化时代因而在面对数字科技和数字文化时需艰难进行学习的学习者。

对于"90后"而言，信息时代、网络空间无疑是他们最具时代性的代际特征。按照马克·普伦斯基的说法，"90后"是中国互联网的第一代"原住民"，他们成长于数字化技术突飞猛进的时代。"今天的学生——从幼儿园到大学——代表着伴随这种新技术成长的第一代。他们的全部生活被电脑、视频游戏、数字音乐播放器、摄影机、手机和其他数字时代的玩具与工具包围，并无时无刻不在使用它们。"① 如果说"60后""70后""80后"一代在世纪之交见证了互联网时代的到来，并率先在网络论坛、网络博客等展现身影，那么"90后"群体则是全方位地、彻底地在互联网时代成长起来的。从电脑、MP3、MP4、iPad到智能手机，从网络论坛、博客、微博到微信，从有线网络到移动互联网，从传统媒体到新媒体、自媒体，从实体购物到网络购物，从纸币交易到电子支付，这二十余年间，我们的生活因科技与媒介的高速发展而发生了翻天覆地的改变。"90后"就是伴随着互联网的发展而成长起来的一代，网络媒介对"90后"的价值观念与生活方式产生了尤为深刻的影响。对于"90后"而言，网络既是他们最常使用的工具，又是他们生活不可或缺的一部分：300位"90后"作家中，仅有21%的人在一天不使用电脑、手机的情况下不会感

---

① Marc Prensky. *Digital Natives, Digital Immigrants*. On the Horizon (NCB University Press, Vol.9 No.5, 2001. 该文有中译本，参见 Marc Prensky、胡智标、王凯：《数字土著 数字移民》，《远程教育杂志》2009年第2期。

觉难受，而剩下的 79% 在脱离电脑与手机后，都感觉难受（其中47.67% 的人一般难受，31.33% 的人特别难受）。

300 位"90 后"作家中，93% 的人在成年之前接触计算机和网络（其中 3.33% 的人在 6 岁以下开始接触，20.33% 的人在 6—9 岁开始接触，28% 的人在 10—12 岁开始接触，27.33% 的人在13—15 岁开始接触，14% 的人在 16—18 岁开始接触），而在成年后才开始接触计算机和网络的人仅占 7%。57% 的人认为网络给他们的创作带来了重要影响，34.33% 的人认为网络给他们的创作带来了一般影响，而认为没有影响的人仅占 1.67%。83.33% 的人拥有自己的微博、博客、豆瓣主页、微信公众号等自媒体平台账号，62% 的人将他们的文学作品发布在自媒体、公众号与朋友圈等进行传播。从以上调查数据可以看出，信息时代、网络空间对于"90 后"作家群体有着重要影响：在 300 位"90 后"作家的认知中，推动"90 后文学"发展的重要力量排名第一的是网络和新媒体（占 85.6%），其次才是传统文学刊物（占 66%）。这种影响，一方面表现在网络空间带来了多元文化，从而影响到"90后"作家的创作；另一方面则表现在网络空间深刻地改变了"90后文学"的生产机制与传播机制。

首先，网络空间带来了海量资讯，潜移默化地影响了"90后"一代的世界观、人生观、价值观。作为网络时代的"原住民"，"90 后"一代习惯于在网络空间中搜寻、接受信息。在信息化时代，古今中外的各种知识都能够以数字化的形式存在于网络空间中，这就极大地拓展了"90 后"一代的视野。古典文化、西方文化以及各类青年亚文化等，都对他们思想观念的生成产生了重要影响。他们无须在浩如烟海的纸质图书中苦苦搜寻，他们不会因图书、资料的匮乏而无法进行广泛阅读——只要有网络、电脑或手机，他们就能轻松找到他们所心仪的讯息。这极大地缩减了成长环境（如地域差异、城乡差异、家庭条件等）导致的在知识获取上的差异。

其次是"90后文学"生产机制的改变。信息时代的来临与网络空间的存在拓展了"90后"的生活空间，也对他们的生活方式、思想观念、思维模式等产生了重要影响。这种影响使得"90后"作家在文学创作与文学生产上产生了新变：传统文学作品与网络文学作品并重，传统文学期刊作品发表、传统图书出版与网络空间作品发表并存。相比于传统文学创作，"90后文学"的生产机制因网络空间而有了鲜明的时代新变。

最后是"90后文学"传播机制的改变。长期以来，文学传播的主要传播媒介是纸质版的期刊与图书。从文学网站、网络论坛到个人博客、微博，从微信公众号到抖音短视频，网络空间为"90后文学"带来了更广泛、更精准、更独特的传播方式。论坛、博客、社区网站、微信公众号等，都成为他们作品公开的亮相平台。同时，传播机制的改变又深刻地影响着"90后文学"的生产。（见图表3）

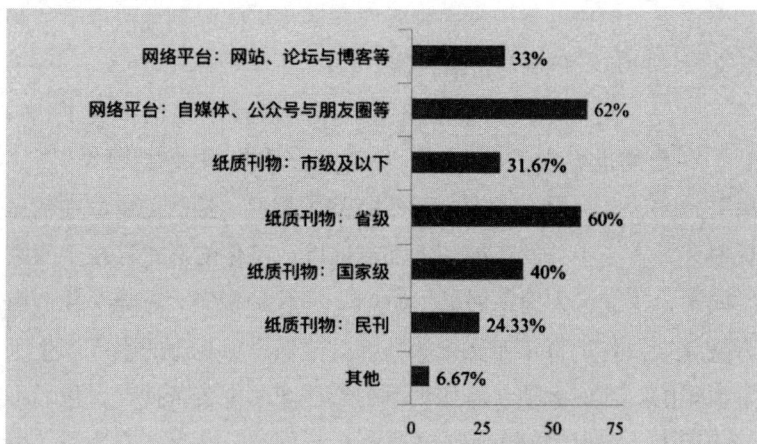

图表3　300位"90后"作家作品发表平台

作为"90后"一代成长的背景之一，信息化、网络化与媒介更新切切实实地改变了他们的生活。当然，我们也必须警惕：对于"90后"作家而言，这种改变并非是一种根本性的改变，这种力量也并非决定"90后文学"生产的根本性因素。正如同大众时常对于新媒体进行片面指责一样——"在面对新媒体时，人们缺乏了解，容易把其他社会条件综合导致的后果简单归结于媒体这个单一因素。新媒体这样一个'外来户'容易成为原住民面临的'新'问题的'替罪羊'"[①]——我们也不能片面地强化信息化、网络化与媒介更新的力量。

第三节　城市化、消费社会与"90后"作家群体

城市化、消费社会是了解"90后"作家群体的重要关键词。

城市化是人类走向现代文明的标志之一，指的是伴随着生产方式与生产力的发展，人们从农村、自然区、传统乡土社会走向城镇、城市、现代城市社会的过程，包括人口城市化、经济城市化、地理空间城市化、社会文明城市化、生态城市化等多重内涵。近百年来，随着工业文明的飞速发展，城市化进程也得到迅猛提升，"从1900年到2005年世界城市化水平由13.3%上升为48.7%"[②]。改革开放以来，中国城市化进程再次启动。1979—1984是中国城市化恢复发展阶段：1980年国务院批转的《全国城市规划工作会议纪要》首次提出了"控制大城市规模，合理发展中等城市，积极发展小城市"的城市化发展方针政策，此

---

① 刘海龙：《大众传播理论：范式与流派》，北京：中国人民大学出版社，2008年版，第270页。

② 程开明：《中国城市化与经济增长的统计研究》，浙江工商大学统计学博士论文，2008年，第1页。

阶段城市化率从 1979 年的 18.96% 上升到 1984 年的 23.01%；
1985—1991 是城市化稳步发展阶段，城市化率从 23.71% 上升到
26.94%；1992 年至今，是城市化快速发展阶段：1992 年城市化率
为 27.46%，2000 年为 36.22%。《中国科学发展报告 2012》指出
2011 年中国城市化率突破 50% 达到 51.3%，这意味着中国城镇
人口首次超过农村人口，中国城市化发展进入关键阶段，这必将
引起关键的社会变革。[①] 据 2020 年十三届全国人大三次会议李
克强总理所作《政府工作报告》，2019 年常住人口城镇化率首次
超过 60%。城市化的迅速发展离不开经济水平的快速提升。改革
开放四十余年来，中国的经济也发生了翻天覆地的变化，国内生
产总值（GDP）、人均收入、人均消费都得到飞跃式提升。（见图
表 4[②]）

年度	国内生产总值	农村居民家庭人均纯收入	城镇居民人均可支配收入	农村居民家庭人均生活消费支出	城镇居民家庭人均生活消费支出
1978	3645.2 亿元	133.6 元	343 元	116 元	311 元
1990	18872.9 亿元	686.3 元	1510 元	585 元	1279 元
2000	100280.1 亿元	2282.1 元	6280 元	1670 元	4998 元
2010	412119.3 亿元	6272.4 元	19109 元	4382 元	13471 元
2019	990865.1 亿元	16021 元	42359 元	21559 元（居民人均消费支出）	

图表 4　改革开放以来国内生产总值（GDP）、人均收入与消费变化一览表

与其他代际相比，尤其是与作为父辈的"60 后""70 后"相

---

① 牛文元：《中国科学发展报告 2012》，北京：科学出版社，2012 年版，第
　 3 页。以上数据均来源于本书。

② 数据来源：中国国家统计局官网 http://www.stats.gov.cn；中国统计出版社
　 编：《中国民政统计年鉴 2012》，北京：中国统计出版社，2012 年版。

比较,"90后"所处的时代整体看来要富足许多。他们成长在消费社会之中,享受着改革开放与市场经济的红利,物质生活方面的压力相对较小。伴随着城市化进程的发展,"90后"所接受的生活也更为丰富多彩,价值观念个性而独特,生活圈、视野、见识更为广阔,城乡之间的差异相比较"60后""70后"来说,也要小很多。这些物质层面的变化,深刻地影响到了"90后"作家群体:56.33%的人认为城市化对他们产生了重要影响,34.67%的人认为城市化对他们产生了一般影响,而认为城市化对他们只有微弱影响和没有影响的人只占5.33%、3.67%。

首先,城市化原本就是从乡土到城市的变迁过程,因而这种影响对于"90后"作家来说是全方位覆盖的——不论他们成长在乡土社会还是城市社会。在300位"90后"作家中,成长在农村的有131位,占43.67%;成长在县城的有52位,占17.33%;成长在中小城市的有45位,占15%;成长在一、二线城市的有35位,占11.67%;从农村走向城市的有37位,占12.33%。他们成长在不同的地理环境中,感受着同样的时代气息。他们中的绝大多数,最终从农村、城镇走向小城市,从小城市走向大都市,在城市中求学、工作。城市(city)作为一个独特类型的定居地,"隐含着一种完全不同的生活方式及现代意蕴"①。切实地感受城市的迅速发展,在城市景观中徜徉,感受多元文化在现代城市中相互碰撞又相互包容,这对于"90后"作家而言是有别于"50后""60后"等作家群体的独特现代体验。这些丰富的差异——五湖四海的不同人群、古今中外的海量讯息、各不相同的思维、千差万别的审美共存于城市——正是文学创作个性化的重要来源。在这一点上,刘易斯·芒福德的观点值得我们思考。他

① 〔英〕雷蒙·威廉斯:《关键词:文化与社会的词汇》,刘建基译,北京:生活·读书·新知三联书店,2016年第2版,第90页。

认为："只有通过一种特定的社会遗产，从语言艺术开始，个性化才能出现。个体本身并不是个性化的来源。事实上，只剩他一个人的话，他将会饿死、发疯"[①]。

其次，生活的相对富足，使得他们中的大多数人不必像"50后""60后""70后"那般自小背负生存的重担。一方面，如同莫言、余华那一代作家那样，为了寻找出路、改变自己命运而去写作的事情在"90后"作家群体中少了；另一方面，在市场经济与消费社会中，文学逐渐边缘化，文学不再处于社会的焦点位置，作家不再也无法有效地作为精英层的典型代表去"呐喊"、去"启蒙"。因而，"90后"作家的文学创作更多源于内心的热爱与激情。另外，生活水平的提高使得他们有更为充足的条件完成九年义务教育乃至高等教育，同时多渠道提升自我：各种兴趣班、各类学业之外的技能培训、国内外丰富的信息资源、众多的网络平台乃至更为丰富的娱乐活动，都使得他们的生活更为丰富多彩，精神食粮也更加繁复多样。这对他们的知识视野、心理意识与思维模式都产生了极为重要的影响。他们视野广阔、独立自主、敢于创新，而这些，恰恰是写作者所必备的素质。

最后，市场经济与消费社会的逻辑也深深地影响到"90后"作家一代。复旦大学《互联网与当代大学生系列研究报告》显示，"90后"一代"从容、理性、务实"，他们"更愿意追求舒适的生活，表现出从容的物质观"[②]。在政治社会稳定、市场经济繁荣中成长起来的"90后"，深受资本社会的文化影响，他们对

[①]　［美］刘易斯·芒福德：《城市文化》，宋俊岭、李翔宁、周鸣浩译，郑时龄校，北京：中国建筑工业出版社，2008 年版，第 487 页。
[②]　姜澎：《"丰裕一代"：90 后学子关键词——复旦发布〈互联网与当代大学生系列研究报告〉》，《文汇报》2015 年 4 月 28 日第 7 版。

　　　　　　　　　　　　　　　　　　群像与个体　|

于政治生活与公共事务的关注度较低，对市场的力量表示认同："60.1%的大学生的微博内容与公共议题'基本不相关'，80.9%的大学生的微博话题与政治'基本不相关'"，"90后大学生崇尚市场竞争，相信市场主导的经济治理方式……大多数（66.8%）大学生相信市场主导是更好的治理方式，29.6%认为政府与市场需要相互配合"[①]。

"90后"作家有种种独特想象，善于在自我之中建构出另类世界，享受"务虚"之乐；他们也相当"务实"：重视发表、出版与竞赛，热衷参加各种文学社团、文学培训与作家协会，借助传统平台与网络平台全方位展现自我的存在。在文学创作上，"90后"作家群体并不热衷于描绘、书写时代的波澜壮阔，呈现出拒绝宏大叙事的倾向。他们偏爱书写自我，将文学书写视作一种自我抒发的途径——与"50后""60后"等老一辈作家相比较，他们的文学创作没有表现出明显的、崇高的"文学理想"。他们将创作视为书写自我的"艺术创造"之外，同时将其视为一种"艺术生产"或"生产工业"——"艺术已经转移到了工业设计、广告和相关的符号与影像的生产工业之中"[②]——这一点体现在相当一部分"90后"作家热衷于在文学场域中占领位置、获得文化资本上[③]，也明显地体现在网络文学创作上。对此，唐诗人认为"90后"作家"他们普遍都不愿意去冒犯什么，更不打算牺牲现实生活去追寻某种理想主义的东西，他们其实是'务实'的一

---

① 复旦大学国家网络传播研究协同创新中心、复旦发展研究院传播与国家治理研究中心：《互联网与当代大学生系列研究报告》，2015年。https://fddi.fudan.edu.cn/d4/f5/c19104a185589/page.psp。

② ［英］迈克·费瑟斯通：《消费文化与后现代主义》，刘精明译，南京：译林出版社，2000年版，第36页。

③ "90后"作家热衷于在文学场域中占领位置、获得文化资本上的具体情形可参阅本书第二章。

代。即使如网络写作，多数其实是务实的商业活动而已"①。

从生活环境到生活理念，从生活方式到生活品质，城市化与消费社会全方位地影响着"90后"一代的生活。而这些改变，必然地对"90后"作家的创作产生影响。

第四节　高等教育、多元文化与"90后"作家群体

高等教育与多元文化是"90后"作家群体第三个典型的代际特征。1990年以来，中国的教育普及率不断提升，高等教育迅猛发展，"90后"群体完成九年义务教育，具有高等学历者的比例飞速上升。（见图表5）

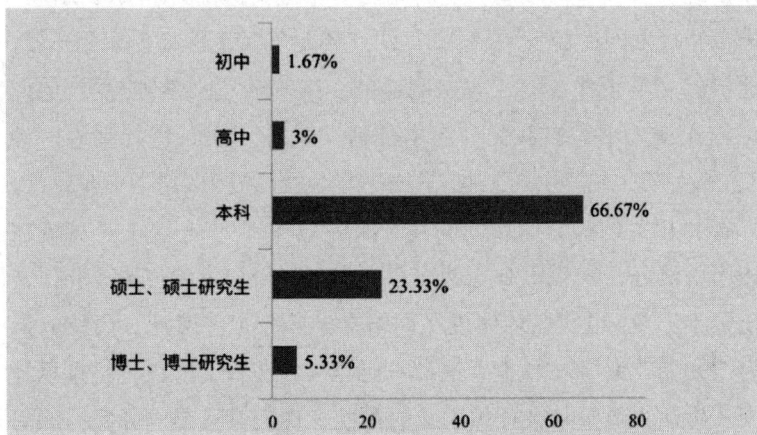

图表5　300位"90后"作家受教育情况

九年义务教育制度与改革开放以来高等教育的不断扩招，使得"90后"一代有了更多的受教育的机会：1986年第六届全国人

---

① 魏沛娜：《"90后"作家最需要的是沉淀》，《深圳商报》2017年4月5日第B04版。

民代表大会第四次会议通过《中华人民共和国义务教育法》，明确指出国家实行九年义务教育制度；恢复高考以来，尤其是改革开放以后，普通本科招生数、硕士招生数、博士招生数在不断扩大。在 2008 年，第一批"90 后"成年时，普通本科招生人数已达 297 万，高中升学率已达 72.7%。（见图表 6①）

年度	事件	小学升学率	初中升学率	高中升学率	普通本科招生数	硕士招生数	博士招生数
1990	第一批"90后"出生	74.6%	40.6%	27.3%	31.7000 万	2.9649 万	
1996	第一批"90后"达到法定上学年龄	92.6%	49.8%	51.0%	50.6000 万	5.9398 万	
2008	第一批"90后"成年	99.7%	82.1%	72.7%	297.0601 万	38.6658 万	5.9764 万
2017	最后一批"90后"成年	98.8%	94.9%		410.7534 万	72.2225 万	8.3878 万

图表 6　1990、1996、2008、2017 年小学、初中、
高中升学率与高等教育招生人数一览表

教育的高完成度，使得"90 后"作家群体普遍具有较高学历，多有自己的学业专长。相比较而言，"90 后"在成长阶段知识体系的完整性、知识储备的广度上要大大超越其他代际。当然，这也导致他们的成长过程相似度更高、个体性减弱——小学、初中、高中、大学、工作，遵循着这一轨迹，他们从小镇走向县城，从县城走向城市，共同经历着城市化进程所带来的种种改变。在某种程度上，生活经验的高度相似、生活的有限性也限制了他们的写作：有 50.33% 的人认为目前的"90 后"写作偏向

---

① 数据来源：中国国家统计局官网 http://www.stats.gov.cn。2020 年 8 月 21 日查询。

于想象性写作——他们的创作不是由丰富而独特的生活经验而来，而是由独特而个性的想象而来。这也就导致他们的创作更多地关注自我，而较少关注历史、时代与现实。（见图表 7）

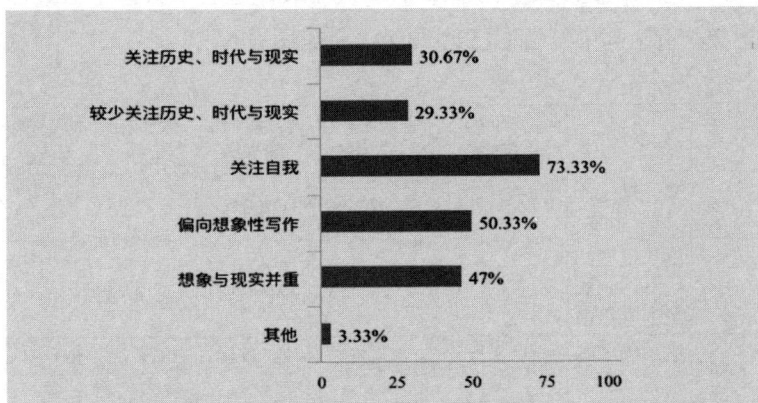

图表 7　300 位"90 后"作家眼中的"90 后"创作

　　"90 后"在各级学校得到基础知识与专业知识，并在学校之外得到了多元文化的浸润与滋养。46.33% 的"90 后"作家认为电影、音乐、动漫等其他艺术门类对他们的创作产生了重要影响。这种多元文化环境的生成，与改革开放、市场经济、城市化、网络信息技术发展等密不可分。

　　伴随着国际交流日益频繁，欧美、日韩各种不同的文化理念、文化样式相继进入中国。2001 年中国加入了世界贸易组织（WTO），在贸易大门敞开的同时，文化交流的大门也顺势打开。而这正是"90 后"从少年走向青年的时段，他们的价值观念、审美观念等都或多或少地受到了国外流行文化的影响。

　　多元文化的碰撞与交流，一是体现在留学生人员的激增上：2000 年，中国出国留学人员为 3.8989 万人；到 2008 年，出国留学人员为 17.98 万人，增长 3 倍多；2018 年，出国留学人员为

66.21 万人，是 2000 年的 16.98 倍。在 300 位 "90 后" 作家中，22 人具有海外留学经历，占 7.33%。

二是体现在图书、影视、音乐、动漫等流行文化的进口上：图书、期刊、报纸进口数量 2008 年为 3452.54 万册（份），2018 年为 4088.02 万册（份）；近十年来，我国每年引进版权总数保持在 16000 项以上。[①]

三是体现在青年亚文化的飞速传播上。在主流文化之外，信息时代与网络空间带来了众多的青年亚文化，二者一同影响着 "90 后" 的成长。影视、音乐、动漫、网络游戏等文学之外的青年亚文化，如宅文化、耽美亚文化、青春写作亚文化、同人亚文化、二次元亚文化等深刻地影响着 "90 后文学" 的样貌。"哈韩" "哈日" "粉丝文化" "星座文化" "火星文文化" "恶搞文化" "表情包文化" "涂鸦文化" "网络游戏文化" "弹幕文化" 等等都在中国广为流行。对此，有研究者认为："'90 后' 并不寻求主流文化的内部认同而是只寻求自我亚文化的内部认同，这也是身处消费社会中的 '90 后' 一代很明显的文化表征，这一文化表征区别于主流文化的审美标准和价值标准，但是 '90 后' 却以此为荣……'90 后' 在政治和精英文化层面并没有诉求（甚至是漠不关心），他们诉求的是流行文化的话语权。他们不是对政治话语的反叛和抗争，也不是对精英文化话语的抗争，而仅仅局限于流行文化的话语权上，这一点与 '80 后' 针锋相对"[②]。

具体到文学创作上，对 300 位 "90 后" 作家产生重要影响的

---

① 数据来源：中国国家统计局官网 http://www.stats.gov.cn。2020 年 8 月 21 日查询。

② 宋丰田：《亚文化视角下的 "90 后" 群体》，见张力升：《社会学家茶座》（2009 年第 2 辑，总第 31 辑），济南：山东人民出版社，2009 年，第 116 页。

写作资源同样是多元的：古典文学、现当代文学、西方文学、电影与音乐等艺术作品，共同影响着他们的创作。（见图表 8）

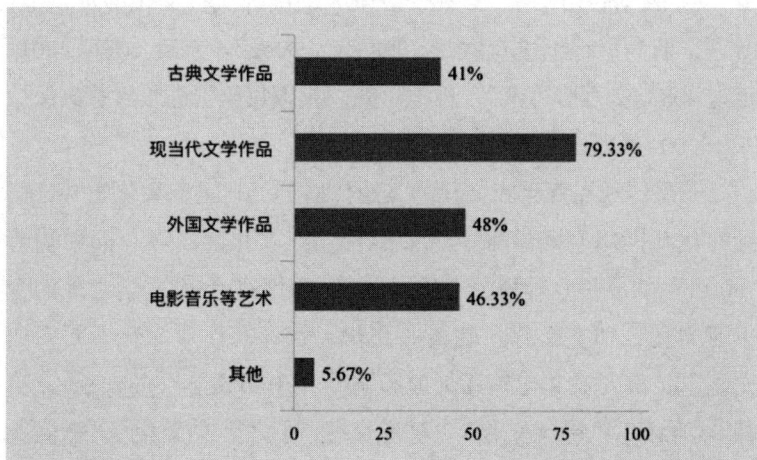

图表8 对 300 位 "90 后" 作家创作产生重要影响的艺术资源

    这一数据可以与 2019 年《中华文学选刊》策划的 "新青年，新文学：当代青年作家问卷调查" 比较阅读："在 52 位 85 后青年作家的问卷中，对他们的写作产生重要影响的外国作家有 64位，中国作家 33 位；在中国作家中，现当代作家 31 位，古代作家 2 位。在 65 位 90 后青年作家的问卷中，对他们的写作产生重要影响的外国作家有 71 位，中国作家 50 位；在中国作家中，现当代作家 42 位，古代作家 8 位。显然，外国文学资源对他们的影响更为巨大，马尔克斯高居榜首；而中国作家的影响，也集中体现在鲁迅、余华等中国现当代作家身上；影响他们写作的中国古代作家少得可怜，其中又以曹雪芹与蒲松龄影响较大"[1]。

---

① 徐威：《一次心虚的阅读》，《中华文学选刊》2019 年第 12 期。

通过对 300 位"90 后"作家的调查，发现信息时代、网络空间、城市化、消费社会、高等教育、多元文化这六个关键词代表了"90 后"作家群体最为典型的代际特征。它们相互影响，共同构建出"90 后"一代的独特成长环境。网络空间对他们的创作产生了重要影响，他们充分地利用了线上网络媒介平台与线下传统纸质媒介平台，在"务虚"的同时又相当地"务实"。城市化进程与市场经济的发展，带给他们相对优越的物质生活，使得他们将更多的笔墨展现在自我书写中，进而呈现他们独特的现代性体验。高等教育的普及与多元文化的生态，给予了他们更为开阔的知识视野，使得他们广泛地接受不同文化而后内化出各不相同的理念与审美。当然，以上所论种种，均是外在社会环境因子，它们存在，它们影响，但它们绝无法决定"90 后"创作群体的创作。原因在于，文学创作是最为追求个体性与创造性的艺术。目前，在 300 位"90 后"作家中，28.67% 的人认为"90 后"作家群体得到了众多关注；59% 的人认为得到了一般关注；18.33% 的人认为还缺乏关注；30% 的人认为"90 后"一代已经出现代表作家与代表作品，而剩下的 70% 持否定态度；60% 的人对"90 后"作家充满信心，33.67% 的人表示一般，6.33% 的人表示信心不足。这些数据同样不能决定"90 后"创作的发展，但可以作为一个侧面，帮助我们观察、分析"90 后"作家群体——此刻，他们在文坛现场确实是有相当独特性的一代，也是在不断成长、蜕变、值得期待的新锐一代。

第二章 场域视野下 "90后文学" 的发生

　　自《诗选刊》2007年第11—12期 "中国诗歌年代大展特别专号" 集中刊发 "90后" 诗歌作品，到今日包括《人民文学》《作品》《青年文学》《西部》《芙蓉》《上海文学》《大家》《天涯》等在内的众多主流文学刊物以 "专号" "专栏" 等方式对 "90后" 作家作品的大力推荐，时间一晃已经过去了十余年。在日新月异的时代里，十年足以划分出一个代际，也足以让一个代际初具气象。这十余年时间——从引起各界关注，到遭遇多种质疑，再到当下文学期刊对他们的接受并抱以巨大希望——我想，我们有必要对 "90后文学" 的发生做出些许的思考。"90后" 到底是怎样的一代？是否与 "70后" "80后" 有着截然不同的特质？"90后" 写作者如何进入当代文学场域？时代在变化，"90后" 作家的入场机制与 "90后文学" 的生产机制又呈现出怎样的变化？十余年时间过去，"90后文学" 现状如何？"90后" 作家又面临着怎样的困境与挑战？

第一节 "90后文学" 的发生语境

　　以代际为切入点，对当代文学作品及文学现象进行解读、分析，成为当代文学研究中一种常见的方法。洪治纲先后撰写《新时期作家的代际差别与审美选择》(《中国社会科学》2008 年第 4 期)、《代际视野中的"70后"作家群》(《文学评论》2011 年第 4 期)、《再论新时期作家的代际差别及划分依据》(《当代文坛》2013 年第 1 期)、《代际差别的凸现与文学的多元化》(《文艺争鸣》2013 年第 8 期)等文章,论述从代际差别出发对中国"50后""60后""70后""80后"作家作品进行比较分析的可行性与重要意义。在他看来,"正视这种作家群体之间的'代际差别',以及其中所隐含的各不相同的艺术理念和价值追求,不仅有助于从整体上判别某些创作群体的共性特征,发现其各自面临的不同局限与文化根源,还有助于从文化承传上探析代际间密切交流、共生发展的重要意义"①。当然,这样一种研究路径,亦有其难以避免的遗憾。一者,以年龄为界限的代际划分是否具有科学性仍值得商榷;二者,十年一代的作家代际划分,其差异究竟有多大也值得我们思考;三者,以代际(群体)为关注点与切入点,在整体观察中如何避免遮蔽作家作品的个体性与不可归纳性,这同样是研究者不得不面对的问题。因而,黄发有对此提出一种隐忧。在他看来,"用年龄来划分文学类型,在某种意义上是在追新逐异法则支配下的无奈选择"②。如果说洪治纲的主张是从代际出发对文学作品内部肌理进行比较研究,那么,黄发有的忧虑则更多地来源于文学与市场、刊物、媒体等外部关系。"当标签成为作者进入文化市场甚至文学史的通行证时,文化市场的竞争就成了标签之间的竞争,文学史也就成了标签的历史","完全断裂的文学代沟是人为制造的,至少是被过度放大的,而代与代之

---

① 洪治纲:《新时期作家的代际差别与审美选择》,《中国社会科学》2008 年第 4 期。

② 黄发有:《文学与年龄:从"60后"到"90后"》,《文艺研究》2012 年第 6 期。

间的精神联系则被人为地割裂，这种被夸大的分裂与对立所产生的戏剧性效果，成为媒体和文化商人推销其产品的噱头"①。换而言之，黄发有的研究实则是从一种文学发生学的角度进行的，它从代际文学的生产机制入手，探讨代际文学命名所存在的种种问题。

因而，在探讨"90后文学"如何发生之前，我们首先需要界定清楚的是：我们究竟在何种意义上使用"90后文学"这一概念？从代际上来说，所有生于1990—1999年的"90后"写作者所创作的文学作品皆可归入到"90后文学"的范围之中。这是一种社会学意义上的命名，它并不如同"现代派""寻根文学""先锋小说"一般，具有旗帜鲜明的创作理念或较为相似的美学特征。这意味着我们很难完整、清晰、有效地用一两篇文章来概括、梳理整个"90后文学"的创作特点、美学特征与艺术追求——事实上，我以为，这样的概括也无多大意义。"90后文学"由一个个"90后"写作者所创作的风格各异的作品构成，倘若略过这些个体，忽略那一篇篇具体的文本，那么，对"90后文学"整体观察最终只能是一种空洞的话语堆砌，所得出的结论也只会令人觉得可疑。这也是为什么我在"90后文学"观察的系列文章中，注重文本细读，着重探讨每一个"90后"写作者的独特性，而非一开始便对整个"90后文学"进行归纳、概论、下断语的原因所在。同时，我始终认为，无论是"80后文学"还是"90后文学"，都只是在现阶段为了我们观察、批评、研究的方便而暂时使用的命名。时代不断发展，最终能留在历史长河中的，是那些具有伟大品格与独特性质的作品，而绝不是这样一种简单的以年龄作为划分标准的短暂命名。因此，此刻我们探讨"90后文

---

① 黄发有：《文学与年龄：从"60后"到"90后"》，《文艺研究》2012年第6期。

群像与个体 |

学"的发生，特别需要说明的是：我们更多的是将"90后文学"看作是当代文学发展进程中一种新生的文学现象，将其视作一个整体，来分析"90后"写作者的文化语境、入场机制与"90后文学"的发生机制。韦勒克和沃伦在《文学理论》中提出："流传极广、盛行各处的种种文学研究的方法都关系到文学的背景、文学的环境、文学的外因。这些对文学外在因素的研究方法，并不限于研究过去的文学，同样也可用于研究今天的文学"①。但与此同时，我们对这样一种研究方法亦应当有所警惕："研究起因显然绝不可能解决对文学艺术作品这一对象的描述、分析和评价等问题"②。基于此，此刻我们不涉及对"90后文学"的艺术性评价。换而言之，此刻我们并不打算对"90后文学"做内部的、文学性的探索与研究，而是试图从"90后文学"发生的背景、环境、外因等入手进行外部研究。

代际问题是当下社会广泛谈论的一个热点话题。2004年2月2日，"80后"作家春树登上美国《时代》周刊亚洲版封面。杂志中《"新激进分子"》一文将春树、韩寒等视为中国"80后"的代表，认为他们的姿态与美国嬉皮士、"垮掉的一代"相类似③。事实上，随着"80后"这一概念的广泛传播与接受，紧接其后的"90后"也引发了愈来愈多的关注。曾经，"80后"被贴上了当代青年"反叛""另类"等等一系列标签；而今我们也看到，"90后"身上背负的标签丝毫不比"80后"少。甚至于，"90后"所要面对的焦虑还要更大——比如相较于"80后"的"反抗"，"90

① ［美］韦勒克、沃伦：《文学理论》，刘象愚等译，南京：江苏教育出版社，2005年版，第73页。
② 同上。
③ Hannah Beech, *"The New Radicals"*, *Time Magazine (Asia Edition)*, (Feb. 02, 2004).

后"至今仍处于一种失语状态。金定海在《表达与被表达——"90后"代际话语权的思考》一文中就认为"90后"是失语的一代。一方面，"90后"被乱贴标签，且这些标签以负面形象居多："我们看到在'90后'整个一代人身上有了'非主流'、'脑残'、'炫富'、'90后是缺失真正偶像的一代'、'是金钱观不正确的一代'、'是没有远大理想的一代'等诸多标签"；另一方面，不同于"80后"有诸如韩寒等具有代表性的人物作为群体发声者，"90后"至今仍没有自己的代言人："'90后'是失语的一代，也是匿名的一代"①。从遭遇外界批评这一经历来看，实质上"80后""90后"并无本质的区别。新的代际产生新的价值观念，而这些价值观念往往与之前代际有所区别、有所冲突。而且，这种价值观念更新的速度愈快，冲突也愈强烈。可以想象得到，在这样的代际冲突之中，处于弱势的、受到"指责"的往往是新的一代。所以，从这个意义上来说，"70后""80后""90后"与包括即将进入人们关注视野的"00后"是一样的，他们都曾是或即将是新的一代，他们都从其他代际的"指责"与"教育"中走来。玛格丽特·米德早在上世纪就曾指出，"在我们这个社会流动日趋频繁的社会中，在教育和生活方式上，代际之间不可避免地会产生这样或那样的冲突"，而"现代世界的特征，就是接受代际之间的冲突，接受由于不断的技术化，新的一代的生活经历都将与他们的上一代有所不同的信念"②。

新一代价值观念的生成自然与新的时代环境紧密相关。"90后"所处的成长环境潜移默化地影响着他们新的价值观念的成

---

① 金定海：《表达与被表达——"90后"代际话语权的思考》，《上海师范大学学报（哲学社会科学版）》2013年第4期。

② ［美］玛格丽特·米德：《文化与承诺——一项有关代沟问题的研究》，周晓虹、周怡译，石家庄：河北人民出版社，1987年，第72页。

形，而这些价值观念又会自然地呈现在"90后文学"的生成过程中。因而，我们谈论"90后文学"的发生，便无法避开"90后文学"的发生语境而不谈。

从政治、经济、文化等宏观层面来看，1990—1999年间出生的"90后"所处的环境既平稳又飞快变化。稳定的社会政治环境，经济的高速发展，在制度和物质层面，保障了"90后"成长的优越环境。"90后"是没有经历过大的社会动荡的一代，自他们出生以来，就生活在安稳之中。他们几乎没有参与、经历什么重大事件，并以此构成"90后"的集体记忆。计划生育这一国策让许多"90后"，尤其是在城市生活的"90后"成为了独生子女。"素质教育"与"高等教育"的普及，使得大多数"90后"都经历着"求学—升学—工作"这样一条相似的道路。工业化与城市化进程不断加快，使得"90后"在享受发达物质生活的同时，也目睹着乡村的溃败。越来越多的"90后"因求学、工作等原因，从农村走进了城市。一面是回不去的故乡，一面是无根的漂泊体验，一种身份的焦虑弥漫在他们的心底。因而，我们看到，更多的"90后"写作者将关注的焦点，放在个体生存体验上，譬如现代城市中的孤独体验，譬如对于自我如何存在的追问。经济全球化浪潮不仅带来了经济的发展，也带来了文化的无国界传播。在"90后"身上，我们不仅看到中国传统文化对他们的熏陶，同时发现，他们也受到许多异域文化的影响。美国好莱坞大片、日本动漫文化与韩剧等流行文化，在"90后"的成长轨迹中留下了深刻的烙印。多元文化融合成为"90后"群体常见的特征之一。"90后"作家亦是如此，他们不仅善于从外国文学作品中汲取养分，还擅长从电影、动漫、音乐等不同艺术品类中跨界吸纳可取之处为己用。

对于"90后"而言，更独特、更具典型性的时代环境特征，应当属于科学技术与信息媒介的飞速发展。从电脑、MP3、MP4、PSP、iPad到智能手机，从网络论坛、博客、微博到微信，从有线网络到移动互联网，从传统媒体到新媒体、自媒体，从实体购物到网络购物，从纸币交易到电子支付，这二十余年间，我们的生活因科技与媒介的高速发展而发生了翻天覆地的改变。而"90后"，就是伴随着互联网的发展而成长起来的一代。网络媒介对"90后"的价值观念与生活方式产生了尤为深刻的影响。对于"90后"而言，网络既是他们最常使用的工具，又是他们生活不可或缺的一部分。甚至于，有学者将网络化视为"90后"的本质生活："'90后'所思所想、所行所为、所休所闲，都在互联网上进行……网络提供给'90后'多种、多样、多角度、多视野、多元的信息和文化体验；网络文化越来越多地被'90后'所认同。网络文化的无边界性使'90后'更容易了解和理解民族、种族文化的冲击和挑战，消除种族隔阂和民族成见。他们从小通过网络接触到大量西方的意识形态和文化，广泛接受公平、民主、自由观念，并对其人生观和价值观产生较大影响。相比其他年代的人，'90后'的思想和行为中都体现出更多的个人主义、独立意志和平等精神。网络所创造的相对自由的文化环境使他们的思想较少受到禁锢、强力胁迫或扭曲，使得他们的发散思维和创新意识被保护得最为完整。这也是这代人自我意识普遍觉醒的成因之一"①。同样，对于"90后文学"来说，网络不仅对他们的思维模式与价值观念的生成造成了影响，同样它还为"90后"提供了一个与报纸、刊物等传统媒介完全不相同的展示平台。可以说，传播媒介的不断更新为"90后文学"的发生提供了尤为关键的技术支持。从各类文学论坛到个人网络博客，从微博到个人微信公

---

① 陈昳茹：《多元的群体　偏离的印象——对中国"90后"社会特征的解析》，《当代青年研究》2014年第2期。

群像与个体 |

众号——新兴媒介为"90后"作家及其作品的传播与接受提供了更多的可能路径。

第二节 "90后"作家的入场

"场域"是法国社会学家皮埃尔·布尔迪厄提出的一个重要概念，它"由不同的位置之间的客观关系构成的一个网络，或一个构造"[①]。将"场域"概念引入到文学研究之中，即对"文学场域"（文坛）进行解读、分析，是进行当代文学研究的一条新兴路径。在当前的"文学场"中，文学期刊（编辑）、出版社（出版人）、网络平台、知名作家、文学新人、作家协会、高校文学院（中文系）、文学评论家、媒体评论、网络评论、评奖机构、读者等占据不同的位置。在"场域"中，存在着不同力量的角逐与斗争。因为，在"场域"之中占据不同位置的人所获得的权力资本、经济资本与文化资本是不一的："文学（等）场是一个力量场，这个场对所有进入其中的人发挥作用，而且依据他们在场中占据的位置（不妨看看相距甚远的状况，成功剧作家的位置或先锋派诗人的位置）以不同的方式发挥作用，这个场同时也是一个充满竞争的斗争场，这些斗争倾向于保存或改变这个力量的场"[②]。

探讨"90后文学"的发生，从本质上来说，就是探究"90后"作家及其作品如何进入当下"文学场"，并与"文学场"内

[①] ［法］布尔迪厄:《场的逻辑》，见包亚明主编:《文化资本与社会炼金术——布尔迪厄访谈录》，包亚明译，上海：上海人民出版社，1997年版，第142页。

[②] ［法］布尔迪厄:《艺术的法则——文学场的生成与结构》，刘晖译，北京：中央编译出版社，2011年版，第208页。

不同位置占据者发生复杂关系的一项工作。如果首先对"50后""60后""70后"与"80后"这几个不同代际作家进入"文学场"的主要途径做一个简单的梳理，可以看到，时代在发展，"文学场"内部力量也在不断发生变化——在这样的比较中，更能凸显出"90后"作家入场机制的特点。

在20世纪80年代，在文学刊物上发表作品是文学新人进入文学场域的主要途径。在那个年代，因为一首诗歌、一篇小说的发表而改变自己命运的作家不在少数。比如，莫言就因为作家可以吃上白面馒头而生成最初的作家梦；余华因为受邀到首都参加《北京文学》的一个改稿会并发表作品，继而以一个牙医的身份被调入海盐县文联，成为一名令人羡慕的专业作家。在文学刊物上发表作品，引起相当反响与关注，随即文学批评力量介入，而后逐渐完成由文学新人向知名作家的身份转变——这是大多数"50后"作家与部分"60后"作家进入"文学场"的主要方式。

到了20世纪90年代中后期，市场经济的浪潮开始对文学场域产生影响。一方面，传统文学刊物面临着在市场经济面前转型的生存困境，影响力较之80年代已衰弱许多；另一方面，以新闻媒体、出版行业为代表的市场经济力量逐渐在文学场域中站稳脚跟，并开始对文学新人的入场发挥作用。比如说，在"70后"作家群体的入场过程中，文学刊物与出版社成为了两大推动力量。传统文学刊物方面，着力将"70后"作家以群体形式推向文坛，赋予他们文学发展的"新锐"与"生力军"的形象——"1996年《小说界》开设'70年代以后'栏目，1997年《芙蓉》开设'70年代人'栏目，1998年《山花》推出'70年代出生作家'栏目，《人民文学》1998年开设的'本期小说新人'栏目也集中发表了部分'70后'的作品。《作家》更是在1998年第7期推出'70年代出生的女作家小说专号'"①。出版社与新闻媒体则着力制造引人注目的话题，譬如"美女作家""身体写作"等，进行商业化炒作、宣传，在引发人们对新锐作家关注的同时获得可观的经济收益——"1999年珠海出版社出版'文学新人类'丛书，2000年天津人民出版社出版'非常女孩'丛书、中国对外翻译出版公司出版'新新人类另类小说文库'，2001年花山文艺出版社出版'烟雨杏花·别致浪漫主义系列'，2003年新疆青少年出版社出版以70年代出生作家为主将的'中国后先锋美女作家方阵'，这些丛书集中炒作卫慧、周洁茹、金仁顺、赵波等'70后'女作家。卫慧在十个月内出版了六本书，1976年出生的周洁茹在2000年出版了五本书，真可谓炙手可热"②。然而，在"70后"作家刚刚进入文学场域尚未真正站稳脚跟的时候，"80后"作家横空出世了。

"80后"一代的"入场"要比"70后"迅速、顺利得多。显而易见的是，市场在"文学场"中的力量愈来愈强大。甚至可以说，"80后"最初一批被广为人知的作家是属于市场的一代。1998年12月，《萌芽》杂志与全国七所重点高校联合举办的首届"新概念"作文大赛启动，它以浩荡的声势推出了一批年轻的"80后"写作者，引发了众多的关注。1999年，时年17岁的韩寒以《杯中窥人》一文获得首届"新概念"作文大赛一等奖。然而，他在学校考试中却有七门成绩不合格，不得不留级。韩寒最终在高一时退学，这引发了举国上下关于应试教育与素质教育的一系列大讨论。在这样一种讨论中，韩寒的名气越来越大，这也为他的市场化文学创作提供了绝佳的条件。2000年，他出版首部

---

① 黄发有：《文学与年龄：从"60后"到"90后"》，《文艺研究》2012年第6期。
② 同上。

长篇小说《三重门》，成为了当年最畅销书籍，至今累计发行200余万册。《零下一度》（2001年）、《像少年啦飞驰》（2002年）等作品，都是当年度全国图书畅销排行榜第一名。对于许多"60后""70后"作家而言，这个销量是不可想象的。"政治场对文学场控制的松动使得文学场获得部分自主，而政治场对文学场财政支持的部分撤离又导致纯文学生产场各方面都倾向于按照经济场的规则来运作。因此，'80后'的符号作为一个挽救一本期刊命运的稻草，作为各出版社，特别是文艺出版社按照文化工业规律来运作畅销书的选题，得到推广。"① 可以说，从韩寒到郭敬明，"新概念"作文大赛不仅推出了一大批"80后"作家群体，同时，还成功地将文学与市场结合起来，使得"80后"作家成为了市场的一代。"80后"获得了声名与稿费，出版商获得了利润，二者相互依托一步步壮大。"在网络经营者和出版商眼里，80后的文学作品由于进入了'产品→销售→利润'的快车道，成为巨大的利润符号。"② 另一方面，我们也看到，在"80后"作家进入"文学场"的过程中，传统文学刊物与文学批评等传统力量出现时间虽然要晚于市场，但同样意义非凡。2004年，江冰发表学术论文《试论80后文学命名的意义》③、上海作协举行"80后青年文学创作研讨会"、中国当代文学研究会与北京语言文化大学联合主办"走近80后"研讨会，而后有关"80后文学"的学术论文与研究专著愈来愈多。传统文学刊物不断以专号形式推出"80后"作家作品：2006年12期《青年文学·下半月版》刊出"八十后诗歌大展"专号、2009年《人民文学》刊出"80后作家专号"、

---

① 李晓燕等：《"80后"青年作家登场的社会学分析——文学场的演变与新入场的文学生产者》，《北京青年研究》2014年第1期。
② 江冰：《论80后文学的文化背景》，《文艺评论》2005年第1期。
③ 江冰：《试论80后文学命名的意义》，《文艺评论》2004年第6期。

群像与个体　|

2013 年第 5 期《大家》刊出"70 后、80 后专号"、2014 年第 5 期《广西文学》推出"广西'80 后'作家小说专号"、2016 年第 8 期《延河》刊出"陕西 80 后作家作品专号"等等……凡此种种，都意味着"80 后"作家在借由媒体与市场的力量进入"文学场"之后，又顺利地得到了文学刊物、学院派、批评家以及评奖机制的接受。也就是说，在社会关注与专业认可两个方面，"80 后文学"都成为得到广泛认可的文学现象与概念。

与"80 后"作家相比较，"90 后"作家进入"文学场"的道路要艰难、暗淡许多。用当前流行的网络话语来说——"90 后"作家的入场多少有些"谜之尴尬"。

当"80 后"浩浩荡荡的声势逐渐减弱，媒体与出版市场迅速将目光瞄向了紧随其后的"90 后"。2008 年 5 月 28 日，《文汇报》以《"90 后"全面登上文坛》为题刊发报道，其中提到："90 后已占据本届参赛（指'新概念'作文大赛）人数的五分之四"，"湖南省作协已首开先河，吸纳了李玮琳、宋青芸、漆一枝、周悟拿、罗湘歌等 5 位 90 后会员。其中，李玮琳是已经出版了《跆拳道皇后》等 3 个长篇小说的文坛新人。宋青芸也出版了小说集《星巴克非卖品》、长篇小说《电台牧师的葬礼》"[1]。2008 年 6 月 19 日，《解放日报》刊发《"90 后"创作群体登陆文坛引关注》一文，认为"'90 后'将改变文学生态""成为未来文坛主力军"[2]。这两则对《第十届全国新概念作文大赛获奖作文选》一书的出版进行报道的文章，对"90 后"作家都不乏溢美之词，显露出对"90 后"的信心与期待。出版业也试图如同打造"80 后"文学偶像一般推出"90 后"作家作品。2009 年，纪航、水格主编"90 季"

---

① 陈熙涵：《"90 后"全面登上文坛》，《文汇报》2008 年 5 月 28 日第 6 版。
② 姜小玲：《"90 后"创作群体登陆文坛引关注》，《解放日报》2008 年 6 月 19 日第 11 版。

书系由现代出版社出版，包括《我用整个宇宙来忘记你》（散文卷）、《和你一起的风景》（长篇小说，阳光已至著）、《叠年》（长篇小说，阳光已至著）、《时间浪潮》（长篇小说，阳光已至著）、《黑白画境》（长篇小说，柏茗著）、《风车向西转》（长篇小说，鹦鹉螺著）、《小西天》（长篇小说，一晞著）；2010年，陈平主编的《横空出世90后：90后作家文学作品精选Ⅰ》由吉林出版集团有限公司出版；2010年，方达主编《从现在开始，90后读90后文学》由新蕾出版社出版；2012年，许洁主编"新青年文库·超级90后系列"图书由中国青年出版社出版，包括《女生私密日记》《梦携尘缘（Q版＋美绘本）》《最High的365个问题》《我们》《漾》；2013年，高长梅、尹利华主编"青春的荣耀·90后先锋作家二十佳作品精选"系列丛书20册由九州出版社出版；2014年，"90后·零姿态"系列丛书13册由上海人民出版社出版。在这些出版物诸如"80后已去，90后出世""90后的文字盛宴""为每一个正在寻梦和奋斗着的90后文学草根们，提供'下一个韩寒、郭敬明、笛安、桐华、辛夷坞'的平民星光大道"等宣传话语中，我们不难发现，"90后"接替"80后"成为新一代消费符号。

然而，事实并不如他们预期的那般美好。"90后"作家群体中既没有出现具有代表性、为大众熟知的青年作家，也没有出现具有代表性的文学作品。当我们说起"90后"作家与"90后文学"，很难在脑海中迅速地生成一个较为清晰的形象。"新概念"作文大赛虽然一届接一届地举办，然而其影响力已经越来越弱，完全无法像推出韩寒、郭敬明、张悦然一样把"90后"作家推进"文学场"。从出版市场来看，虽然有众多"90后"年纪轻轻就已出版多部著作，但是——"中国图书市场早已粉碎了它曾经一手制造的'80后'作品热销的泡沫"，"'80后'代表作家已经确立了各自的定位，其能量之大儿乎占据了整个青少年写作的全部版图，而留给'90后'作家的数字空间非常有限"，"大多数'90后'作家的文字功底、文学底蕴、人生阅历都不深厚"①。因而，"90后文学"在市场运作与读者接受两个方面，都没有达到预想的目标。与此同时，他们也未能取得主流文学观念体系的更多关注与认可。比如张颐武就对"90后文学"中的市场化写作表达过这样的观点："他们经历了长期的市场磨炼，从写段子开始，对市场的运作很熟悉，有高度的敏锐性。他们作品中反叛性不强，就是生活的平常性，人物也是不好不坏，有点小感伤、小同情，又有调侃机智，似乎对社会看透了。没有大喜大悲，写的就是生活中恋爱失恋等小波澜"②。也就是说，"90后"作家试图从市场畅销这一途径进入"文学场"的意图，实则并未能够达成。2012年7月24日，在一篇名为《"90后"作家：文学方阵另一股青春力量》的报道中，"90后"作家接受采访时"集体表示，'90后'作家依然很边缘化，仍无法被大众所接受"③。

　　除却市场化写作，"90后"作家在严肃文学领域的创作也在2007年左右开始引起关注。文学刊物对"90后"的关注与推介首先从诗歌开始。《诗选刊》2007年第11—12期"中国诗歌年代大展特别专号"集中刊发"90后"诗歌作品，而后在2008年第4期推出"'90后'·90年代出生的诗人作品特辑"、2012年第7期推出"2012·中国90年代出生的诗人作品专号"等。从2007年至今，《诗选刊》年代大展专号中，上百位"90后"诗人面孔

---

① 徐研：《"90后"写作：以回归纯文学传统的方式低调出发》，《创作与评论》2014年第11月号（下半月）。
② 张颐武：《"90后"写作的兴起与文学新变化》，《太原日报》2016年3月16日第7版。
③ 潘启雯：《"90后"作家：文学方阵另一股青春力量》，《中国图书商报》2012年7月24日第9版。

在此出现。《中国诗歌》从 2010 年第 1 期开始，开设"大学生诗群"栏目，刊发"80 后""90 后"诗人作品。2011 年第 1 期，《中国诗歌》推出"90 后诗选"，以群像形式推出 64 位"90 后"诗人，并把李唐、原筱菲、苏笑嫣、高璨、徐威、真真、陈曦、潘云贵、陈思楷、魏晓运评为"90 后十佳诗人"。在这一期"90 后"专号中，还刊发了诗人杨克的长篇评论《漫步在诗歌精灵的国度——简述"90 后"的诗》。这应当是最早全面地对"90 后"诗人群体与诗歌文本进行研究与推介的文章，在文章中杨克写道："遍地 90 后'忽如一夜春风来，千树万树梨花开'……这些个性奇特的小兽，用一首首自由灵动的诗铺展开了现代新诗的希望与未来，更是传承了人类对于艺术与美的不间断发扬"①。在发现文学新力量，挖掘、培养文学新人上，《中国诗歌》可谓是不遗余力——从 2011 年起，《中国诗歌》每年举办"《中国诗歌》·新发现诗歌夏令营"②活动；2014 年，《中国诗歌》推出了"新发现诗丛"③四辑共 48 册。随后，众多刊物相继推出"90 后"诗歌专号，比如《山东文学》2013 年推出《中国 90 后诗人诗歌大展专号》、《福建文学》2015 年推出《闽派诗歌新崛起——福建

---

① 杨克：《漫步在诗歌精灵的国度——简述"90 后"的诗》，《中国诗歌》2011 年第 1 期。

② 首届"《中国诗歌》·新发现诗歌夏令营"成员从全国在校大学生（包括硕士研究生）、中学生中遴选而出，黄一文、弋戈、杨康、羌人六、凹凸、潘云贵、徐威、施瑞涛、习修鹏、庄苓、何伟、孙灵芝、代云芳、襄依、莫诺、张琳婧、向晓青、徐豪、陈曦、但薇成为了"《中国诗歌》·新发现诗歌夏令营"的"黄埔一期"。这些诗人大多出生于 20 世纪 80 年代末与 90 年代初。在之后的几届夏令营中，"90 后"诗人所占比例在不断上升。

③ "新发现诗丛"2014 年由卓尔书店出版，第一、二、三届《中国诗歌》·新发现诗歌夏令营成员 44 人每人出版个人诗集一册。另将这三届夏令营授课老师的讲义、纪要、点评等文字结集为 2 册，《中国诗歌》年轻编辑的作品 2 册，共计 48 册。

80·90后诗人大展专号》等。但是，我们同样得看到，由于影响力在不断式微，这些文学刊物对于"90后"作家的推介并没有很快地让"90后文学"在当代文学场域站稳脚跟。在这里，需要提醒的是，早期对"90后"作家进行推介的文学刊物数量并不多，且大多各自为战，并没有形成一股巨大的合力。这也是为什么同样是文学刊物认可、推荐"90后"，在2016至2017年前后却能够生成引人注目的文学景观的根本原因。

另一方面，我们看到，对于"90后"来说，文学评奖活动愈来愈多地举办，但这也没能够为推动他们进入当下文学场域而产生可观的力量。2010年，为了繁荣文学创作，推出文学新人，由作家网、人民文学杂志社、包商银行、漓江出版社、微型小说杂志社及各高校文学社团共同组织发起的首届"包商银行杯"全国高校文学作品征集、评奖、出版活动正式启动。"包商银行杯"每年举行一届，经过评选推出的"90后"作家愈来愈多，但始终未能真正地让"90后文学"发扬光大。2012年7月，由云文学网、上海作协、上海大学文学与创意写作研究中心、《萌芽》杂志等主办的"会师上海·90后创意小说上海战"选拔活动启动，意在以"创意写作"的理念推出"90后"文学新人。这像极了特地为"80后"举办"新概念作文大赛"——然而二者影响力却完全没有可比性。

第三节 "90后"作家的积极"自我表现"

于是，我们看到，从2007年"90后"写作者的群体登场算起，在之后相当长的一段时间里，"90后"作家都面临着"不被关注""不被重视"甚至被"严重怀疑"的尴尬处境之中。在这一段时间，越来越多的"90后"写作者加入到文学创作的队伍之中。但无论是从文学市场、媒体舆论还是文学刊物、文学评奖来看，"90后文学"都始终没有掀起大的波浪。"90后"作家若隐若现地游荡在当代文学场域的边缘。

对此，有相当数量的"90后"作家并不甘心——他们积极地在网络上"自我表现"，形成联谊社团"抱团发展"，通过自办刊物、自编书籍、自办网站，炮制各式各样的"90后"作家排行榜等种种方式，试图让更多的人关注、认可"90后"作家。

第一，"90后"作家自发组织各类联谊社团，试图避开个人"单打独斗"，以群体的形式获得更为广泛的关注。2008年11月，"90后"作家原筱菲（郑迪菲）在深圳创建"90后诗歌群落"（2011年后更名为"90后文学艺术群落"），被称为国内第一个"90后"青春文学团体。在群落宣言中，原筱菲写道："我想搭一个小小的窝棚，聚成一个小小的群落……这个小窝叫作'90后文学艺术群落'。这个群落是要把这些形单影只游离飘逸的青春魂集结在一起，把原来龟缩于狭小空间里的90后优秀文学艺术爱好者及其优秀作品呈现给路过的人们……'90后文学艺术群落'集结90后、00后很文艺的孩子们，不与世俗争空间，只做一个小小的群落，以展示我们不断成熟独立、逐渐个性鲜明的文艺形象，我们会用自己稚嫩的童声歌唱，相信世界终有一天会听到我们的声音。"[1] 在这份宣言中，我们既看到"90后"作家对于"形单影只""游离飘逸"处境的不满与不甘，也看到他们在文学场域中的"无可奈何"。因为无力，所以选择"退守一隅"；在退守中，心中实则念想的仍是"出发"。"展示我们文艺形象""用稚嫩的童声歌唱""世界终有一天会听到我们的声音"——这字里行间，透露出的仍是期待得到肯定并顺利进入文学场的心愿。

---

[1] https://baike.so.com/doc/727783-770484.html.

2010 年 7 月 25 日，首届"90 后"作家联谊会在北京举行。在百度百科"中国 90 后作家联谊会"词条中，我们看到："中国 90 后作家联谊会以服务和团结 90 后文学爱好者为宗旨，凭借着满腔的热情，力求用无私奉献的关爱精神来帮助那些需要帮助的写作者"，"截至 2011 年 7 月 25 日，中国 90 后作家联谊会拥有成员 186 人，省级以上的作协会员 67 人，中国作协会员 1 人，中国剧协会员 1 人，地市级作协会员 102 人；联谊会成员共出版了 189 本图书，占据了整个 90 后图书市场的 93%。可以说，中国 90 后作家联谊会集结了中国 90 后写作队伍当中的精英，在中国每一本做 90 后的杂志上，可以找出中国 90 后作家联谊会成员的名字"①。2011 年，"第二届中国'90 后'作家联谊会"的作家代表共同签署发表了一份文学宣言。宣言内容之一是：努力发展"90 后"作家联谊会，实现"90 后"作者的抱团发展②。与"90 后文学艺术群落"的宣言相比较，"中国 90 后作家联谊会"的宣言更为直截了当。从他们的数据统计中，可以看到他们既骄傲、激昂又彷徨、忐忑的复杂心境。摆出数据，同样是为了给"90 后"作家群体增加些许分量，目的仍是得到承认并进入文学场域。对此，黄发有批评道："那些纷纷加入从'60 后'到'90 后'的阵营的作家，为了进入文学主流，往往不惜牺牲自己的艺术个性，甚至主动迎合媒体趣味，随风转向"③。

第二，"90 后"作家纷纷通过自办刊物、自编选本来扩大

---

① https://baike.baidu.com/item/%E4%B8%AD%E5%9B%BD90%E5%90%8E%E4%BD%9C%E5%AE%B6%E8%81%94%E8%B0%8A%E4%BC%9A/10532803.

② 李泓业：《中国"90 后"作家 2011 年度宣言》，《课堂内外（高中版）》2011 年第 10 期。

③ 黄发有：《文学与年龄：从"60 后"到"90 后"》，《文艺研究》2012 年第 6 期。

"90后文学"的影响力。传统文学刊物对"90后"的支持力度并没有达到一些"90后"作家的预期，于是，许多"90后"作家举着"90后"的大旗，自办刊物、自编选本。2011年，由"90后"作家柳陶、张玉学主编策划的《金牌90后——2011年度全国90后作家作品精选集》由中国书籍出版社出版。2011年，由展凌风、老祥、李炫等"90后"作家策划、编辑的《绝版》号称"中国第一本由90后独立策划的文学杂志""中国90后第一刊"。在《绝版》的简介与宣传中，他们信心十足地写道："打造真正属于90后的读物……她的诞生，象征着中国新生代文学的起航，奠定了她将来在文学史上里程碑式的地位"[①]。然而，他们豪情万丈的理想与激情很快就在残酷的现实面前溃败了："年少轻狂的他们，把事情想得太简单，最终在经营一年后，以亏损的代价收场"[②]。由"90后"作家朱轩主编的《唏嘘》杂志创刊于2012年1月，同样号称是"中国90后第一刊""中国第一本90后实体原创文学刊物"。从两个"中国90后第一刊"中，我们不难看出，他们的迫切而焦虑的入场姿态与抢位心理。2012年3月，"90后"诗人鬼啸寒自编自印"90后"诗歌民刊《地头蛇》。在这本刊物中，耐人寻味的是它评选推出的民刊《地头蛇》版"2011年度90后十大新锐诗人"（魏薇、潘云贵、鬼啸寒、尚子熠、李唐、徐威、陈吉楚、零落香、刘阳鹤、陈耀昌）与"2011年90后诗界十大事件"。在鬼啸寒公布的评选标准中，"评选过程中我参照了主流诗刊、社会体现、网络力量的三个标准。即①2011年期间在主流官刊上所发表的作品，不排斥民刊（比如《诗歌月刊》《诗刊》

---

① 展凌风：《〈绝版〉，我们是90后，我们是自己的代言！》，http://blog.sina.com.cn/s/blog_62cc73f10100ng4f.html。

② 陈莉：《展凌风：用青春换一场蜕变》，《毕节日报》2014年4月12日第8版。

《诗选刊》《诗歌杂志》）。②2011年期间90后诗人在业余时间为社会为目前所生存的家园做了什么（比如提倡栽树，带塑料袋进超市）。③在网络上宣传诗歌和诗歌活动（比如创立诗歌博客、诗歌论坛）"①。这种由个人进行全国范围内的评选，其权威性我们且不讨论——我们想提醒的是，"90后"自办、自评"90后"排行榜（甚至自授荣誉）的行为，可与其他由刊物、媒体、作协进行的评选活动进行对比观察，它一方面呈现出"90后"作家群体积极自我表现的心理，同时也暗含对"90后"作家内部关键位置与权威话语的争夺。

第三，不少"90后"作家给自己冠以各式各样的名头，积极打造纷繁复杂的各类榜排行。"90后"作家的"作家简介"同样是我们探讨"90后文学"的发生时发现的一个饶有趣味的观察点。在"90后"作家简介中，我们看到"中国90后天才诗人""女版韩寒""中国第一位出道的90后女作家""90后文坛第一人""中国90后最不阳光的少年作家""90后文字第一精灵""中国90后最具魅力的女派散文作家""90后先锋作家第一人""90后青春美少女作家""中国青年一代阳光文学掌门人""90后第一作家""中国90后作家掌门人""90后写作小魔女""中国90后文学七贤"等等修饰词句。这些"名头"——媒体为制造噱头用用也就罢了——可不少"90后"作家自己也十分乐意戴上这些"帽子"，甚至主动地自我制造"名头"从而自我"加冕"。在"第一""最""天才"的背后，实则是浮躁与轻飘。另一个值得引起关注的，是各式各样的"90后"作家排行榜。我们也简单列举——十大少年作家：吴子尤、张悉、青夏、阳阳、李军洋、顾文艳、陈励子、弘志、杨七诗、高璨（2006年，由

---

① 鬼啸寒：《地头蛇》总第1期。

"90后"创办的小作家联盟网站评选）；"90后"十大作家排行榜：陈少侠、苏紫紫、沙苇霖、代煜龙、李唐、顾倾城、刘景南、许豪杰、国生、高宇（2013年，《南风》杂志主办，中国90后作家联谊会协办）；2014年"90后"九大作家排行榜：张牧笛、陈昂、郑迪菲、李军洋、张佳羽、魏天一、陈励子、陈少侠、苏笑嫣（2014年，中华少年作家编辑部主办）；"中国90后百强作家排行榜"，前20位为周渝、张佳羽、李唐、陈昂、林卓宇、余幼幼、苏笑嫣、林为攀、张牧笛、孙梦洁、张悉妮、王苏辛、李军洋、郑在欢、风青阳、辜好洁、原筱菲、王璐琪、边琼、后博寒（2015年，中国作家协会、中国青年作家协会、中国诗词协会、中国诗歌学会、中国少年作家官网、90后文学联谊会、腾讯读书、红袖添香、榕树下、幻剑书盟、起点中文等组织联合成立了"后继有人　满园书香"90后百强作家评选小组，该小组历时14个月，统计了46家中文网站、122家出版社、1690家媒体的作品发布阅读情况，经过三轮评审，最终评出中国90后百强作家）[1]。此外，"2010中国90后作家财富榜""2010中国90后十佳少女作家""中国90后十大少年作家排名""90后京派五大实力作家""90后五大实力作家""中国90后最具代表的六位90后作家"等等各类排行榜接连出现，其意图不外乎是引起更多的关注，并由此宣告："90后"作家正式出场了！然而，从"90后"作家的自我标榜，到各类榜单一个接一个出炉，名头越来越大，花样越来越多，看似热闹繁华，背后反映出来的却是"90后"作家群体的寂寞、失落与不甘。这看似在为"90后文学"制造影响，实则是深深伤害了"90后文学"。

第四，"90后"作家在文学网站、贴吧、论坛、博客、豆瓣、

---

[1] https://baike.so.com/doc/24545475-25409136.html.

群像与个体　｜

个人公众号等新媒体、自媒体中积极展现自我。运用新媒体、自媒体，展现自己的文学作品，是"90后"作家"自我表现"的又一种常见的方式。2010年，榕树下网站成立"90后文学社"，网络社员数以千计；2012年，90后作家寒文玉主持"90后文学网"（www.90wenxue.com）。另外，大多数的"90后"作家开通了自己的博客、主页或豆瓣小站。借助网络，"90后"作家的作品完全可以摆脱文学刊物而独立传播。在网络上展示自己的作品，并获得相当数量的粉丝，最后进入市场化写作，这是相当一部分"90后"作家的"成名之路"。另一个值得引起注意的，是伴随着网络文学的兴起，投身于网络文学创作的"90后"作家也越来越多。网络文学的生产机制与传统文学的生产机制截然不同，它既不必然地需要得到刊物、评论等主流力量的认可，也不需要借助文学刊物进行传播。读者的认可才是网络文学赖以生存的基础——以点击率、打赏和IP转换为主要内容的新型稿酬机制使得网络作家们竭尽全力只为获得读者的认同。而网络文学每日更新连载的生产机制，也迫使网络作家将更多的精力用于保持写作进度，而非词句、结构的精雕细琢。

有学者认为，"自我表现""主体意识"或"自主意识"，是"90后"最凸显的群体特征，也是"90后"最本质的群体特征。[①] 在"90后"作家群体身上，我们看到了属于"90后"青年群体的特征，他们关注"个体"与"自我"，积极表现自我。另一方面，在面临入场困境之时他们的种种举动，同时又反映出他们迫切地想要进入当代文学场域并得到认可的焦虑心态——无论是"'90后'干掉'80后'"的宣言，还是"'90后'读'90后'"的口号，都清晰地映射出这种焦灼。需要指出的是，他们

---

① 邓希泉：《"90后"新价值观研究》，《思想理论教育》2016年第9期。

的种种举动并非无缘无故地产生，其中有隐秘存在的内在驱动力。在《艺术的法则——文学场的生成与结构》一书中，布尔迪厄早已指出："社会行动者并不是'粒子'，并不是被外力机械地推来拉去的。他们更是资本的承受者，根据他们的轨迹，根据他们通过资本（数量和结构）的捐赠而在场内占据的地位，他们要么倾向于积极地把自己引向对资本分布的维护，要么就是颠覆这种分布……即所有小资本拥有者必定是革命的，而所有大资本拥有者必定自动地倾向于保守"[①]。"90后"作家面对当代文学场域时的复杂之处就在于此。他们既希望得到市场与文学期刊等这些在文学场内已经占据着重要位置的力量支持，同时又对它们表示失望。因而，某种试图颠覆这种布局的举动与理念就顺理成章地出现了。但是，他们很快又发现，他们其实并没有相应的颠覆能力。"90后"作家们并没能掀起一场新的文学运动与变革，也根本没法完成对文学场域内部力量的调整。最终，要么逐渐地在这种焦虑中停止了创作，终结了进入文学场域的欲望；要么，老老实实地钻研读书、写作，通过不断的练笔提升自身水平，以期再次获得文学场域内那些重要力量的认可。因此，我们看到，在2012年之后，"90后"作家们相比较而言"安静"了许多。也是在这之后，"90后文学"中一些比较沉稳、扎实、饱满的作品逐渐多了起来。到2017年前后，"90后"作家之前面临的尴尬处境终于有所缓解，文学期刊与文学评论对于"90后文学"有了前所未有的重视。

　　"90后文学"终于迎来了新气象。

---

① ［法］布尔迪厄：《场的逻辑》，见包亚明主编：《文化资本与社会炼金术——布尔迪厄访谈录》，包亚明译，上海：上海人民出版社，1997年版，第154页。

第四节 "90后文学"的新气象

在 2008 年,曾有研究者断定"80后文学"之后"90后文学"不会产生①——虽然"90后文学"得到接受与承认的路径较为曲折,但今日回看,这样的判断显然是显得偏颇的。尤其是在 2016 至 2017 年前后,我们看到,无论是文学期刊、文学评论还是评奖机制,都对"90后文学"展示出了极大的认可、支持与期待姿态。

首先是包括各种国家级刊物在内的各类文学刊物对"90后"作家抱以厚望,纷纷为"90后"作家提供空间与平台,力荐青年一代的作品。

2017 年 1 月,《人民文学》杂志 2017 年第 1 期开设"九〇后"栏目,刊发李唐短篇小说《降落》。"90后"作家庞羽、郑在欢、庄凌、梁豪、炎石、国生、慈琪、颜彦、朱雀、李昀璐、范墩子、闵芝萍、崔君、刘晚、葛小明等相继在此亮相。在这份名单中,我们既看到诸如李唐、慈琪等较早便开始进入创作并得到较多认可的"资深""90后"作家,也看到不少相对较为陌生的后起之秀。在 2017 年第 2 期的《卷首》中,编者写道:"这一期,更多特色属于青年,有十余位作者为'九〇后'、'八〇后'和'七〇后',敬请关注"②。《大家》自 2017 年第 1 期开始,开设栏目"新青年",每期以"作品+创作谈(文学观)+同代人批评"的形式,力推"70后""80后"与"90后"作家作品。主编周明全在 2017 年第 2 期的《主编絮语》中写道:"现在确实不一样了,在 80 后、90 后这一批年轻作家的写作中,尽管还看不到所谓的

① 帅泽兵、邵宁宁:《"80后"之后:"90后"不会产生》,《当代文坛》2008 年第 4 期。

② 编者:《卷首》,《人民文学》2017 年第 1 期。

文学'大树',但却形成了一片片的文学森林。尤其是新兴网络媒体的兴起,恰逢其时地让年轻写作者们赶上了。他们自觉不自觉地通过网络或新兴的传播媒介如微信平台等,参与了当代的文学建构……我们没有必要悲观。因为在我看来,昔日的那种由体制和纸媒所形成的文学老圈子老皇历该翻过去了,包括那些所谓的评价。青年作家还处于成长中,还有无限可能"①。与周明全观点相似的编辑、作家、批评家不在少数。在这,我们看到,2017 年与 2007 年前后相比较,文学期刊对于"90 后"青年作家的理解与姿态显然有了极大的转变。

《福建文学》认为 2017 年中国文坛最新鲜的景观之一是"90后"作家登场。② 于是,它在 2017 年第 10 期策划了一次"90 后与文学代际五人谈",刊发《"代"的阶序与文学新人的入场式》(刘欣玥,北京大学中文系博士生)、《自话自说的"90 后"》(于文舲,《当代》编辑)、《丰饶的想象与舍近求远的追逐》(梁豪,《人民文学》编辑)、《"90 后"小说中的现代体验及其书写》(徐威,中山大学中文系博士生)、《一个不断生长的存在》(黄帅,《中国青年报》评论员)五篇文章。探讨、解读、反思愈多,证明它受关注程度愈高,生成的影响愈大——"90 后文学"已然成为当下文学场域中尤为引人注目的文学现象。值得一提的是,这组文章是"90 后"谈"90 后"。之所以将写作者的身份标示出来,亦有引发这样一种思考的意图,即:当"90 后"文学评论者、期刊编辑、媒体评论者也开始进入文学场域之中,对于"90 后文学"而言,又会产生怎样的影响?以我来看,这同样是一个值得深入观察与思考的问题。只不过,此刻并非作出回答的成熟时刻。

---

① 周明全:《主编絮语》,《大家》2017 年第 2 期。
② 编者:《卷首语》,《福建文学》2017 年第 10 期。

放眼四望，举国上下各类文学刊物在 2017 年前后以一种集体性的欢迎姿态，接纳着"90 后"作家作品。这一现象的形成，并非一蹴而就的。

　　早在 2011 年，《作品》杂志在自由来稿中便发现有越来越多带有异质性与新体验的"90 后"作家作品，之后专门开设了"浪潮 1990"栏目，每期刊发"90 后"作家作品。《作品》较早地关注到了"90 后文学"，更重要的是，《作品》对于"90 后文学"的关注与扶持是持续的——2011 年至今，已经有两百多位"90 后"作家在《作品》亮相。从"浪潮 1990"到"90 后推 90 后"再到与《文艺报》联合开办"新天·90 后"专栏，从刊发"90 后"作品到推出对"90 后"作品的文学批评再到举办"90 后"作家培训班，《作品》对于"90 后"的支持力度不断加大。2017 年第 3 期与第 6 期，《作品》还刊发了"90 后"作家徐晓《请你抱紧我》与李君威《昨日之岛》两部长篇小说。毋庸置疑，今日"90 后文学"能够成为备受瞩目的文学景观，《作品》作出了相当重要的贡献。

　　除《作品》这样数年如一日持续刊发"90 后"作品的文学期刊之外，还有不少刊物以专辑的形式不定期地推出"90 后"作家作品。《西部》杂志分别在 2012 年第 10 期、2013 年第 10 期、2014 年第 12 期、2015 年第 12 期、2016 年第 12 期、2017 年第 3 期推出"西部头题·90 后小说"专辑；《天涯》2016 年第 5 期推出"90 后"作家小说专辑；《上海文学》2016 年第 12 期推出青年专号，其中包括"新人场特辑"小说与"90 后诗歌选"；《诗刊》2017 年第 2 期推出"90 后诗人特辑"，同时，还在海口、北京等举办了多场"90 后诗歌对话"活动；《辽河》杂志 2017 年第 1 期推出"90 后小说专辑"；2016 年，《芙蓉》"90 新声"栏目、《山花》"开端季"栏目、《青春》"新青年写作"栏目、《青年文学》"出发"栏目等纷纷开设。《小说选刊》《中篇小说选刊》《长江文艺·好小说》等知名文学选刊，也对"90后文学"颇为青睐，《小说月报》2017年第1期还推出了"90后作品小辑"……与"90后文学"发生的初期相比，可以看到，参与对"90后文学"推介的文学刊物越来越多，不仅在力度上有着显著的加强，在数量上也形成了浩荡的声势。可以说，正是这些文学刊物对"90后"的集体接纳，"90后文学"才得以在当下成为一种现象级景观。而这种景观的生成，昭示着"90后"作家真正意义上开始进入当下文学场域。

其次是，当代文学批评与研究越来越多地关注到"90后文学"。一方面，文学期刊有意识地将文学批评力量添加到对"90后文学"的推动中去。比如，2019年《中华文学选刊》第5、6期策划了《新青年，新文学：当代青年作家问卷调查》，对"52位85后青年作家、65位90后青年作家进行了问卷调查，还在2019年8月组织了以青年写作为主题的文学沙龙，之后又邀请艾翔、唐诗人、徐威等18位青年评论家就此次问卷调查"发声"，18篇短评在2019年第12期以《"当代青年作家问卷调查"笔谈》为题集中亮相。此种推动力度不可谓不大。《芙蓉》在推出"90后"作家作品的同时，还刊发金理、吴天舟对所刊作品的解读与批评；《作品》在"90后推90后"栏目中，加入了徐威的"90后文学观察"系列评论；《天涯》在"90后"小说专辑中刊发刘复生《"90后"眼中的中国现实》；《小说月报》在推出"90后作品小辑"时刊发赵振杰《"亚成熟"状态下的90后写作》。这些批评文章大多受到文学刊物邀请而撰写，具有较强的同步性与针对性。另一方面，越来越多的文学研究者将"90后文学"纳入研究视野。《文学与年龄：从"60后"到"90后"》（黄发有）、《"90后"写作：以回归纯文学传统的方式低调出发》（徐妍）、《青年亚文化：作为 80 后和 90 后"文学生活"的延伸——从"小清新"与"杀马特"亚文化谈起》《后亚文化：80 后 90 后的文学书写》《新媒体"文学生活"论——探讨 80 后 90 后文学的一种视角》（王文捷）、《世纪"新来者"的喜与忧——论 90 后诗人与诗歌》（赵洋洋、董运生）、《"80"后与"90"后：网络一代审美趣味的流变与生成》（田忠辉）、《"90 后"诗歌研究》（李路平，硕士论文）、《"90 后"小说文本研究》（宋国兵，硕士论文）……总的来说，从个案分析到代际综论再到比较研究，"90 后文学"正在成为当代文学研究中新的对象。

最后，在一些分量颇重的奖项评选中，"90 后"作家也逐渐崭露头角。2016 年 12 月，李唐、庞羽、马亿分别获得第四届"紫金·人民文学之星"中篇小说奖、短篇小说奖和短篇小说佳作奖；2017 年 10 月，庞羽获得第六届江苏省紫金山文学奖文学新人奖；2018 年，王占黑凭借小说处女作《空响炮》，与阿乙、张悦然、双雪涛、沈大成入围决选名单，并最终获得首届宝珀·理想国文学奖，获得 30 万人民币奖金，引发了许多关注。

从引起各界关注，到遭遇多种质疑，再到当下文学期刊对他们的接受并抱以巨大希望，"90 后"作家进入当下文学场域的道路并不那么顺利。其中，尽管由于网络新媒体、自媒体高速发展，为"90 后"作家提供了更多样化的文本传播途径，"90 后"作家也在积极地进行"自我展示"——但是，我们仍然发现，在当下文学场域之中，"90 后"作家的"入场许可证"仍是由文学刊物等场内关键位置占据者与强大力量持有者颁发。

此刻，全国各大文学刊物纷纷对"90 后"作家抱以期望与鼓励，这既意味着"90 后文学"进入新的发展阶段，同时也对"90后"作家提出了新的挑战与考验。毕竟，机会、平台都已经为他们准备好，万人瞩目下能否拿出过硬的本领、优秀的表现，只能依靠"90后"作家自身。文学期刊力量也好，文学评论力量也罢，终归是外力。倘若此刻便"洋洋得意"，倘若"90后"自身后继无力，那么，"热闹"很快就会过去。另一方面，不可否认的是，文学期刊对"90后"作家"拉网式"的"打捞"与"接纳"，在一定程度上降低了对"90后"作家的要求。"90后"作家应当对此有清醒的认知。

发表于《作品》2017年第12期

第三章　群像："90后"小说创作论（上）

第一节　在神秘之境中言说

神秘意味着未知、不确定与无能为力。在无限的世界中，人的能力如此有限，这意味着，神秘无处不在。在艺术领域，艺术创作也与神秘紧密相关——在罗丹看来，"神秘好像空气一样，卓越的艺术品好像浴在其中"[1]；安德鲁·本尼特和尼古拉·罗伊尔在《文学、批评与理论引论》中进一步宣称："神秘是任何文学描写的中心"[2]。在当代小说中，格非、余华、苏童、马原、孙甘露等先锋作家对于神秘有极度的痴迷，他们竭尽心力地在作品中呈现世界的浩瀚、命运的无常与生活的不可解；以韩少功为代表的寻根作家也在传统文化中挖掘神秘之美。在"90后"作家的小说作品中，我们同样也看到他们对于书写神秘的偏爱。他们或是在小说中营造出神秘的氛围，或是在阴差阳错的事件中展现命运的强大与无常，或是在寂静与死亡中书写人的情与爱。概而言之，他们热衷在神秘之境中言说。

---

① ［法］罗丹：《罗丹艺术论》，沈琪译，北京：人民美术出版社，1978年版，第99页。

② ［英］安德鲁·本尼特、尼古拉·罗伊尔：《论文学中的神秘》，汪正龙译，《江西社会科学》2006年第11期。

一、神秘之境的生成

神秘是一种感觉，一种心理认知——世界万物，已知的、未知的都客观存在着，只有当人对它们感知时，也就是当主体对客体进行认知时，那些神秘之物才显现而出。也就是说，当人发现自己对事物无法全面认知的时候，事物就披上了一层神秘面纱，神秘感便涌现而出。这是日常生活中神秘感的生成。在对事物认知不确定的基础之上，小说作为一种叙事文本，也形成了相当多样的呈现神秘的方式。安德鲁·本尼特和尼古拉·罗伊尔归纳总结了神秘在小说中十种常见的文学表现形态，即"重复""奇怪的巧合""万物有灵""拟人""自动作用""性别身份的极端不确定性""一种活着被埋葬的恐惧""寂静""通灵术"和"死亡"①。在"90后"作家的小说作品中，神秘之境的生成与上述所说的种种形态也密切相关。

在智啊威小说《五座桥吃人事件》中，神秘生成于"万物有灵"和"死亡"中。五座桥上发生一起又一起的命案，最终形成了五座桥吃人的惊悚传闻。卖豆腐的三顺爷在未过膝的水中被五座桥的溺水鬼拉下水，头倒插进水底的淤泥里；杀猪的庆收在五座桥遇见已故的秋娥婶子在卖红糖，他试尝红糖却不知往嘴里塞的全是沙子，最后人们发现他离奇地死在五座桥旁的一堆沙子上；母亲在五座桥失踪，而"我"在沟边见到一截白骨……在小说中，桥梁显然是鬼灵的化身，作者在此处赋予了无生命的桥梁以生命（灵性），并在不断发生的无法解释的死亡事件中，生成了阴森、诡异和骇人的神秘之境。在中国小说中，"万物有灵"常转变为鬼神在人世间的显现。"中国本信巫，秦汉以来，神仙

---

① ［英］安德鲁·本尼特、尼古拉·罗伊尔：《论文学中的神秘》，汪正龙译，《江西社会科学》2006 年第 11 期。

之说盛行，汉末又大畅巫风，而鬼道愈炽；会小乘佛教亦入中土，渐见流传。"① 在《五座桥吃人事件》中，亡魂再现、神婆驱鬼、盲人开天眼等等，都带有典型的中国传统志怪小说的气息。王棘小说《驾鹤》中韩老三所雕刻的木鹤亦是有灵性、有生命之物。韩老三在夜里看见飞翔的仙鹤，这离奇的经历让他性情大变。之后，他告诉别人"每天晚上仙鹤都载着他在月亮下面飞翔"，而在世人眼中，他是精神出了问题。最终，韩老三在雕刻了一只巨大的木鹤之后离奇消失——摆在院里的木鹤在火焰中成为一堆灰烬（熊熊大火却无人发觉），在灰烬中却没有韩老三的骨头。在中国文化中，鹤往往与死亡相关，或者说，鹤有着死亡隐喻的意味。韩老三身上的神秘气质以及仙鹤的死亡隐喻，令人想起苏童的小说《告诉他们我乘白鹤去了》。在这部小说中，老人同样在等待白鹤将其带走，以避免死后火化变成一缕轻烟；结尾处，男孩向大人宣告："爷爷乘白鹤去啦。"在《驾鹤》的结尾，也是一帮孩子兴奋地说："木鹤变成仙鹤飞走了，把韩老三也带走啦。"林为攀小说《铸鼎》以鼎为叙述人，在"拟人"中生成神秘。"拟人"可视作一种特殊的"万物有灵"，它赋予凡物以人性，而非鬼性与神性。小说通篇以鼎为人，在鼎回忆数千年前的往事与体验当下的过程中，借鼎的言论观照现实。"地下世界"与"地上世界"、"过去"与"当下"、"变"与"不变"等多重对比，小说于是在神秘氛围中彰显出尖锐的批判锋芒。

张春莹《少年犯》则在"奇怪的巧合"中呈现命运的难以捉摸。少年剑桥善水而跳入水塘，出尽风头也引发学校一系列的整治。在整治中，剑桥被开除，蛇头也被"殃及池鱼"，同样被开除。他们相约报复学校书记，然而，在将书记制服之后，蛇头却

---

① 鲁迅：《中国小说史略》，《鲁迅全集》（第九卷），北京：人民文学出版社，2005年版，第45页。

将仇恨更多地指向剑桥，对其种种羞辱。最终，剑桥杀死蛇头，成为又一个少年犯。"当我从头追溯过程，理清了前前后后，发现事情一点都不复杂，就像一根顺延的线，从线头延到线尾，顺理成章，但我又认为事情的结果不是那么自然，在过程中每一个关键的节点上，那几个人，只要其中一个当时稍微偏一点方向，事情就不会是后来那样了。"[1] 然而，事情的发展就是如此一环扣一环，每一个节点人物的举动都如此"巧合"，都没有偏离一点方向，令人不由相信，这就是命中注定要发生的事情。在无数种可能性之中，偏偏发生的是导致悲剧的这一种。因而，命运在小说中留下一个神秘的背影——它仍是不可知、不可解的难以捉摸的所在。

范墩子小说《鬼火》在"重复"与"寂静"中营造其神秘气质。举动怪异的父亲失踪之后，"我"四处寻找。这种寻找亦是怪异的，"我"在父亲种植的柴胡、木柜以及火炉里寻找父亲，并多次清晰地感受到父亲的气息。这种怪异举动的多次重复，令小说披上一层神秘色彩。最终父亲出现在爷爷的坟地旁——在荒凉、阴森、恐怖的寂静中，父亲以柏树叶、黑老鸹和鬼火等诡异形态若隐若现，"我"则在"一点动静都没有"的坟地里自说自话——小说的神秘氛围顿时浓郁无数倍，令人毛骨悚然。王苏辛小说《漫长的一天结束了》通篇弥漫着神秘气息，其气质与残雪小说《山上的小屋》颇为相似。主人公纪云清一人寡居，丈夫宋祁的离奇失踪、亲人离她而去导致其性格焦躁、怪异。在幽暗封闭的屋子里，她在回忆与现实的交错中产生种种幻觉。她时刻处于"一种活着被埋葬的恐惧"中——"这看起来是神秘的更精妙的例子，但它更多地表现在患幽闭恐惧症，又受到令人不快的意

---

① 张春莹：《少年犯》，《作品》2016 年第 11 期。

外刺激的人身上（比如在电梯上，或者在沼泽地里，或者孤身一人在家仿佛被遗弃在世上）。"① 如果说《鬼火》的神秘是传统的，那么，《漫长的一天结束了》中的神秘则是现代的。这篇小说以诗意的语言将一段漫长的历史融汇在一天里，小说人物复杂的心理情绪如潮涌动、幻象与现实的反复交错、光线与声音的奇异融合，无一不在表明，这是一篇极具现代特色的神秘主义小说。

在这些独特的表现形态之外，神秘之境的生成还与小说的景观书写有着重要的关系。这里的景观书写，既包括对客观器物的描写，也包括对自然气象的描绘。"景物与人物的相关，是一种心理的、生理的与哲理的解析。"② 这意味着，阴郁、灰暗的景观形象往往能够暗示人物处于压抑、失落的心理状态，它能够为小说灰暗底色与神秘感的生成提供巨大的助力。且看鬼鱼小说《临江仙》的开头：

> 兰江别院的滴水檐隐匿在 1995 年 7 月 1 日正午的暴雨之前，著名梅派京剧表演艺术家蒲玉兰被发现死在了床上。那时的兰山周围一片寂寥，遮天蔽日的迷雾宛若巨大的幕布，将兰江别院紧锁其中。雨滴与雨滴撞击时发出的噤噤之音，听上去仿佛无数颗想要逃窜的心脏，在沉闷的胸腔里猝然呼喊。尽管三三两两的乌鸦早已随着摇摇欲坠的太阳消失殆尽，但兰江别院周围的树丛依旧散布着浓郁的阴森之气。不久，密密匝匝的雨帘随着滚滚翻腾的云层从兰山顶扑面而来，玄色的夜空张

① ［英］安德鲁·本尼特、尼古拉·罗伊尔：《论文学中的神秘》，汪正龙译，《江西社会科学》2006 年第 11 期。

② 老舍：《老舍论创作》，上海：上海文艺出版社，1982 年版，第 76 页。

牙舞爪地钻进了兰江别院的犄角旯旯。①

"死""寂寥""遮天蔽日""迷雾""逃窜""沉闷""猝然"
"乌鸦""摇摇欲坠""阴森""翻腾""玄色""张牙舞爪"……在
这开篇中，鬼鱼的景观书写直观地呈现出悬疑与恐怖之气，让人
迅速进入到一种神秘之境中。这种压抑、神秘与小说的情节设置
及人物的心理状态十足地贴合在一起，使得小说的神秘气息自一
开始便喷薄而出。这令人想起爱伦·坡充斥着神秘与恐怖之美的
短篇小说《厄歇尔府的倒塌》的开头：

> 在那年秋季的一天，整个白天愁云惨雾，死气沉
> 沉，听不见一点声音，黑压压的乌云低悬在空中。我骑
> 着马，穿过一片特别阴郁肃杀的乡村，最后当黄昏渐至，
> 夜幕四合的时候，终于看到了那座忧郁的厄歇尔府。

还有一种神秘来源于小说中的奇人异事与不确定因素，换
而言之，小说中具有"谜"之特质的人与事同样能够营造出神秘
之境。在这方面，周朝军小说《抢面灯》中的 W 教授具有相当
的典型性——他对于一切短促之物提不起兴趣，文章标题也要以
长为美，如《以华北地区商河、南皮、海兴三县青壮年男性为
例试论男性肺活量与性生活时长之关系及其所隐藏的数量关系模
型》；他从数学教师转变为性学教授，其中过程无人知晓；他在
L 县的传说与风流韵事是一个"谜"；他最后手拿一个匹诺曹玩
具，怒目圆睁又神态安详地死在办公室里，这亦显得离奇。总而
言之，W 教授身上有着许许多多无法解开的谜团，小说中反复出

① 鬼鱼：《临江仙》，《作品》2016 年第 9 期。

　　　　　　　　　　　　　　　　群像与个体 |

现的"据说""传言""传闻"使得他身上弥漫着神秘之气。同样神秘的还有小说中的"面灯"。当"面灯"与"饥饿""性欲"画上等号时，也就是说，它在由熟悉变得陌生并产生了新的意义指向时，它也随即从一个普通的常见之物化为了神秘之物。从熟悉到陌生，或从陌生到熟悉，都能产生神秘，因为"神秘不仅是某种怪诞或让人害怕的东西，还特别与对熟悉的事物的烦恼相关联"[①]。除此之外，小说中马兰的形象、多次抢面灯的过程、W教授与M先生的故事、"我"与一周未曾联系上的女友PL的故事，都被作者掩藏起来了。这使得小说具有强烈的不确定性，而正是这种不确定为小说提供了异常丰富的指向——有太多种可能性而我们根本无法确定哪一种才是真实发生过的。

二、在神秘背后

在上述的分析中，我们看到"90后"作家以各式各样的途径在建构自己的神秘之境。有意思的是，好些作品的神秘气息在苦心建构之后又迅速地被作者自行解构了。

在《五座桥吃人事件》中，智啊威在讲述了三顺爷、庆收在五座桥的离奇死亡及母亲在五座桥的失踪之后，神秘气息已然十足。然而，作者在小说中又迅速地将这种神秘打破——小说的叙述者"我"竟然是一个精神失常之人。"那家伙是小杨庄的疯子阿伍"，"你说这个阿伍呀，年纪轻轻大学毕业，干点啥不好，非写什么小说"[②]。叙述者由一个正常人变为一个精神失常者，小说前半部分所述说离奇故事的可信度随之大幅降低，作品建构的神秘之境也随之破裂不再。甚至于，五座桥压根就不存在，关于

---

① ［英］安德鲁·本尼特、尼古拉·罗伊尔：《论文学中的神秘》，汪正龙译，《江西社会科学》2006年第11期。

② 智啊威：《五座桥吃人事件》，《作品》2016年第7期。

五座桥的所有故事，都只是热爱写小说的阿伍的异想天开。鬼鱼的《临江仙》有着极强的可读性，通篇弥漫着悬疑色彩——谁是杀死蒲玉兰的凶手？在姜然与小章的破案过程中，嫌疑人一一登场，每一个人都与蒲玉兰有着复杂的关系，有着充足的杀害蒲玉兰的动机，然而他们都并非真凶。而随着调查的深入，小说的谜团越来越多，在读者的阅读期待随之上升到顶端时，这种神秘意蕴也被作者自我解构了——警官姜然多年前就已患上"臆想症"。同样是借助小说人物身份的突变，让小说的叙述变得可疑。一方面，从内容上看，小说前面所建构的神秘之境迅速地被作者设置的人物解构了；另一方面，我们又猛然发觉，故事里的神秘气息消失了，但小说文本作为一个整体又变得神秘起来——在作为一种叙事策略的建构与解构之间，我们无法分清哪一个才是作者的真实意图。

于是，我们不禁要问，在神秘之境的建构与解构背后，90 后作家究竟想要言说什么？

是言说死亡吗？《五座桥吃人事件》中一个又一个诡异地被五座桥"吃掉"的人；《鬼火》中"我"寻找一个已经死去四十年的父亲；《漫长的一天结束了》中宋祁在车祸中"死亡"，并"失踪"不见，最后从高楼跳下；《抢面灯》中 W 教授的离奇死亡，在多年来抢面灯过程中也有数十人死伤；《临江仙》的核心发展线索便是追查杀害蒲玉兰的真凶；《少年犯》中剑桥杀死蛇头；《驾鹤》中韩老三在欢愉中驾鹤而去……我们看到，上述分析的作品几乎都在书写死亡。死亡自然是神秘的，它意味着生命的终止，因而令人恐惧；它无处不在，但又无人敢宣称自己死过，因而始终是未知；它随时可能降临，因而在确定人人都会走向死亡的同时它又具有极强的不确定性。然而，死亡虽然神秘，但它并不是这些"90 后"小说所指向之处。抑或说，死亡并不是

　　　　　　　　　　　　　　　　群像与个体 ｜

这些小说所要指向的全部。

是故弄玄虚，刻意制造一种神秘色彩彰显自己的独特吗？答案也并非如此。《少年犯》中的神秘气息清晰地传达出作者对于命运无常的感慨；《临江仙》中蒲玉兰之死是故事发展的起点，亦是推动情节发展的核心动力，在查案中营造出的神秘氛围，让小说在叙事主线中合逻辑地延伸出多条支脉（嫌疑人的故事），给予我们许多的感慨与反思；《抢面灯》中许多故事的细致描绘被作者掩藏，这些断裂之处在生成神秘的同时，也使小说愈加丰盈；《驾鹤》中韩老三的奇异与神秘令我们感受到弥漫着传统文化意味的逍遥与平静；《漫长的一天结束了》在神秘中充分地展露出人的现代体验。因此，这些神秘气息并非故弄玄虚，它对小说文本的感染力与表现力的加强起着相当重要的作用。

在我看来，这些作品建构、解构神秘之境，最终是为了让小说文本由闭合变得开放，让小说的指向变得更加多元，让小说的可能性愈加地丰富。也就是说，在“90后”作家对神秘之境的建构、解构中，我们看到了他们呈现多样性文本的抱负。而神秘恰恰能够提供这种模糊性、多样性与想象性。神秘不单使得小说文本变得开放、多元，还使小说生成了一种神秘美，令小说意味深长。这涉及神秘的美学特征。毫无疑问，神秘能够产生美。徐岱认为“美感必然地与神秘感相伴随”[1]，夏布多里昂甚至直言“除了神秘的事物之外，再没有什么美丽、动人、伟大的东西了”[2]。如开篇所说，神秘意味着未知、不确定与无能为力。从美学的角度分析，未知使得神秘产生了一种恐怖美；不确定使得神秘具备了开放性与多义性；神秘还获得一种陌生感；神秘又与象征密切相关，因而获得一种朦胧美，耐人琢磨，给人以无尽

---

[1] 徐岱：《论神秘——审美反应的体验性阐述》，《文学评论》1997年第3期。

[2] 伍蠡甫：《欧洲文论简史》，北京：人民文学出版社，1985年版，第237页。

遐想。

从这个角度看，带有神秘气质的小说更接近于诗。米兰·昆德拉宣称："从一八五七年起，小说的历史就是变成了诗的小说的历史"[①]。这种"变成了诗"的小说，并不是指具备诗歌的抒情性的小说（"最伟大的变成了诗人的小说家都在强烈地反抒情"[②]），而是指具备诗歌神秘性的小说文本。与其他艺术类型相比较，诗天然地带有多解性与朦胧美，这亦是神秘美。小说中的神秘美，首先来源于小说中那些神秘的故事，而后在暗示与象征中进一步生成。如马拉美所说："诗写出来原就是叫人一点一点地去猜想，这就是暗示，即梦幻。这就是这种神秘性的完美的应用，象征就是由这种神秘性构成的：一点一点地把对象暗示出来，用以表现一种心灵状态"[③]。

因而，在某种程度上说，我们可以将"90后"作家创作的带有神秘气质的小说作品视作诗，它引发我们无尽的想象，给予我们更为奇特的阅读体验。值得注意的是，这些"诗"一样的小说中，我们看到"90后"作家群体里，既有人在着力书写带有传统文化韵味的神秘，也有人以典型的现代主义创作手法在神秘中呈现当下人独特的现代体验。前者如范墩子《鬼火》、王棘《驾鹤》、智啊威《五座桥吃人事件》等，后者则以王苏辛《漫长的一天结束了》、李唐《幻之花》《动物之心》《呼吸》《蚁蛉旅馆》等为代表。也就是说，神秘在"90后"小说创作中的面貌各不相同，它也是多样化的。总而言之，作为一种审美取向，"90后"

---

① ［捷］米兰·昆德拉：《小说的艺术》，董强译，上海：上海译文出版社，2004年版，第183页。

② 同上。

③ ［法］马拉美：《关于文学的发展》，见伍蠡甫：《西方文论选》（下），上海：上海文艺出版社，1979年版，第262页。

作家偏爱在小说中营造一种神秘的氛围，呈现年轻一代人的心灵状态；作为一种叙事策略，神秘使得小说文本化身为诗，具有朦胧美与多元指向，小说由此显得更开放也更令人回味无穷。

发表于《作品》2017 年第 7 期

第二节　现代体验与个体存在

在《90 后诗歌中的现实书写》一文中我曾写道："'90 后'诗人热衷于书写自我，他们更为关注自我在这个世界中存在的欢欣与悲伤，关注个体存在的境况，追寻个体存在的意义"。将这一判断延伸至"90 后"小说家的身上，大抵也是妥当的。当然，这并不是说，"90 后"作家们就完全不关注自我之外的世界。比如丁颜的小说《达娃》就重现一段历史，向我们展示了民国初年临潭城内由信仰之争与战乱等诸多原因而发生的一场惊天屠杀血案；郑在欢的小说集《驻马店伤心故事集》亦在人物群像中呈现一个家庭、一个村庄的现实生活，其中的疼痛、悲欢令人唏嘘。因而，说他们"热衷于书写自我"，是指相当一部分"90 后"作家偏爱以自我为中心，描绘作为独立个体的"我"在现代生活中的生存状况，并在虚构中袒露"我"的孤独、焦虑、恐惧、失落等现代体验。

或许可以说，"90 后"作家笔下的这些现代体验属于都市体验的一种。从熟人社会到陌生人社会，从广阔的大地到封闭的公寓，从炊烟袅袅到雾霾蔽日，乡村与都市这两种截然不同的风景势必产生风格各异的体验与作品。一个不争的事实是——出生于城市的"90 后"已在城市之中生活一二十年；生长于乡村的，亦逐步涌入城市，在城市求学、生存、发展。城市聚合众多矛盾之物，它有着难以想象的繁华景象，又不免冷酷而无情；它井然有序又混沌拥挤；它让蒙尘的金子闪闪发光，又无时不在地抹杀着人的个性；它令人向往，又使人绝望……于是，在陌生人社会中孑然一身的"我"，在喧嚣中渴望宁静的"我"，午夜房间里孤独无眠的"我"，在快节奏生活中彷徨的"我"，试图逃离的"我"，都成为了"90后"作家的重点书写对象。

在书写个体的现代体验上，"90后"作家李唐用力尤深。李唐以诗歌创作出场，后逐步转向中短篇小说创作。在"90后"作家群体中，若要论及小说创作的现代主义特色，李唐当属其中佼佼者。作为一个在北京生活了二十余年的城市人，李唐笔下的主人公以生活在都市的青年为主。在他们身上，李唐集中呈现了现代人在城市生活中的孤独、失语、焦虑、逃离等现代体验。倘若翻开李唐2017年初出版的小说集《我们终将被遗忘》，我们会发现，里面的8篇小说无一不在探讨这一话题。《幻之花》中的"他"孤独而备感压抑，在工作上毫无激情，碌碌无为；生活中独自一人，几乎没有亲近之人。换而言之，"他"的生活封闭、与世隔离，如同一潭死水。而在幻之花的花香中，他逃脱现实生活进入一个新奇的世界。为此，他不惜以自己的鲜血（生命）来喂养、维持这样一种美丽的幻境。在真实与幻象反复交替中，"我"的存在开始遭到怀疑："现在的这个人真的是我自己吗？我是不是在领着另一个人来到自己家？"[1] 在《动物之心》中，作为一个仓库里的动物管理员，"他"逃离人类社会而与动物同吃同住，赤裸身体，以"低吼"替代言语，在物种的退化中得到安乐与欢愉。显而易见，在一种卡夫卡式的叙事中，李唐试图呈现

---

① 李唐：《我们终将被遗忘》，长沙：湖南文艺出版社，2017年版，第63页。

现代人对现代文明的反抗。"他"在进食时（赤身裸体、胡子拉碴并沾满呕吐物般的莫名流质物），想起现代文明的餐桌礼仪教育，产生既伤感又有些恶毒的快感；"他"在外出进入人类生活时感觉到莫名的异样，以至于对女友也丧失了兴趣；"他"在看到自己野人般的模样后，发出"这是我吗"的怀疑，而后四处逃离，最终躲在下水道中得到安宁。《巴别》的故事在一个三口之家的内部展开，23岁的江河决定不再说话，在对声音的逃离中李唐试图呈现一种失语的、孤独的、疏离的现代体验。李唐不少小说都让故事发生于城市家庭之中。比如《一场事先张扬的离家出走》中"我"与"父亲"的争执，《斯德哥尔摩》中"我"与"妻子"在令人压抑的城市中想念在斯德哥尔摩美好的乡村生活。芒福德认为"把家庭还原到一个生物单元是整个城市化进程中最重要的步骤之一"[①]。显然，在李唐的作品中，以"家庭"为一种细小的样本进行切片分析，同样是为了呈现一种现代体验。

在现代体验的书写上，李唐的小说具有相当高的辨识度。一方面，李唐的小说叙事具有典型的现代主义风格，他善于在虚与实、个体与社会、荒诞与象征中建构阴郁、逼仄、冰冷的现代情境。另一方面，在这现代情境中，李唐极力书写现代社会中个体的孤独、压抑、迷茫与绝望，在反抗与逃离中不断对"我是谁""我如何存在"等终极命题发出挑战。在李唐的小说中，主人公大多是孤独的，游荡成为主人公的惯常性动作。《迷鹿》《来自西伯利亚的风》《幻之花》《巴别》《氧气与月亮》《蚁蛉旅馆》等作品中的主人公都企图在外出游荡中将压抑与焦虑遗忘。常出现在李唐小说中的"白马"意象，同样意味着奔跑、自由与反抗。这当然是一种逃离。然而，我们也看到，李唐小说中的逃离

---

① ［美］刘易斯·芒福德：《城市文化》，宋俊岭等译，北京：中国建筑工业出版社，2008年版，第461页。

大多只是暂时的——《一场事先张扬的离家出走》中"我"离家出走三小时又回到家中；《动物之心》中的"他"最终还是选择回归人类社会。从某种程度上说，这意味着反抗的无力——无力感亦是"90后"青年一种重要的现代体验。

从对压抑的厌倦到对逃离的向往，再到对现代生活的妥协，这样一种姿态并不单单出现于李唐这一个"90后"作家的小说中。在国生的小说《拉萨》中，"拉萨"成为了无忧无虑的世外桃源的代名词。女孩阿迟试图在拉萨圆了自己的逃亡之梦，渴望在边地得到片刻与现实世界的疏离。这样的逃离之举，在许许多多的年轻人的脑海中都曾经显现过。"每个浪漫的人心里都有一个拉萨梦"，然而，它并无法从根本上解决自我与这个世界的冲突难题。孟佑曾经也毅然决然地辞去工作，走向拉萨。但是，当"拉萨"从一个浪漫的幻想变为真实的生活之时，"拉萨"的美也随即破裂不存。在拉萨待了两年之后，"他渐渐厌烦了在拉萨的生活"[1]。在此刻，"拉萨"与孟佑原先所在城市并无任何区别。也就是说，孟佑对于现代生活的孤独、焦虑等体验并不因为时空的转变而发生改变。

逃离是无效的。这从而引发出一个我们不得不深思的问题——在今日生活中，每一个青年人都或多或少地产生孤独、焦虑、绝望等现代情绪，那么，何以摆脱这些令人厌烦的现代体验？当然，这是一个相当宏大的话题，绝非三言两语能够说清。文学不承担也无法承担这样的任务。因而，此刻我们只能如此设问——在"90后"作家的作品中，他们除却逃离之外，还呈现出怎样的对于现代体验的书写？

"90后"作家徐晓长篇小说《请你抱紧我》的主人公苏雅对

---

[1] 国生:《拉萨》,《作品》2013年第2期。

于孤独、虚无、彷徨等现代体验的反抗令人印象深刻。在小说开始之时，"孤独感像空气一样紧紧地包围着她，压迫她，啃噬她，整个人都被掏空了一样，苏雅恨透了这种虚无的焦躁的状态"[①]。为了破除这种无所事事的平淡，为了让自己不再孤独，为了确切地寻找到自己的存在意义，苏雅作出大胆惊人的举动——将自己的处子之身献出去，约自己心仪的齐教授去开房做爱。苏雅在禁忌之恋中重新发现自我，确立自己存在的位置。苏雅借助身体的感官，在性爱中实实在在地、确切地认知到"这就是我""我就应该这样"。

重木小说《陌生人日记》与文西小说《一个陌生女人的打扰》则在一种对他者的想象中，呈现并逃离孤独。《陌生人日记》中的长泽通过一本捡来的日记，对一位陌生女子的形象进行想象与虚构。生活虽然未能改变，他依然得一如既往地面对。但是，当寻找这一女子成为他内心隐秘欲望的一种之时，他在摆脱内心孤独的道路上又隐隐看到了一抹新的光亮。《一个陌生女人的打扰》中，缺乏关爱、丧失个体性的女孩朵朵在对面房间一个打扮精致的陌生女人身上重现发现自己。在对陌生女人的观察中，逐渐地，陌生女人成为了朵朵的"老师"与"避风港"，让其在纷扰的生活中寻回美、自信、勇气等心灵力量。在这两篇小说中，陌生人作为他者，牵引主人公重新审视自我内心，重新思考个体与这个现代世界的关系。

与前辈作家们相比较，我们看到，"90后"作家的文学书写往往是从自我开始的。他们以自我体验为重要书写对象，在现代体验的呈现与反抗中完成对当下社会的观照。同时，我们也看到，在"90后"作家呈现的现代体验中，孤独、焦虑、绝望、虚

---

① 徐晓：《请你抱紧我》，《作品》2017年第3期，第76页。

无等灰暗体验居多。这不免又令人心生一种担忧——温暖的体验真的不存在吗？温暖的书写在何方？

发表于《福建文学》2017 年第 10 期

第三节　现实主义的多重面孔

我愈发地感觉到，"90 后"并非如同外界曾广泛认为的那样，是过度关心自我而对外在社会现实缺乏关注的一代。恰恰相反，"90 后"对社会现实，对外在世界，有着异常敏锐的感知。这些感知在"90 后"小说作品中并不显现为恢弘壮阔的宏大叙事，相反，它们往细微处去，往个体处去，时常还与奇特的想象混合在一起。王占黑《空响炮》《街道英雄》两部小说集将目光聚集在了社区老人身上，充满着生活气息；庞羽《福禄寿》在一个独居老人的遭遇中展现人性之恶；周朝军《九月火车》试图从周鹿鸣、周剑鸣兄弟的成长道路中展示青年的逐梦经历；马亿《都市人》以荒诞笔法对城市人形象进行素描；智啊威常在鬼神刻画、奇异想象中呈现生活的某些片段；李唐《身外之海》等小说则习惯于在现实世界与神秘世界的交融中展露现代青年的存在焦虑与困境……事实上，现实书写在"90 后"作家的笔下有着多重面孔——这一感受在阅读张春莹、三三等人作品的过程中再一次浮现而出。

张春莹《弯道超车》、郑在欢《点唱机》、玉珍《躁》三篇小说都带有纯正的现实主义面目，三者都关注当代青年的境遇，笔法却各有特色。《弯道超车》中的小兵和李严，《点唱机》中的"我"和小圆，《躁》中的"我"、力毛和阿正，身份、处境、年纪与经济实力各不相同，却都面临着现实生活带给他们的压力与焦虑。

张春莹用质朴的语言讲述了两个"失败者"的故事。不断折腾却从未奋斗出一番模样的小兵，心中的成功梦在遇到同学李严之后重新燃烧起来。为了摆脱失败，实现"弯道超车"，小兵借贷入股李严的投资公司，不想遭遇的竟是经济和情感的双重欺骗。在小说中，几乎没有一个人是不可怜的：小兵屡战屡败的奋斗之路令人嘘唏，逐渐年迈的老杨和杨嫂不断失望却不得不强打精神艰辛度日的疲惫令人怜惜。即便是精心策划欺骗案的李严，同样带给我们些许心酸之意：为了还债，甚至把自己的老婆推出来当作迷惑小兵的工具。生活之艰难，在《弯道超车》中无所不在。张春莹质朴而写实的叙事风格在好几个瞬间给我带来一种错觉：这并不像是"90后"青年作家的叙事姿态，她太稳了，甚至更偏向于"中年风格"。郑在欢的《点唱机》则不然，它弥漫着浓郁的青春叙事元素：小镇、青年、音乐、文学、梦想、爱情、性与欲……在小说集《驻马店伤心故事集》中，郑在欢的叙事风格就已经显现出来。他的小说广泛取材于身边的真实生活，笔法亦在虚构与纪实之间徘徊。阅读郑在欢的小说，时常会产生一种难辨真假的困惑。《点唱机》同样如此——在小说的结尾处，郑在欢特地写下了这样一句话："谨以此文献给我在河北度过的日子。不过，一切都已过去，真假已经无足轻重"[①]。小说中，"我"与小圆之间朦胧的情感之路的莫名结束，是青春时代梦的美好与破碎，亦是无数年轻人曾经经历过的现实一种。

相比于郑在欢笔下忧伤彷徨的小镇青年，玉珍笔下的农村姑娘另有一番粗粝而纯正的青春味道："躁的意思不止是燥热，还

---

① 郑在欢：《点唱机》，《青年文学》2019年第5期。

包括心烦、郁闷、忙碌、焦急、不安，是所有不好的情绪的总和"①。小说中的"我"，一个26岁的农村姑娘，在盛夏中遭遇生存之艰难：家庭的贫困、兄长的意外重伤、爷爷的突然病逝、情感的万般纠缠……可以说，她独自撑起一个悲哀家庭的一切。她的孤独如同她那不被理解的对爱情的"苛刻"——这同样是"躁"之一种。在面对种种"躁"的过程中，一个坚强、独立、随性、有主见有追求甚至有些"泼辣""阳刚"的姑娘形象逐渐浮现出来，野性、原生态、饱满生命力弥漫在其中。玉珍写诗，诗歌语言为这篇写实的小说带来了别样的风情——父亲两次离家，在"我"眼中都是"再次像一只渺小的蚂蚁慢慢消失在暴躁的强光中"；当我独自收割完稻谷并卖出去，那种美好的感受被玉珍比喻为"我坐在高高的粮食上，像个印度王坐在巨大的象背上，昂扬而缓慢地移动在灿烂而炎热的田野之间"；"我"与阿正的第一次亲吻中，"我的余光寄看到两朵花挨在一起，仿佛从我们的嘴里长出来的"。大量的诗歌意象与诗化叙事夹杂在小说直观、粗粝的苦难现实刻画中，既是补充与延伸，又是碰撞与激发，极大地增强了小说文本的层次感与韵味感。

纯正的现实主义面孔仅仅是"90后"写作者现实书写风格之一种。当前的小说创作中，现实书写时常还披上了现代主义、科幻主义、神秘主义等面纱——现实书写并不仅仅意味着"如实反映"，它还在种种另类的表述中彰显现实批判的锋芒。杨晓霞《单身税》就针对当下青年结婚率与生育率日益下降这一社会现实，将故事发生的背景设定为一个"单身有罪，需要收税"的未来世界，建构了一个交错着现实锋芒与现代想象的叙事文本。

三三的《补天》与周桑的《月光监牢》同样带有这种色彩：

---

① 玉珍：《躁》，《青年文学》2019年第5期。

它是指向现实的，然而，在技法上却融合了譬如"想象""不确定性""神秘"等多种传统现实主义所不常见的元素。《补天》中，一藏补天之事始终带有神秘色彩。我们甚至很难确定，一藏之言行是否一种疯癫？抑或是，一藏只是小说中"我"的一种狂想？在我看来，一藏补天之事真实与否并非解读《补天》的关键所在。真正重要的是，三三借补天之事，建构了一个"现实"与"超现实"、"接受"与"逃离"的对立。在一藏漫长的补天道路中，不断发生的是"我"的日常生活与琐碎现实：一年又一年过去，"我"不断想考研逃离此刻生活却始终未能完成。从某种角度看，一藏与"我"又是一体的，他们共同形成一个矛盾的现代个体：怯懦与勇敢、彷徨与执着、安稳与冒险、实用与无用、现实与狂想。这些矛盾之处相互碰撞，最终残留的是个体永恒的孤独。《月光监牢》的故事同样给人以诡异之感：吴广夏莫名的冲动、梁钊之子拙劣却不被发现的模仿、传说中维修月亮的人、毫不隐藏自己不妥举动的妻子、撒满白磷的西装、无解的阴谋与梁钊愤怒的复仇，等等。令人遗憾的是，这些元素聚集在一起并未生成合力：每一个都指向一种现实事件（事业、婚姻、子女、偷情、报复等），然而在断裂的因果关系、情节的陡然转变与可信细节的大量缺失下，又都显得似是而非（《补天》中一藏为何如此执着于收集齐补天回来之后的养老费用同样令人费解）。因而，在最后，我们有必要重申小说叙事中逻辑与细节的重要性：依靠严密的逻辑与可信的细节，才能生成文本的合理性；合理，读者才会相信；相信，才会投入；投入，才会产生共鸣。

发表于《青年文学》2019年第5期

第四节　现代叙事的多种可能

一、"90后"：新一届"新生代"

2018 年末，《特区文学》第 6 期推出了"文学新生代专辑（1988—1999）"专刊，重磅推出了 22 位青年作家作品。在这 22 位作家中，除兔草（1988）、邵栋（1989）外，其余 20 位皆为"90后"。而在之前许多刊物对于"90后"的定位中，兔草和邵栋同样可以归于"90后"或"泛90后"作家——毕竟，他们是同代人，我们很难说出生于 1989 年与出生于 1990 年有什么本质上的，或者某种泾渭分明的区别。与此同时，我们也很难判断 1990 年出生与 1999 年出生的写作者群体之间是否就必然地存在了某种共性。事实上，从成长环境上来看，1990 与 1989 更为相似，与 1999 反而显得差异较大。这是引发人们对于"从代际角度出发对当代文学进行研究"这一路径的质疑、争论甚至否定的重要原因之一。因此，"90后"以及"90后文学"这一命名的合理性也受到相当的争议。但是，无论如何，从发生学的角度来看，一个文学现状确实摆在了我们面前："90后"这一代写作者越来越受到重视，他们的登场已然成为近几年文学生态场域中的重要事件。

《特区文学》"文学新生代专辑（1988—1999）"可以视作对这一现状的又一次证明。近几年，"90后"被视为文学创作的"新生代""新锐""青年力量"，全国各大刊物纷纷为他们开设专栏，或是推出专辑——这一点已经无须再赘言。有意思的是各大刊物对于"90后"专栏或者专辑的命名。较早就有意识地推出"90后"作品的《作品》杂志社，在 2016 年之前将"90后"专栏命名为"浪潮1990"，2016—2017 年更名为"90后推90后"，

2018年命名为"90后";《人民文学》2017年开设"九〇后";《西部》开设"西部头题·90后小说"……相对而言，这些命名特征鲜明，即主打"90后"作家作品。而更多的杂志，包括本期的《特区文学》专刊都将"90后"纳入一个更为宽泛的概念中去：《收获》的"青年作家小说专辑"、《大家》的"新青年"、《青年文学》的"新力量"、《芙蓉》的"新声"、《广州文艺》的"新锐文本"、《山花》的"开端季"、《西湖》的"新锐"、《上海文学》的"新人场特辑"等等。

这些更宽泛的命名，着重强调"90后"以及部分"80末"等青年一代写作者的新锐特质。而事实上，这些命名却是略显"古老"——曾经"70后""80后"同样被视作当年的新锐力量。只是，随着时间的变化，新锐逐渐成长为生力军、主力军，而"90后"成为了此刻的、新一届的"新生代"。目前的情况是，最早的一批"90后"已经抵达"而立之年"。换而言之，"90后"似乎也并不年轻了。倘若继续按照代际划分来归纳文学新人，那么，"新"之一字还能在"90后"作家身上存在多久？当"00后""10后"也陆续走进文学场，"90后"是否还能被称为"新锐""新人"？当摘掉"新"的帽子与"福利"，"90后"作家群体又会呈现怎样的气象？

于是，一种隐秘的"焦虑"心理随之滋生了。对于大多数青年一代写作者来说，这两年是他们的"黄金年代"，各大刊物出于对青年作家的挖掘（甚至是"网罗"）而对他们的作品青睐有加。但这样一种热度必然会随着时间的变迁而有所下降——事实上，此刻"90后"热已经开始在"降温"。在这一过程中，"90后"作家群体也产生了较大的分化。有的人笔耕不辍、水准稳步上升并逐渐形成自己的叙事风格，成为了"90后"作家群体中的佼佼者；有的人勤奋创作但仍然未能得到更多的认可与激励；有的人则悄无声息地脱离了当下的文学场域；还有的人则刚刚入场或者尚未完成入场。这是相当一部分"90后"作家自身焦虑之一种。其二，对"90后"青年一代的大力支持，其目的自然是发现文学新锐，促进青年作家进一步成长。目前，有相当数量的"90后"作家已经在当下文学场域崭露头角，并受到好评。但是，从更广阔的视角看，"90后"没有被人广泛所知的代表性作家，也尚未出现具有代表性的成熟作品这一论断仍然被大多数人所认可。正如同王春林在给"90后"作家李君威长篇小说《昨日之岛》所写的序言中所说："从一种普遍意义上说，一个作家，到差不多三十岁的时候，其实也应该相对成熟了。从这个角度说，与其说90后带给我们的是惊喜，不如说是某种高远思想艺术期待的不能够满足。就此而言，我们完全有必要向90后作家提出更高的要求，要求他们能够早日写出带有经典意味的代表作"①。这是文学界对于"90后"的焦虑之一种。于是，在大力推出"90后"作家作品的同时，对"90后"作家作品的批评、研究甚至"经典化"举措也随即紧跟而上。2018年7月7日，由中国作家网、《作品》杂志社共同主办的"90后：正在成长的文学力量"研讨与座谈活动在北京鲁迅文学院举行；7月22日，"青年作家与中国文学现状与未来"研讨交流会在清华大学人文图书馆会议室举行；9月26日，"第五届青年作家、批评家主题峰会"在绍兴举行，着力探讨"新时代、新青年、新写作"。2017年起《作品》推出系列关于"90后"文学的研究论文。2018年《名作欣赏》推出"新世代小说"研究专栏……凡此种种，都能看出人们对于青年作家作品高度的、迫切的期待。

回到《特区文学》"文学新生代专辑（1988—1999）"——我

---

① 王春林：《序》，见李君威：《昨日之岛》，西安：太白文艺出版社，2018年版，第4页。

相信，这一专辑的出现同样是源于刊物对青年一代作家的关爱与期待。在这二十余位青年作家中，我既看到李唐、琪官、重木、王占黑、路魆等较为熟悉的作家，也看到不少我初次接触的新名字；在这些作品中，既看到了"90后"一代对于现实的独特书写，也看到他们充沛独特的、充满现代气息的想象与叙事。

二、传统与现代："90后"小说家的现实刻画

现实主义是当代文学创作中极为重要的一部分。伴随着时代环境的变迁，"什么是新时代的现实""如何书写新时代现实"这两个问题在近期又一次成为了学界与评论界研讨的热点。譬如说，当前的小说创作中，现实主义时常披上了现代主义、科幻主义、神秘主义等面纱——现实书写并不仅仅意味着"如实反映"，反而时常在种种另类的表述中彰显现实批判的锋芒。于是，现实主义也有了两副面孔："一看就是现实主义的现实主义"与"不像现实主义的现实主义"；前者为"传统现实主义"，后者则属"现代现实主义"。针对后者，李德南在《加前缀的现实主义》一文中探讨了"未来现实主义""科技现实主义""科幻现实主义"等当下"现代现实主义"书写的细微变化，认为"要认识现实，在以史为鉴的同时专注于未来，变得非常重要"，"现实与未来之间的关联，开始变得前所未有的紧密，似乎未来就是现在；对现实的洞察力和对未来的想象力，也早已变得不可分割"[1]。

在"90后"小说家的身上，那种事无巨细、追求细节描绘与宏大社会景观建构等传统现实主义手法逐渐变得少见了。譬如，王占黑《怪脚刀》这般将"生活化"与"泛传奇色彩"融为一体的叙事风格，在"90后"作家中就显得独特。王占黑的叙事有

---

[1] 李德南：《加前缀的现实主义》，《长篇小说选刊》2018年第6期。

一种温润的"南方气质"：细腻、温和、零碎、口语化、生活化、趣味化等；但其故事与人物却时常显现出"矛盾体特质"："英雄"与"反英雄"、"坚韧"与"忍受"、"伟岸"与"卑微"、"可敬"与"可悲"、"感人"与"反感"往往同时出现在我们的阅读体验之中。比如在怪脚刀——一个为了拿到买断金而拼命活着的国企下岗工人身上，"联防队员""街头混混"与"下岗职工""硬杠性格""风云人物"以及"唠叨老头""和事佬""慈祥祖父"等多重反差极大的性格特征综合于一体。凡此种种，都使得怪脚刀的人物形象张力十足。这样的叙事风格不仅仅出现在《怪脚刀》中——王占黑着力书写了一批小人物的各自不同的"喜怒哀乐"与"特立独行"。2018 年她相继出版了《空响炮》与《街道英雄》两部小说集，并获得了"首届宝珀·理想国文学奖"，引发了众多的关注。颁奖词中写道："90 后年轻作家努力衔接和延续自契诃夫、沈从文以来的写实主义传统，朴实、自然，方言入文，依靠细节推进小说，写城市平民的现状，但不哀其不幸，也不怒其不争。"

如果说王占黑以"街道人物"为主体的现实刻画还带有相对开放的"社会属性"，那么，粟冰箱的短篇小说《家庭游戏》则在一个封闭的家庭空间之中生成独特的现实书写。小说中，"我们家是个很悲惨的家庭"："爸爸"赌博并被骗走十多万、"妈妈"爱慕虚荣又刻薄八卦、"姐姐"为了拿到分手费任由肚子里她根本就不想要的孩子一天天成长。对于他们而言，"与更为悲惨的家庭生活进行对比并从中获得幸福感与存在感"成为了支撑他们继续"悲惨"生活的主要动力。当有一天，"我们家"对面来了一家百分之百完美的家庭，让"我们"找不到任何一点能够对他们进行"蔑笑"的时候，一种深刻的批判锋芒就此生成了——"我知道，他们只是在一厢情愿地欺骗自己。对面的家庭太过完美，连妈妈这样目光精得像剃刀的人都挑不出瑕疵。苍蝇不叮无缝蛋，既然找不到缝，就自己创造出缝来"。最后，"我"也加入了这"自我欺骗"的行列中，并从中获得了"一种轻飘飘的喜悦与自信"。于此处，粟冰箱的小说在一定程度上继承了鲁迅小说的批判传统：既对"我们这个破碎的家庭"饱含"哀其不幸"，又对他们视为根本的"家庭游戏"显现出"怒其不争"。在封闭的空间中暴露而出的隐秘"人性黑点"是国民劣根性之一种。然而，"我们家"这一种劣根性又有其极其可怜的一面。当对面"完美"的家庭也卸下其伪装，于"我们"而言，无异于天塌地裂："然而现在，它被撕裂了，让我们看清它其实并不安全，漏洞百出，且爬满了虫子。还要怎样庇护我们，让我们高枕无忧呢？"对这一"典型"家庭的刻画，既是虚构又是写实，既令人怜悯又令人憎恶，小说由此就彰显出了深刻的批判锋芒。

在 2018 年初的一篇文章中，我曾经这样写道："在'90 后'作家的笔下，我们也发现，他们不断在虚构文本中建构属于'90 后'一代对于青年形象的理解……除却对青年精神成长历程的刻画，还有相当数量的'90 后'作家将视线集中到了青年的现实处境上，关注青年的现代体验，尤其着重书写他们的焦虑、困惑与孤独。在陌生人社会中孑然一身的'我'，在喧嚣中渴望宁静的'我'，午夜房间里孤独无眠的'我'，在快节奏生活中彷徨的'我'，试图逃离的'我'，都成为了'90 后'作家的重点书写对象。"[①] 而阅读这一期《特区文学》"文学新生代专辑（1988—1999）"，我又有一个颇有意思的发现："90 后"青年一代写作者不仅仅关注自我，同时也热衷关注另一个与他们看似差异极大的群体——老年群体。

---

① 徐威：《2017 年"90 后"小说创作述略》，《作品》2018 年第 2 期。

王占黑《怪脚刀》写的是怪脚刀的老年生活，严孜铭的《有谁认识他》写的也是一个风流而落魄的老年人，庄志豪《废墟拳击赛》同样写的是一位中风的退休老人故事。相比前二者，《废墟拳击赛》试图传递的意蕴更为复杂一些。依我看来，庄志豪在这一短篇小说中其实所图不小：它至少包含了"一个人从少年到老年的打拼史"与"城市化进程中的城乡冲突"两大主题。年迈体衰的"他"接收到神秘的邀请，在旧船厂的废墟上参加一场拳击赛。而参赛的选手都与他相似，"全是一些秃头痴肥或瘦巴巴的老头"。主办者将这一赛事定义为一次行为艺术，并借此替这座城市保留一点记忆："你们看我身后这些赌场，已经把大半个半岛占据光，我们的家园不再属于我们自己，我们这个城市，每天都服务外来者，替他们擦鞋和抹屎，我们要发声，要让外界看见，要让城市听见我们的声音，让所有人看见我们为城市打下来的根基……"废墟之上，老年选手姿态滑稽地大打出手，甚至打出鲜血，这实则是对城市化进程中种种冲突——城市与乡村之间的冲突、底层人与中高层人物的冲突、本土与外域的冲突、物质与文明的冲突——的隐喻。这其中，就含有"他"的故事。"他"18岁偷渡到澳门，为了打拼事业而丧失了家乡与心爱的姑娘。这些记忆，通过"他"在病床上一个又一个梦境呈现出来。应该说，无论是从立意、意象、结构与切入角度看，《废墟拳击赛》都令人眼前一亮。但是，"成也萧何，败也萧何"。一个短篇小说试图容纳如此厚重、广阔之题旨，并不是不可行，但这对于写作者来说无疑是一个巨大的挑战。譬如说主题因为过于庞大而难以集中；譬如说，小说中"他"回忆往事的部分读起来与整篇小说相比就略显单薄、节奏过快且疏离于小说叙事主体之外。

除此之外，李濛的短篇小说《广播时间》以女性含混而卑微的暗恋情感为中心，带有明显的青春写作色彩；王文的《魔力月光》亦是对情感现实的记录；琪官的《纳喀索斯之死》以西川父子的故事呈现一个病态自恋的父亲形象，同样对人性之一种进行了揭露；兔草《恐龙是如何灭绝的》则在"艺术之死"中引领我们思索在物质化时代如何追求艺术精神这一宏大命题……这些小说，都从生活中的细微之处进行挖掘，呈现属于青年一代眼中的现实图景。这些图景未必宏大，未必波澜壮阔，也并不包含强烈的历史感与使命感。相反，它往往是从个体出发，透露青年一代对这个社会"变"与"不变"的个体观察。杨晓霞的《单身税》亦是如此。不同之处在于，它在独特的现代想象中完成了对现实一种的刻画。

三、此刻与未来："90后"小说家的现代叙事

单身比例不断上升、结婚率下降、生育数量下降是我们此刻所处阶段的现实之一种。倘若这一现状持续保持这一趋势，我们未来的生活会怎样？杨晓霞的《单身税》就在这一设想之上为我们建构了一个交错着现实锋芒与现代想象的叙事文本。

《单身税》中曾哩哩与许东强之间的故事建立在这样一种时代背景之上："单身即无知罪，不知繁衍可奠定人类复兴的基础；丁克即不为罪，对世界的昌盛繁荣无所作为。这都是腐朽不开化，是享乐主义、极端个人主义，要交税。"不仅如此，在"这个时代"，单身意味着落后，意味着可耻与异类，意味着一切待遇的降低：被赶到郊区未经申请不能进市区、家人有伤病不能得到及时的治疗，甚至，曾哩哩都没办法在酒店住宿。因而，看着在火灾中艰难逃生、急需入院治疗的父亲，曾哩哩在53秒之内完成与许东强的初次见面并定下结婚事宜，以结束自己的单身生涯，并获得种种福利。曾哩哩的决定并非出于爱情，而是出于现实无奈。倘若故事仅仅如此，那我们可以说这是一篇充满想象力

的、对社会现状有着敏锐感知的小说。但是，小说并不止于此。小说中，鸳鸯社是一个关键性的社会组织——"有近乎百分之五十的夫妻从鸳鸯社里相知相识，手挽手走进婚姻的殿堂。根据价格的不同，它可以为会员提供三个不同层次牵线搭桥的服务：随机随缘，制定条件，私人定制。"当曾哩哩与许东强从陌生走向互生好感再走向热恋的时候，《单身税》也从一个"现实无奈故事"走向了"爱情故事"。故事到此，仍未结束——当曾哩哩最后得知许东强是为了寻回已经病逝的初恋玉子（与曾哩哩形象相似）而"私人定制"了这一婚姻之后，"爱情故事"又变成了"伤害故事"。父亲所受到的伤害皆为鸳鸯社所为。仍未结束——当曾哩哩回想起初次看到许东强照片感觉他与那久违不见、曾向她告白的学长极像之时，我们发现，"伤害故事"实则又是一对男女的"情感弥补故事"。无论是她，还是许东强，在不同程度上都将对方看作是某人的替代。然而，他们内心都有着伤痕，都依然保持着一份纯真，因而都没有办法理直气壮地指责另一方。由此，《单身税》从现实出发，在独特的想象与虚构中，完成了对此刻社会现状的观照，更完成了对男女之间复杂情感的书写。所以说《单身税》是一个有着高完成度的、兼备多重意蕴指向的叙事文本，它独特且丰腴，令人印象深刻。

无独有偶，陈春成的《〈红楼梦〉弥撒》亦是一篇充满现代特色的小说作品，它同样将故事的发生时间设定在了遥远的未来。在4876年，小说中的"我"见到了出生于1980年、在博物馆突然苏醒的植物人陈玄石——当时唯一一个读过《红楼梦》的人。在陈春成的小说设定中，《红楼梦》残缺不齐，已然成为了一本"神灵之书"——"《红楼梦》没有中心思想，因为它就是一切的中心；也没法从中提取出意义，因为它本身就是宇宙的意义。"寰球总统焦大同为了他的统治，不断逼迫陈玄石将《红楼梦》复述清楚，并大肆改造（"去其糟粕，注入正能量"），以此证明其地位的合法性与合"神"性，从而得到更多的支持；与此同时，另一被视为异端的社会集团红学会也想方设法从陈玄石身上找到《红楼梦》的原貌。他们派人将陈玄石从牢狱中救出，并提供能够恢复记忆的药丸从而令陈玄石复述《红楼梦》。在这追忆与复述的过程中，陈玄石仿佛成为了《红楼梦》的创作者。恐怖之处在于，《红楼梦》不断地在侵蚀他的记忆。他丧失自己的所有意识，取而代之的是深邃而玄妙的《红楼梦》——直至他的死亡亦成为《红楼梦》的一部分。在这篇想象力极佳的小说中，我们仿佛读到了奥威尔《1984》的诸多意味：隐喻似乎无所不在。无论是焦大同还是红学会，无论是陈玄石还是曹雪芹，无论是未来世界还是玄之又玄的《红楼梦》，都隐隐指向一种隐秘而含混的真实——它如今就存在于我们之间，就存在于 21 世纪。换而言之，陈春成虚构了一个发生在未来的故事，但其核心指向依然是现代的。

谈到隐喻，李唐和路魆在小说创作中都极为擅长使用这一手法。李唐小说《江边旅馆》中的"蛇"之意象——无论是作为"我"努力试图驱逐、超越的"脑海中的蛇"，还是在城市中需要捕蛇人清剿的、无处不在的"白蒙蛇"——都极富隐喻意味。在故事与故事的相互嵌套中，"蛇"是恐惧，是恶心，是存在之艰难，是人生之痛苦，是死亡之虚无，是记忆之脆弱。路魆的小说《一个海边的陌生时刻》延续着他以往的叙事风格：将故事封锁在一个相对闭合的有限空间中言说存在与死亡，叙事充满神秘主义色彩。事实上，李唐与路魆的小说创作都不止于讲述一个故事，他们希望通过故事展现更多思想碎片，尤其是那些关乎存在与死亡的思索。

总而言之，《特区文学》"文学新生代专辑（1988—1999）"给我带来了相当的惊喜，尤其是杨晓霞、庄志豪、粟冰箱、陈春成等原本我相对陌生的青年作家作品。因而，我愿意少谈些我熟悉的、创作也较为成熟的王占黑、李唐、路魆与重木等人作品，而将更多的关注献给他们。这与《特区文学》策划本期专刊的初衷与期待应当是一样的：一批"90后"作家已经崭露头角，又一批"90后"作家刚刚走上舞台，并期待更多的关注。

发表于《特区文学》2019年第2期

第五节　2017年"90后"小说创作述略

在2017年，"90后"作家的集体出场可谓是中国文坛最引人关注的景观之一——包括《人民文学》《作品》《花城》《十月》《青年文学》《青年作家》《芙蓉》《大家》《西部》《天涯》《山花》《文艺报》等在内的各大文学报刊纷纷力推"90后"新锐作家的作品①；"90后"作家李唐、庞羽、马亿还分别获得第四届"紫金·人民文学之星"中篇小说奖、短篇小说奖和短篇小说佳作奖。可以说，"90后"作为新的一代，正在迅速地以群体姿态登上当代文学的舞台，并取得了引人注目的成绩。在小说创作方面，李唐、庞羽、王苏辛、郑在欢、重木、丁颜、路魆、周朝军、索耳、李君威、徐晓、林为攀、王棘、顾拜妮、小托夫、鬼鱼、修新羽、王闷闷、宋阿曼、甄明哲、国生、蒋在、王占黑、祁十木、马亿、孙鹏飞等数十位"90后"作家以蓬勃的创作力，组成

---

① 可参阅徐威：《论"90后文学"的发生——"90后文学"观察之五》，《作品》2017年第12期。

　　　　　　　　　　　　　　　群像与个体　｜

了当代文坛最为年轻的"生力军团"。

2017年度"90后"作家在省级以上文学期刊上发表与正式出版的各类小说作品足有数百篇（部）。《人民文学》的"九〇后"、《作品》的"90后推90后"、《芙蓉》的"新声"、《大家》的"新青年"、《广州文艺》的"新锐文本"、《山花》的"开端季"、《西湖》的"新锐"、《青年作家》的"新力量"、《文艺报》的"新天·90后"等栏目在2017年持续地刊发了大量"90后"小说作品；《小说月报》"90后作品小辑"、《天涯》"90后青年小说家专辑"、《西部》"西部头题·90后小说"、《辽河》"90后小说专辑"、《上海文学》"新人场特辑·小说"等则以专辑的形式推出"90后"文学新人。如此多的刊物都在力推"90后"作家作品，将他们视为"新声""新锐""新青年""新力量"——那么，他们在关注些什么？都在写些什么？新锐作家是否带来了新的经验、洞见与美学特征？

一、青年形象的建构

书写青年人的困惑与焦虑，探究青年人与世界的关系，思考青年人将往何处去——这是备受青年作家青睐的创作主题。书写青年，往往是在书写自我。米兰·昆德拉在回答克里斯蒂安·萨尔蒙的提问时，有一句相当精彩的表述："任何时代的所有小说都关注自我之谜。您一旦创造出一个想象的人，一个小说人物，您就自然而然地要面对这样一个问题：自我是什么？通过什么可以把握自我？这是小说建立其上的基本问题之一"[①]。以我看来，米兰·昆德拉说的"自我"，既是小说人物的，也是作家本人的。换而言之，对青年进行书写实质是青年作家寻找、发现自我的过

---

① ［捷］米兰·昆德拉：《小说的艺术》，董强译，上海：上海译文出版社，2004年版，第29页。

程。在"90后"作家的笔下，我们也发现，他们不断在虚构文本中建构属于"90后"一代对于青年形象的理解。

潘云贵是"90后"作家群体中较为特殊的一位。他写小说，写散文，也写诗歌。他是拥有上十万粉丝的畅销书作家，出版《如果你正年轻，且孤独》《亲爱的，我们都将这样长大》《我们的青春长着风的模样》等作品多部；同时，他也在严肃文学创作上取得相当的成绩，作品在《作品》《诗刊》《山花》《西部》《延河》《青年文学》等刊物中频繁亮相。潘云贵的文字细腻明亮，富有诗意，内容上多以青春、成长为主题。在2017年第10期《福建文学》上刊发的短篇小说《隐秘生长》同样是一个关乎青春的故事。伴随着发育期的到来，"我"对悄然发生变化的身体既惶恐又好奇。当"我"在音像店里租毛片的事情被公之于众之后，"我"自然地认为是好友宋小君背叛了自己。为了报复，"我"设计陷害他，让他成为了强奸未遂、人人鄙夷的下流坯。这篇小说书写了青春期少年对于身体、爱情的懵懂与渴望，但绝不仅于此。潘云贵更想诉说的，是愧疚与负罪感。当"我"发觉真相，知道自己所犯下的错误之后，那种悔恨与心灵拷问才是这篇小说的指向所在。"石块、野草、树杈都在晃动，从它们的身体里飞出许多影子，顷刻间化为刀刃，混在寒风中，闪着冷光，朝我这儿射来。"——一次又一次的噩梦，是"我"内心深处罪感的化身。这令我想起陀思妥耶夫斯基的《罪与罚》，想起郁达夫笔下的《沉沦》。惊醒之后怎么办？剧烈的自我搏斗最能够促进一个少年的精神成长，以我看来，这是《隐秘生长》可以深入挖掘的所在。但可惜的是，潘云贵的笔墨在噩梦与哭泣之后便戛然而止了。

无独有偶，丁颜在短篇小说《内心摆渡》(《天涯》2017年第6期)中，同样将笔触指向了年轻人如何面对内心深处隐藏的愧疚与负罪感这一问题。丁颜出生在甘肃临潭一个传统的回族穆斯林家庭。这种生长环境和地理因素，使得她与回族、藏族、东乡族都有直接接触，这为她的写作提供了丰富的土壤。这篇充满地域特色的小说中，丁颜就有意地试图借助信仰的力量来摆脱内心的罪感。鲁特骑摩托回家途中撞死了胡迪家的小羊羔，并试图悄无声息地隐瞒这件事——没有人看见他撞羊的过程，摩托车上也没有碰撞痕迹与血迹。然而，在穆斯林的信仰中，"此世的所有善行罪孽在后世多度会得到清算"。鲁特的所为显然不符合他们所信奉的理念。那么，如何激发鲁特内心的震颤？丁颜在小说中设置了两个人物：濒死的隔壁阿爷与在清真寺主持教务的继父阿丹。濒死的阿爷可能心中有说不出的怨恨，并且没能得到自我宽恕，而迟迟无法咽下最后一口气，这给鲁特以直接的精神震动。而阿丹则如同"引路人"，以自己的亲身经历与人生感悟，一步步地将鲁特引向坦白、认错、求得宽恕的道路上去。"死亡是大事，但一生才是一条河，得自己摆渡自己。"鲁特最终选择坦白，并得到宽恕，从而消除罪感换得内心畅快。与潘云贵《隐秘生长》相似，丁颜在刻画"挣扎的灵魂"上同样选择了回避。过于简单、平淡的救赎之路难以真正地书写出疼痛与深刻。缺乏挣扎与深刻，救赎历程自然也难以真正地打动读者。在《内心摆渡》中，阿丹这一"引路人"角色，似乎完全地遮掩了心灵的挣扎历程。有趣的是，丁颜近期的写作似乎偏爱在小说中设置"主人公/引路人"这样一种人物关系模式。在短篇小说《赎罪》（《青年文学》2017 年第 1 期）中，姐姐以她的赎罪之举引导"我"追求善与美；《最后一夜》（《作品》2017 年第 4 期）中，米扬与张良在生命的最后时刻互相成为对方的心灵慰藉者；《青春祭》（《大家》2017 年第 3 期）中，同样是"引路人"帮助主人公走出失恋境地：牟媛以一个过来人的身份向马宇传授经验，引导马宇走向自我审视；铁哥则用美好破灭之后的苍凉与被迫接受现实的无奈引导马宇生活需要向前看。

"主人公/引路人"人物关系模式在古今中外许多伟大的文学作品中都可以见到。问题的关键是，"引路人"的叙事功能在于关键时刻给予主人公以点拨，启发小说的"主人公"作出思想与行动的转变，而并非替代"主人公"完成转变。"主人公"的每一次转变，都是故事向前推进的重要情节，同时也是叙事的难度所在——它应当是缓慢的、渐变的、细腻的，同时又是艰难的、剧烈的。从这个角度而言，"90后"作家在刻画青年形象，尤其是完成精神成长、转变的青年形象上，心有余而力稍显不逮。以我看来，"90后"作家并不缺乏语言、构思等文学才华——此刻，一种迎难而上的探索勇气与叙事耐心显得尤为可贵。

除却对青年精神成长历程的刻画，还有相当数量的"90后"作家将视线集中到了青年的现实处境上，关注青年的现代体验，尤其着重书写他们的焦虑、困惑与孤独。在陌生人社会中孑然一身的"我"，在喧嚣中渴望宁静的"我"，午夜房间里孤独无眠的"我"，在快节奏生活中彷徨的"我"，试图逃离的"我"，都成为了"90后"作家的重点书写对象。

在青年现实处境的书写上，李唐的小说具有相当高的辨识度。一方面，李唐的小说叙事具有典型的现代主义风格，他善于在虚与实、个体与社会、荒诞与象征中建构阴郁、逼仄、冰冷的现代情境。另一方面，在这现代情境中，李唐极力书写现代社会中个体的孤独、压抑、迷茫与绝望，在反抗与逃离中不断对"我是谁""我如何存在"等终极命题发出挑战。2017年，李唐出版小说集《我们终将被遗忘》(湖南文艺出版社)，集子里的8篇小说均是对现代青年处境的描绘。在《"90后"小说中的现代体验及其书写》一文中，我曾对这些作品作过分析：

　　　　　　　　　　　　　　群像与个体　|

《幻之花》中的"他"孤独而备感压抑，在工作上毫无激情，碌碌无为；生活中独自一人，几乎没有亲近之人。换而言之，"他"的生活封闭、与世隔离，如同一潭死水。而在幻之花的花香中，他逃脱现实生活进入一个新奇的世界。为此，他不惜以自己的鲜血（生命）来喂养、维持这样一种美丽的幻境。在真实与幻象反复交替中，"我"的存在开始遭到怀疑："现在的这个人真的是我自己吗？我是不是在领着另一个人来到自己家？"① 在《动物之心》中，作为一个仓库里的动物管理员，"他"逃离人类社会而与动物同吃同住，赤裸身体，以"低吼"替代言语，在物种的退化中得到安乐与欢愉。显而易见，在一种卡夫卡式的叙事中，李唐试图呈现现代人对现代文明的反抗。"他"在进食时（赤身裸体、胡子拉碴并沾满呕吐物般的莫名流质物），想起现代文明的餐桌礼仪教育，产生既伤感又有些恶毒的快感；"他"在外出进入人类生活时感觉到莫名的异样，以至于对女友也丧失了兴趣；"他"在看到自己野人般的模样后，发出"这是我吗"的怀疑，而后四处逃离，最终躲在下水道中得到安宁。《巴别》的故事在一个三口之家的内部展开，二十三岁的江河决定不再说话，在对声音的逃离中李唐试图呈现一种失语的、孤独的、疏离的现代体验。②

① 李唐：《我们终将被遗忘》，长沙：湖南文艺出版社，2017 年版，第 63 页。
② 徐威：《"90 后"小说中的现代体验及其书写》，《福建文学》2017 年第 10 期。

第三章　群像："90 后"小说创作论（上）　　　　　105

在李唐的小说中，主人公大多是孤独的、与世界有着种种隔阂的青年，游荡成为主人公的惯常性动作。《迷鹿》《来自西伯利亚的风》《幻之花》《巴别》《氧气与月亮》《蚁蛉旅馆》等作品中的主人公都企图在外出游荡中将压抑与焦虑遗忘。《巨变》（《辽河》2017 年第 1 期）中灰原在现实面前不知应该如何自处，选择出走；《人民文学》2017 年第 1 期刊发的短篇小说《降落》中，主人公砂原同样如此。他"只是喜欢四处游荡"，没有一个所谓的"正经工作"，他在城市中迷失，成为一个流浪者、杀猫者。事实上，每一次出走、游荡，都是一次寻求突破困境的尝试。小说的最后，砂原在接过神秘女孩递来的石头之后"一分为二"——从外游荡回来的"砂原"被躺在家中的"砂原"看作是贼，被追赶至跳伞塔的顶端。在顶端与在窗前的两个"砂原"遥遥相望，极富现代主义特色："精神／肉体""自我／他者""梦幻／现实""真／假"等多种对立的二元隐秘生成。在这些对立的二元中，弥漫的是青年焦虑，是李唐关于存在的种种质疑与思索。

美国心理学家罗洛·梅将焦虑定义为因为某种价值受到威胁时所引发的不安，而这个价值则被个人视为他存在的根本。"威胁可能是针对肉体的生命（死亡的威胁）或心理的存在（失去自由、无意义感）而来，也可能是针对个人认定的其他存在价值（爱国主义、对他人的爱，以及'成功'等）而来。"[1] 在李唐的笔下，青年的焦虑更多来自于对自我存在的不确定。而在鬼鱼的小说中，这种焦虑则源自对理想、情爱的渴望与无奈。

2017 年，鬼鱼发表了多篇以青年诗人为主人公的小说作品，

---

① ［美］罗洛·梅：《焦虑的意义》，朱侃如译，桂林：广西师范大学出版社，2010 年，第 172 页。

群像与个体 ｜

借由诗人在理想与现实面前的多重转变，呈现出青年的焦虑之一种。在当下的社会语境中，诗人常常是情怀与梦想的化身，他意味着形而上，意味着对"无用之用"的热爱与坚守。但是，在许多文学作品中，对这种情怀的书写往往以另类的、反面的方式表达出来——作家们更擅长从丧失、毁灭的角度出发，呈现诗人的颓废、堕落等精神困境，借此生成批判力量。鬼鱼的短篇小说《诗人》（《辽河》2017年第1期）故事并不复杂——对诗歌有着纯粹热爱与敬意的"我"被一群伪诗人排挤出诗歌"圈子"，最终反而成为了真正的诗人、小说家——引起我关注的，是这篇小说在反讽中传递出的悲伤。对作家、诗人进行"调侃""揶揄"的文学作品不少。在20世纪80年代，李亚伟的《中文系》就对诗人形象进行了种种"调侃"："当一个大诗人率领一伙小诗人在古代写诗 / 写王维写过的那些石头 / 一些蠢鲫鱼或一条傻白鲢 / 就可能在期末渔汛的尾声 / 挨一记考试的耳光飞跌出门外""诗人胡玉是个老油子 / 就是溜冰不太在行，于是 / 常常踏着自己的长发溜进 / 女生密集的场所用鳃 / 唱一首关于晚风吹了澎湖湾的歌""二十四岁的敖哥已经 / 二十岁年没有写诗了""诗人杨洋老是打算 / 和刚认识的姑娘结婚"[1]；韩寒的长篇小说《光荣日》中，石山因为手艺很好能够做出各种东西而被称为"为数不多的有用的诗人"。《诗人》同样具有这样的特质："诗人是酒鬼们一个文雅的称呼"；"写诗么，就是如此，圈子比底子重要"；"这年头，哪还有诗人写诗啊"……这些充满反讽语调的话语被看作一种常识，生动地刻画出一群伪诗人的面目。他们成天顶着诗人的帽子吃喝玩乐，对诗歌实则相当无感，对诗人身份亦无丝毫敬畏之心。"我"与他们的不同于此处凸显出来："好歹我也算是一个诗

---

① 李亚伟：《豪猪的诗篇》，广州：花城出版社，2005年版，第6—9页。

人。诗人怎么可以干这种事情。这简直是对我人格的侮辱。"对诗人身份的认同、尊重与渴望，令"我"成为了一个孤独的坚守者。这是小说呈现的悲伤之一。更深沉的悲伤与更锋利的文字力量，来自于"我"对诗人身份的蔑视。当"我"已成为颇有名气的小说家，陷入纸醉金迷的生活，对诗人身份已经不屑一顾。这样一种转变，消解了之前的坚守。这是荣誉感的丧失，同样是理想的丧失。美好的事物被撕裂开来，小说的悲剧意蕴由此弥漫开来。与"我"的形象形成对比的，除了那些伪诗人，还有一个白天上课、写诗，晚上出卖肉体的女大学生——女诗人同样是鬼鱼努力刻画的青年形象，较之于男诗人的放浪形骸，鬼鱼笔下的女诗人似乎无言地承担了更多的现实悲痛。在《白露》(《广州文艺》2017年第6期)中，性格独特、举止神秘的赵白露同样如此。从一个细心守护甜蜜爱情的才女诗人，到一个沉迷酒吧、伤痕累累的失败者，诗人(或者说诗歌、无用之用)在现实、物质面前同样溃败千里。这些青年男女的溃败，呈现出时代精神困境之一种。从这个角度来说，鬼鱼小说里青年男女的坚守与堕落，就具备了更为广阔的意义指向。

在2017年涌现的"90后"小说作品中，值得注意的还有一群独特而鲜明的女性青年形象。尤其是她们对于爱情、婚姻、身体、性等的理解与书写，给人留下了深刻的印象。

2017年10月，宋阿曼的短篇小说集《内陆岛屿》由江苏凤凰文艺出版社出版，收录12篇短篇作品。其中，《午餐后航行》刻画的性瘾者形象饱满而富有张力。房东贝姨、王灿灿、何溪与徐魏四人的相处看似平静，实则是于无声处有惊涛骇浪。"动"与"静"差别如此之大，这极为考究写作者的叙事功力。在这篇小说中，宋阿曼将大多数的场景都限制在一个封闭的空间当中，借助交谈、内心独白、回忆、臆想等将故事隐秘地推进，使得小说在逼仄中生成令人窒息又充满迷雾的质感，也让何溪这一充满种种对立与争斗的人物形象极具张力。在何溪的身上，"爱的知觉全部被放进一个部位——只有阴道是供爱栖居的。其他的全部是徒劳"。情感于其而言是无效的，唯有性爱能够给她带来快乐，因此她不断地更换性爱对象。天然的生理构造与世俗的伦理道德，让她不得不在享受身体与压制欲望之间饱受煎熬。当合租女孩王灿灿及其男友徐魏出现之后，这种灵与肉的冲突愈发地剧烈了。漫长而艰难的克制过后，从不谈情只做爱的何溪对徐魏产生感情并成为他的女朋友。对于何溪而言，徐魏不再仅仅是一个能够满足她身体需求的男人，同时也是能够驱逐她的噩梦、抹去她情感空洞的温暖灵魂。"婚礼仪式、装修风格、夫妻关系的保鲜，他不在的时候，她总是幻想着和他的一切。她想生个孩子——想到自己可能会做母亲，她难以再继续想下去。她第一次萌生抹杀自己过去的念头。何溪努力合群，她开始和小区里同龄的女人一起去练瑜伽。人们都知道她男朋友是空乘，飞在空中，落地了才会回来。"人物性格的巨大转变，有时也暗示着，更巨大的毁灭将要开始。当这双重的满足彻底地改变何溪，成为她再也无法舍弃的依赖之时，它的破裂带来的声响尤为剧烈——"屏幕上的九宫格照片是他和王灿灿的婚纱照，上传于两月前。徐魏穿着蓝色礼服，王灿灿笑得还是那么放肆……她的微博中全是和徐魏恩爱的照片，每周都有，从未间断"。徐魏的欺骗、第三者的身份，彻底击垮了这个从性瘾者一路改变过来的年轻女孩。当何溪在大楼顶层"昏睡"过去之后，作为小说人物的何溪死去了，但却作为一个饱满的、充满张力的人，在读者心中活了起来。

宋阿曼的另一篇短篇小说《他是我一个朋友》(《芙蓉》2017年4期)，通过"我"和张晴对一个女人的观察与讨论，探讨的同样是第三者、爱情与婚姻的问题。如果说这篇小说是通过局外人的视角来呈现、考量第三者，那么，徐晓的长篇小说《请你抱紧我》(《作品》2017 年第 3 期) 则是彻底地以当事人的身份进行言说。

徐晓的小说带有一种冒犯性：对性大胆书写、对禁忌之恋着力刻画，对伦理秩序勇敢挑战。2014 年，在人民文学出版社出版的长篇小说《爱上你几乎就幸福了》中，徐晓就开始对"女大学生被包养"这一主题进行了书写。在《请你抱紧我》中，徐晓对这一主题进行更为深入的探索。女大学生苏雅借用身体，确切地说，是借助性爱来破除虚无并获得活着的充实与前行的勇气。如同柏拉图将身体视作精神的牢笼，苏雅也将身体与精神视作对立的二元，认为处女之身对自己而言是一种巨大的束缚：精神的苦闷完全在于身体未能得到解放。这是小说发展的逻辑起点，亦是故事推进的原始动力。为此，苏雅大胆地约自己的老师齐教授去开房，去挑战禁忌，去破除自己的身体束缚，去确认自己的存在。传统社会伦理在徐晓笔下屡屡被冒犯被打破。从身体（生理属性）与精神（灵魂属性）等多个层面为被包养的女大学生进行勇敢的"自辩"，其冒犯之力最令人印象深刻。苏雅在与齐教授、方昊的禁忌之恋中的"自辩"与"自我正名"，是自我的、隐秘的、内敛的，它更为确定也更为勇敢，更能体现出新一代女性（或者说"90 后"女性）作为独立的个体对婚姻、性与道德的理解："她对他说，和他在一起，并不是为了图他什么东西，她需要的不是物质，更不是婚姻，她不要他为她负责，她不想让他们的关系陷入一种庸俗的婚外情之中，她不愿成为世俗意义中的小三"①，"我什么都不要，只要一点点爱，你已经给我了。……我

---

① 徐晓：《请你抱紧我》，《作品》2017 年第 3 期，第 126 页。

　　　　　　　　　　　　　群像与个体　|

们这是交易？是买卖？你以为我就那么下贱吗？"① 徐晓紧紧抓住 "包养" 这一社会症候，在这一方天地里努力挖掘当代女性的多样性与复杂性。从香米到苏雅，我们看到了一个因经济艰难而走上被包养道路的女大学生，也看到一个追求精神自由的、大胆独立的现代女性。香米也好，苏雅也好，她们是活灵活现的 "这一个"，但显然，她们并不是这个社会中唯一的那一个。在我们的现实生活中，还有许许多多的与香米、苏雅相似之人。正是在这里，我们隐约可以看到徐晓的文学抱负——她试图在这些个人形象的塑造中为当代女性青年画像。

周朝军的长篇小说《九月火车》(《时代文学》2017 年第 12 期) 通过双线叙事，书写周鹿鸣、周剑鸣这一对兄弟的成长之路，着重呈现青年在理想与现实之间的焦灼。祁十木《双生》(《广西文学》2017 年第 7 期) 中，16 岁的 "我" 在与双生花有关的一则神秘预言下，不得不向北而行，漫无边际地寻找自己的命运。郑在欢《外面有什么》(《人民文学》2017 年第 2 期) 将目光集中在身在城市却不属于城市的进城务工子女群体，他们有为爱决斗的冲动与热血，也有着隐秘而无人关注的孤独。小说结尾，大年夜目睹母亲离去的蔡斌与一具无人发现的尸骨合影，极具画面感，令人心酸。丁奇高《囚徒困境》(《作品》2017 年第 4 期) 以碎片化的形式，书写 "我" 与现实的格格不入，呈现出青年的苦闷与彷徨。张春莹《白杨恋》(《辽河》2017 年第 1 期) 中 "他" 对新来女老师的暗恋，青涩而纯真。李世成《轻烟》(《青年作家》2017 年第 7 期) 在回忆中诉说往事。修新羽的《不仅是雪》《逃跑星辰》(《大家》2017 年第 2 期)，一个以细腻的笔触呈现青年男女如何相爱相依的困境，一个以奇幻的想象讲述一则

① 　徐晓：《请你抱紧我》,《作品》2017 年第 3 期，第 153 页。

成长故事，驯化星星这一核心情节耐人寻味；《明月之子》(《天涯》2017年第6期）则以青年务工人员为对象，以一种诗意语言，书写他们在残酷现实面前的种种辛酸。索耳在《在红蟹涌的下半昼》(《芙蓉》2017年3期）里将"生育焦虑"潜藏于流畅自然的日常书写中，隐喻色彩丰富；《少女诗人寻爱记》(《作品》2017年7期）在寻找中呈现少女的成长历程……书写青年形象的小说作品还有许多。"90后"作家或是回望童年，或是关注现实，以各式各样的笔法，努力建构青年形象。相对而言，我更为欣赏那些具有现实关怀的作品——新青年形象势必在新的现实环境中产生。

二、从乡村到城市："90后"作家的现实一种

小说是一门关于虚构的艺术，同时，小说又力求在虚构中建构真实。优秀的小说作品总能够让读者陷入真与假的纠结中——"哪些部分基于真实生活体验，哪些部分出自想象，这样的追问无疑是阅读小说的乐趣之一"[1]。2015年1月，我在徐则臣的长篇小说《耶路撒冷》中读到这样一番描述："曲木匠雕刻出的耶稣脸，比泥塑的耶稣逼真多了……这绝对是活人之躯。但是再往下，秦环看见了一双解放鞋。她把油灯往前凑了凑，没错，在脚踝处的那颗钉子下面，耶稣穿着一双所有人都在穿的解放鞋。和曲木匠脚上的一样"[2]。——穿解放鞋的耶稣着实令人心神一震，它太独特，太有中国特色了。坦白而言，我在读到这一段之后的大半天里，一直沉浸在它到底是真实发生的还是作者灵光一闪虚

---

[1] ［土］奥尔罕·帕慕克：《天真的和伤感的小说家》，彭发胜译，上海：上海人民出版社，2012年版，第34页。

[2] 徐则臣：《耶路撒冷》，北京：北京十月文艺出版社，2014年版，第216—217页。

构出来的这一思索中。最后，我实在忍不住通过微博向徐则臣求证，他给我回复了三个字：虚构的。

这就是小说的魅力。尽管我深知，小说本来就是真中有假，假中有真，千万不能做"绝对天真的读者"和"绝对伤感—反思性的读者"①——但是，在阅读郑在欢短篇小说集《驻马店伤心故事集》（上海文艺出版社 2017 年版）时，这样的纠结还是再次产生了。

我愿意将这本小说集定义为一本"故乡之书""回忆之作"，它是对童年经验的一次提炼与转化，驻马店那块土地上的人与事真实而又传奇地在郑在欢笔下再现。在《病人列传》部分，誓死捍卫贞操与枣树的菊花、精通拾粪的八摊以及那些疯子、傻子、小儿麻痹症患者，一个接一个地登场，笔墨不多，但人物及其行事皆有异于常人之处，形象独特而饱满，颇有传统传奇小说的意蕴。第二部分《cult 家族》则更接近于"纪实散文"——"我"以及"我"的奶奶、继母、舅舅、外公等一干至亲成为了小说的主角，叙事流畅而用情尤深，笔墨含血带泪。"我"的家族故事，在引人入胜之余，带给读者更多的是无与伦比的悲凉与唏嘘。地域风情、伦理冲突与悲情色彩，这些乡土小说元素，在这部小说集中真实而自然地呈现，生成了一幅鲜活的中国乡土社会的景观。

郑在欢生于河南驻马店，长居于北京，是一个"故乡的逃离者与异域他乡的流寓者"，《驻马店伤心故事集》中种种传奇故事，均是他对童年、故乡的回望。可以将这部小说视作成长小说，但我更愿意将它纳入乡土小说中去。"一般来说，和现代西方乡土小说所不同的是，中国的绝大多数乡土小说作家，甚至说

---

① ［土］奥尔罕·帕慕克：《天真的和伤感的小说家》，彭发胜译，上海：上海人民出版社，2012 年版，第 51 页。

是百分之百的成功的乡土作家都是地域性乡土的逃离者,只有当他们在进入城市文化圈后,才能更深刻地感受到乡村文化的真实状态;也只有当他们重返'精神故乡'时,才能在两种文明的反差中找到其描述的视点。"① 我不想简单地将郑在欢定义为一个乡土小说作家,但这部小说集对于乡土社会的书写,在"90后文学"中显得尤为可贵。郑在欢重返"精神故乡"时,选择的描述视点是"沿着真实的脉络处理素材,不去提炼主题,也不作评判"②,因而小说显得异常地真实。然而,它始终是小说,这一体裁的特质始终在提醒阅读者——这其中有着数不胜数的虚构与想象。于是,在扑面而来的真实感、疼痛感与不得不承认的虚构想象之间,《驻马店伤心故事集》散发出别样的魅力。

有学者认为,乡土文学将在中国当代文学中消失——随着城市化进程的不断加快,乡村社会将面临崩溃,而丧失了乡土经验的作家们,只能在追忆中进行"虚伪的乡土想象"。当然存在这种可能性,但是,它将在多久之后消失?二十年、一百年抑或是五百年或者更久?没人能够确定。因而,它仅仅只是一种可能发生的情况。中国作家自古就有着深厚的大地情怀,对于土地、故乡以及生长在此的人事有着无尽热爱。

在"90后"作家当中,我们看到,地域、乡村景观与人伦等仍然是他们着力书写的重要对象。比如崔君的中篇小说《炽风》(《人民文学》2017年第9期),就对这种乡村生活进行了沉稳的刻画。李寡妇将死之际,"我"时隔十年之后再次回到聚风村,父亲王川北、母亲马来凤、李彩虹之间一生的纠葛,"我"与陈察的众多往事,随即被"我"一一忆起。小托夫的《去的时候父

---

① 丁帆:《中国乡土小说史》,北京:北京大学出版社,2007年版,第26页。
② 郑在欢:《后记:所有故事都是人活出来的》,《驻马店伤心故事集》,上海:上海文艺出版社,2017年版,第271页。

拉子，回来的时候子拉父》（《牡丹》2017年第7期）讲述的同样是一个乡土故事：为了凑够我的学杂费，爹带着我进城卖瓜；返家途中，爹为了救人与劫匪搏斗，最终死去。这篇小说情节简单，而情感充沛饱满，尤其是父亲憨厚、质朴又善良的形象，令人过目难忘。值得一提的是，小说的所有力量几乎都是通过简洁的对话迸发而出的：

> 过了一会儿，娘又说："不能再缓缓了？"爹说："怕是不行吧。老师开学时不是说限七天内交上嘛。这期限是到了。"娘说："要不我回娘家借点。"爹说："别借了，咱对付得了。"娘说："咋对付？"爹说："赶明早我去卖一车瓜。"娘说："瓜还没熟透，再长长压秤。"爹说："不能等啦。娃上学要紧。"娘说："上个小学二年级，有啥要紧嘞。"爹说："你这是妇人见识。"……我拿着雪糕，并不吃。爹说："你咋不吃，快些吃，过会儿都化了。"我说："给弟弟吃。"爹说："弟弟又不在。"我说："我给他带回去。"爹说："带回去都化成水子了。"我说："弟弟说，水子也喝。"爹说："你咋给他带回去？"我说："用水壶。塞水壶里。"爹说："你能想着弟弟，爹很开心。你想不想吃？"我摇摇头说："不想。"爹说："你撒谎。"我不吭声。爹起身追了出去。我一惊，问："爹，你干啥去？"爹说："我再给你买一个。"①

在这篇小说中，我仿佛看到余华《活着》《许三观卖血记》的些许神韵——简洁中往往蕴藏着我们难以想象的巨大力量。在

---

① 小托夫：《去的时候父拉子，回来的时候子拉父》，《牡丹》2017年第7期。

小托夫的另一篇小说《离开兴安岭的前一夜，乌克斯想念安温克》（《作品》2017 年第 1 期）中，浓重的地域色彩令我以为他是"90 后"作家中的迟子建——而他实际上是河南淮阳人。这样一种强烈的错觉，充分证明小托夫具有相当卓越的语言把握能力。对于一个作家来说，语言就是根基，是建构一切的基础。从这一点来说，小托夫的创作就值得期待。

对城市生活进行刻画，同样是许多"90 后"作家都在进行的文学实践。乡村社会与城市社会不一样。从熟人社会到陌生人社会，从广阔的大地到封闭的公寓，从炊烟袅袅到雾霾蔽日，乡村与都市这两种截然不同的风景势必产生风格各异的体验与作品。一个不争的事实是——出生于城市的"90 后"已在城市之中生活一二十年；生长于乡村的，亦逐步涌入城市，在城市求学、生存、发展。城市聚合众多矛盾之物，它有着难以想象的繁华景象，又不免冷酷而无情；它井然有序又混沌拥挤；它让蒙尘的金子闪闪发光，又无时不在抹杀着人的个性；它令人向往，又不时使人绝望。谢有顺指出："乡村是熟人社会，城市是陌生人社会；城市经验高度相似，乡村经验却极富差异性。没有经验的差异，就没有个性的写作，也没有独特的想象"①。于是，面对大同小异的生活，如何写出属于自己的独特来，成为每一个"90 后"作家都需要考虑的问题。

从整体来看，2017 年度"90 后"作家对城市生活的书写，有两种叙事风格表现得较为突出：一是以日常化叙事为主，或以描写家庭生活为中心，或以人物的现代境遇为对象，扎实、细密地描绘城市生活的具象；二是在象征与隐喻等叙事技巧中，以现代主义、后现代主义风格，勾勒城市人、城市社会的种种面貌。

---

① 谢有顺：《乡土资源的叙事前景》，《小说中的心事》，北京：作家出版社，2016 年版，第 77 页。

庞羽写小说已有多年,《佛罗伦萨的狗》与《福禄寿》等作品都给人留下了独特而深刻的阅读印象。2017年庞羽在《人民文学》《青年文学》《花城》《创作与评论》等刊物发表了十余篇小说作品,并获得了第四届"紫金·人民文学之星"短篇小说奖、第六届江苏省紫金山文学奖文学新人奖,可谓是硕果累累。读庞羽的作品,恣意而灵巧的语言带来了扑面而来的生活气息;个性化的人物形象塑造与细腻而又节制的内心刻画,又使得小说在日常叙事中蔓生出多样的、隐秘的现实锋芒。她的故事时常以普通人的家庭生活为中心(比如说,她的多篇小说人物设置均为一对中年夫妻与一个女儿),但绝不囿于此。《一只胳膊的拳击》(《人民文学》2017年第2期)中,祁茂成深陷于女儿的高考失利、自己的一事无成等等一连串的烦闷之中,无处言说也无处发泄。最终他像拳击手一般,挥起拳头给别人一拳,也受别人的一记狠拳——唯有这样一种从不可能发生在他身上的冲动与暴力,能够让他宣泄出所有的不快。"危机"是理解庞羽的小说的关键词之一,更确切地说,是"中年危机"——祁茂成是如此,《月亮也是铁做的》(《花城》2017年第5期)中的韩珠、《我不是尹丽川》(《创作与评论》2017年第7期)中的林中燕均面临着种种物质的、精神的困境。他们身上发生的故事,不是传奇,而是活生生的现实生活。另一方面,庞羽笔下的少女,同样引人关注。庞羽关注她们在成长道路中的种种隐秘之痛:《佛罗伦萨的狗》中的"我"所遭遇的童年创伤、《月亮也是铁做的》中鲍依依拿着铁皮在小男孩脸上划出一道又一道口子、《拍卖天使》(《青年文学》2017年第4期)中裴佳佳对自己身体与精神的一次次伤害……在庞羽的笔下,她们的柔弱、无奈与"凶狠"无一不在呈现一种现实疼痛。除此之外,庞羽小说的语言韵味也值得一提。她常常将多种不同风格的语言杂糅在一块:诗意的、朴拙的、通俗的、戏谑的，融于一篇；长句、短句、排比句，交替登场。这些原本并不搭调的风格，在庞羽的小说中，却生成了一种另类的流畅。甚至于，庞羽小说中那些带有烟火味的生活气息之所以扑面而来，很大程度上，正是依靠着她用恣意而灵巧的语言对柴米油盐、吃喝拉撒的细致描述：

> 周二和周一没什么区别。祁茂成掰着手指头。周三和周二也没什么区别。一样一样的。不就是地球上死了些人多了些光屁股么。祁茂成笑了，美国总统也曾是光屁股。屁股瓣儿光光亮，打着啵儿叫着娘。(《一只胳膊的拳击》)

> 从那以后，罗勇不吃红烧肘子卤猪蹄了。到了傍晚，他摆好一碟油炸花生米，一碗岳记花甲，抿几口小酒，唱几段小曲，乐呵自在。林中燕还是喜欢下厨，碾些肉末，放点葱丝毛豆炒炒，我和她对坐，捡着豆子吃。吃完，她把肉末挑出来，整齐地码在小碗里。(《我不是尹丽川》)

> 鲍依依身体里蓄满了微笑，嬉笑，讥笑，大笑，狂笑。你看，那是韩珠，左一圈，肥膘抖一抖，右一转，肥膘颤一颤。她可以眯着眼看，瞪着眼看，倒着看坐着看，不必拘束，无需掩饰。(《月亮也是铁做的》)

王占黑的小说《老马的故事》(《山花》2017年第5期) 弥漫着一股悲凉之力。孙子痴呆又得尿毒症、老伴中风瘫痪离世、儿子肝癌……苦难一次又一次地降临到年迈的老马身上："老太婆们表示感叹的语气只有一种，叫做啧啧啧。她们说，啧啧啧，不得了，是在讲述老马家里的变故。她们说，啧啧啧，作孽啊，就是在可怜老马命苦。此后几年，这种叹息一波接着一波，有时你会觉得人们的同情已经到顶了，词穷了，可老马遭遇的坏事却丝毫没个止尽。这些坏事面前，人们只好不停地啧啧啧，啧啧啧，在杂货店门口，在麻将馆内外，在小区每一个能播报新闻的角落。"一个接一个的死亡，令人想起余华的《活着》。然而，在王占黑的笔下，老马最终跳楼而亡——死了就再也不用遭罪了。在这篇小说中，王占黑试图对苦难的极限进行挑战，同时，也对人对苦难的承受极限进行一次挑战。鬼鱼的小说《你在这世上太孤独》（《山东文学》2017 年第 6 期）则对孤独以及人对孤独的承受极限进行了挑战。小说运用第二人称叙事，在现实与回忆之中，将三代单传的"你"的孤独人生进行了回顾，情感内敛而动人。这种孤独同样是极致的——亲人不断离去、儿子脑死亡躺在家中、"爱人"的背叛、与"你"相伴的白鹤也舍你而去，最终，"你"只能与一株植物相依为命。在临死之际，"你"还得爬着去亲手结束儿子的生命。苦难也好，孤独也罢，这两篇小说，都在死亡中写出了生命的力量，在黑暗中传递出了温暖的光芒，因而显得异常有冲击力和感染力。

徐衎的中篇小说《肉挚林》（《收获》2017 年第 5 期）是一篇初读难以进入但却越看越有味道的作品。与那些以家庭为中心的小说不同，虽然是刻画小人物，但徐衎试图在这部小说中，呈现一幅小城生活的宏大画卷。在小说开始，众多的人物相继登场，但却只是一个名字、代号，难以令人产生清晰的形象。随着扎实而细密的叙述，德明、阿达、鲁贝贝、司马玲、邮递员、养蜂人等小人物在生活巨变面前（地毯厂、义肢工场、乳制品加工场、皮革厂、家具城纷纷倒闭）的情性得以细致刻画，他们的"变"与"不变"使得人物形象逐渐丰满。值得注意的是，徐衎在小说中对"虚"与"实"的处理。对县城生活的现实描述与鲁贝贝的不断收到的书信内容生成了第一重的虚实互照；传统的现实主义笔法使得小说异常饱满，而小说结尾处红唇美女的出现，在一定意义上又使得小说有了想象的空间，生成了小说的第二重虚实互照；在结构上，徐衍用"士志于道，而耻恶衣恶食者，未足与议也""众生造众业，各有一机抽""如来原是幻，何以度苍生"三句话将小说划分为三个部分，诗句与故事相互呼应，生成了第三种虚实互照。

透过象征与隐喻，勾勒城市人、城市社会的种种面貌，这样的作品也不在少数。梁豪的《面具》(《天涯》2017年第6期)中，梦境与现实融为一体，整容失败、不敢出门的陈青成天在家为父亲画各种面具，当她最终得到一副神秘的新脸皮之后，她的身份随即改变——但这种改变，同时也意味着身份的丧失。马亿的《都市人》(《天涯》2017年第6期)以荒诞、荒谬的笔法对城市人形象进行素描，同时对现代社会人与人、人与世界的关系进行质疑。甄明哲的《京城大蛾》(《青年文学》2017年第5期)同样是一篇书写城市生活的佳作。北漂青年，这是城市化进程中出现的独特群体，在众多文学作品与影视作品中都能见到他们的身影。甄明哲在这篇小说中试图对"生存"与"生活"进行辩证，每日"思考、写作、生活"的罗文充满着对生活的热爱，不屑于生存，而是一心追求理想的、自由的、灵肉合一的生活，行为举止与众不同；而"我"却日复一日地为生存而奔波。事实上，无论是罗文还是"我"，都是被北京这一个闪闪发亮的"灯泡"所吸引的"飞蛾"。小说中，"我"与罗文、"我"与"朋友"、"本市"与"北京"等多重对比，观照出甄明哲对于城市生活的种种思考。小说的最后，罗文是个精神病人这一事实与"朋友"对我所说的故事的不信任，又悄然解构了那些对比所生成的隐喻力量。《京城大蛾》由此又进入了"真"与"假"的角力之中。但是，此时此刻，"真"与"假"早已无足轻重了。

除此之外，有一部分"90后"作家，还充分借助了他们的个人经验，带来了一批具有另类体验的作品。比如，军人出身的孙鹏飞发表了《海边人》（《青岛文学》2017年第2期）、《退役之前》（《山东文学》2017年5期）、《水猴子》（《黄河文学》2017年第6期）等一批军旅题材的小说作品。马晓康有过出国留学的经历，中篇小说《墨尔本往事：抢贪官》（《作品》2017年第11期）就是以一群在墨尔本留学的青年为对象，书写他们的颓废与堕落，与此同时又从一个崭新的角度切入到对我们现实生活的批判之中。

三、"永远有全新的讲述方式"

"怎么写"是一个与"写什么"同等重要的问题。绝大部分的艺术创新，都是作家在对"怎么写"这一问题的思考与实践中产生的。它涉及的不是小说的内容与思想，而是小说语言、结构等一系列形式上的、技术上的问题。小说的结构，即如何将小说中的故事（素材）联系起来形成一个关系整体的组织策略，它包含对素材的选择、对叙事顺序的安排、对叙事人称的把握等诸多方面。塞米利安在《现代小说美学》中提出："赋予不具形式的素材以形式，这是小说作家的艰巨使命"[1]；美国作家奥康纳在《小说的本质和目的》中说道："或许没有什么全新的故事可讲，但永远有全新的讲述方式，而且，因为是艺术，讲述的方式就已是所讲故事的一部分，每一件艺术创作都是独一无二的，也要求着全新的构想"[2]。全新的讲述方式与构想，是作品独特性与创造

---

[1] ［美］利昂·塞米利安：《现代小说美学》，宋协立译，西安：陕西人民出版社，1987年版，第29页。

[2] ［美］弗兰纳里·奥康纳：《小说的本质和目的》，钱佳楠译，《上海文化》2017年第3期。

性的重要体现。一个有追求的小说家，在结构上、语言上、思想上，都不会忽视小说的难度，而往往是"迎难而上"，在有难度的叙事中力求呈现出一个独特的"我"。2017年，在一批"90后"作家的作品中，我们同样看到了他们对于叙事的探索勇气。

李君威的长篇小说《昨日之岛》（《作品》2017年第6期）讲述宋洁茹一生为爱痴狂的传奇故事。从内容上看，这大致相当于一部母亲的传记，其中的爱恨情仇令人印象深刻。然而，以我看来，它更突出也更令人惊喜的艺术原创性在于它选择的叙事结构。小说采用"俄罗斯套娃"式的叙事方式，在一个故事中引发另一个故事，在第二个故事中又引发出第三个故事……如此一层一层，多个故事与多种叙事形成了小说的嵌套叙事结构。仔细梳理，可以发现《昨日之岛》中的故事大致可分为五大层次：小说中的第一个故事，是"我"如何创作出《昨日之岛》这部小说的故事；宋三林讲述的童年记忆；少女时代的宋洁茹与陈一飞的相识与相恋故事；宋洁茹与陈一飞在上海的生活故事；宋三林与童年时暗恋对象柳梦以及知青岁月里他与许诗人、张顺顺、白华之间的情爱纠葛故事。在《昨日之岛》中，小说的第一层故事，即"我"如何创作出这部小说的故事，它是一种元叙事，同时也是一种框架叙事——它为小说中的第二、三、四、五层故事提供了一个叙事背景。也就是说，其余几种故事的讲述都是建立在"我"与宋三林的交往这一基础之上的。因而，后几种叙事都属于"叙事中的叙事"，即嵌套叙事。在嵌套叙事结构中，叙事一层套一层，一个人物引出下一个人物，一个故事引发出下一个故事。更复杂的是，这些互相嵌套的故事并不是按照时间顺序进行的线性叙事，而是时常处于跳跃状态；各个故事之间的叙事视角也不一，"我"与"他"在小说文本中反复切换。例如，在小说第一章中，就包含了继父死亡后"他"（宋三林）与母亲的争执、10 岁那年"他"（宋三林）遭遇母亲的毒打、入天命之年以后"他"（宋三林）的焦虑与恐惧、"我"抢救濒死的"他"（宋三林）、"我"辞职创作《无家可归的男人》这一小说的过程、"他"（宋三林）为"我"讲述他的小说构思等故事。而在第一章中出现的多个故事，又多次出现于其他章节之中。如此复杂的故事嵌套，使得小说中不同层次的叙事反复重叠，这必然地生成了读者阅读的难度。但不可否认的是，这恰恰又是小说艺术魅力的所在之一。我们试着设想一下——倘若按照时间顺序，将母亲的童年、相恋、分离、婚姻、育儿、歇斯底里、死亡等一生所经历的事件逐一陈列在读者面前，那么，这部小说能令人圈点一二的或许也只是母亲遭遇的坎坷与传奇了。因此，我认为，恰恰是李君威将五大层次故事进行杂糅、混合的嵌套叙事，使得小说不仅获得了内容上的丰富，也生成了结构的力量。

路魆的小说作品有着极为独特的风格。具体来说，他的作品都有一种真假难辨的特质——他笔下的人物大多是臆想症患者，真实与臆想在他的小说文本里相互交织，时常给人以神秘、苍凉、阴郁、恐怖之感。在叙事上，路魆显然有意地将这些人放置在一个独立、模糊但又总显得阴森恐怖的环境之中。小说中的故事没有明确的发生时间，也没有确切的发生地点，其中的人物多处在远离人世的森林、监狱、医院、工厂里，他们往往孤独地存在。路魆的笔力集中于书写人物的内心波动，而无意于对我们的现实生活进行复制与再创造。也就是说，路魆的小说是向内挖掘的。在这些小说中，我们无法看到那些波澜壮阔的历史画卷，也无法看到细致而真实的生活图景。我们只会因其中呈现的人的痛楚、困境、救赎、臆想、疯狂与残酷而感觉到一种从内心奔涌而出且无法抵抗的战栗。从这一点来说，路魆的小说具有鲜明的现代主义色彩——它是超现实的，它令人想起卡夫卡。幻觉是理解路魆小说的关键词语。路魆称自己为"超现实主义神经病",认为"写小说是为了能出现幻觉"。他的大部分小说都以书写幻觉为目标:"今天的空气中充满那种痛与幻的变体,如同一个个细菌,却更加顽强、凶猛。每个写作者都握着一杆枪,瞄准令他们最有切肤之痛的目标,扣下扳机"[1]。小说《圆神》(《广州文艺》2017 年第 7 期)通篇如同一部剪辑错乱的幻觉大戏,其中"我"时而扮演圆神工业——一家同时生产饮料与农药的工厂——的保安,时而是服装店玻璃橱窗里穿着大裤衩的男模特;小说中的"导演"时而指导"我"的表演,时而又客串为女人玄玄,与"我"做爱;在这些随意变换的幻觉之中,"我"从睡梦中醒来,发现自己睡在工厂的宿舍里;"我"仍是保安,去值班的路上,"发现整个厂区都是野兽,大象、豹子、成群的火烈鸟,脖子绑在一起的两只长颈鹿。它们撞开每个场景间的巨型帷幕,自由穿梭";此刻,梦醒之后的"我"仿佛又置身于幻觉大戏之中。

王苏辛短篇小说《他常常经历着不被理解的最好的事情》(《小说界》2017 年第 3 期)同样是带有明显探索性质的一篇。这篇小说的情节淡化,通篇是齐彭和张卿对几位画家画作的点评与感悟。他们之间的对谈,是对画家画作的一次重读,同样也是对于自己内心的再审视。观看、讨论他人之画,悟的却是齐彭自己的心,因而,它更像是一篇思想随笔,一篇哲学笔记。小说中,时常闪现出能够引人深思的话语:"巴图那说过'每个人最熟悉的语言都来自童年',但还有后半句'每一个童年的真正确立,是这个人最后站的位置'";"迟疑本身就是底色";"自己是通道和方式";"用自己去认识世界,自己变了,世界随之打开,不过

---

① 路魆:《幻痛的射击者》,《文艺报》2017 年 5 月 3 日。

自己和世界本不就是一体的吗?"① 在这些辩证的背后，它们所抵达的，是自己的内心，是关乎自己如何存在的法则。在小说集《白夜照相馆》中，王苏辛用她奇异的想象力建构了一个残酷的人类世界。透过她的描述，这个世界仿若"末日景象"——人类的生存环境极其恶劣，人们或是长出长体毛、尾巴与鱼鳞，从人异化为种种奇怪动物(《再见，父亲》)；或是在生长中不断萎缩，最后只剩拇指大小(《寂寞芳心小姐》)；或是在高温纪元中热死、熔化(《自由》)；或是潜居于幽暗、狭小的地下世界(《荒地》)。在这残酷的世界里，人们不断移民，从乡村迁徙到城市，从地表之上迁徙到地表之下；人们必须得借助伪造的历史获得此刻生活的合法性；为了存活，甚至可以无情地淘汰、处决自己的至亲；人吃人的景象肆无忌惮地在这个世界中上演……

　　周朝军擅长在小说中设置种种迷雾与隐喻，2017年刊发的短篇小说《雁荡山果酒与阿根廷天堂》(《作家》2017年第10期)同样如此。小说将多种文献资料、历史神话与神秘故事相结合，在虚幻中试图抵达另一种真实。智啊威的小说颇有中国传统小说的意蕴。在之前的《五座桥吃人事件》中，亡魂再现、神婆驱鬼、盲人开天眼等等，都带有典型的中国传统志怪小说的气息。《蛇哽咽与山水诗》(《作品》2017年第8期)中，同样是如此。"人言""鬼语"与"蛇语"交替登场，从不同的维度出发，赋予了小说更多的意蕴。索耳的叙事热衷于将多个零碎的故事拼贴成一篇小说作品。在之前刊发的《显像》(《青春》2016年4期)中，索耳将《照相馆》《多少》《他山之石》《酷刑》《世上最好吃》《乙酸异丙酯》《审片人》《陌生的游戏》《上将和马》《一次刺剪》10个毫无关联的独立故事，组合成一篇小说。在《显像》这一

---

① 　王苏辛:《他经历着常常不被理解的最好的事情》,《小说界》2017年第3期。

大标题之下，试图呈现出人的存在之荒谬与艰难。2017 年刊发的《白琴树苑》（《山花》2017 年 3 期），亦是这多个故事相组合的叙事方式，只不过，故事与故事之间还略有关联。小说每一节的叙事对象与叙事口吻都在变幻，索耳试图在偶然之中勾勒出那无形的必然命运来——而这种写法，在《蜂港之午》（《芙蓉》2014 年第 6 期）中，索耳就曾使用过。

2017 年是"90 后"作家群体登场的一年。他们的作品风格各异，笔法各不相同。限于篇幅，还有许多小说文本，本文无法一一进行分析。在这些备受期待的文学新秀们身上，我们看到了文学的多种可能与蓬勃生机。他们在不断学习，同时也在努力尝试突破——不时能在他们的文字之中看到卡夫卡、奈保尔、余华、莫言、残雪、苏童等中外作家的风格。这种"影响的焦虑"，是"90 后"作家们难以避免的阶段。从文学练笔到文学创造，这是一个漫长的过程，需要勤奋，需要耐性，同时也需要勇气。德国剧作家、诗人克莱斯特在《一位青年诗人给一位青年画家的信》中有一段话，对于"90 后"作家而言，或许能够有所启迪。他说：

> 艺术之任务归根结蒂不是让你们成为旁人，而是成为你自己，并且将你们自己、你们最为突出和最为内在的东西借助线条和颜色展现出来！你们如何就甘愿自轻自贱到如此地步，竟听任你们自己在地球上根本未曾存在？其实，即便是那些你们所仰止的如此卓越的大师们的存在也远非是要剪除你们，而首先是当唤起你们正确的兴致，给予你们以勃勃的和勇敢的力量，进而使你们以自己的方式同样存在于这个世界之上。可是你们，你

126

们误以为非得过你们师傅（拉斐尔或是柯勒乔，或是某个你们树为楷模的人）这关不可；其实你们全然能够反其道而行之，从完全相反之方向去寻觅和攀登你们心中之艺术高峰。①

发表于《作品》2018 年第 2 期

---

① ［德］克莱斯特：《一位青年诗人给一位青年画家的信》，见刘小枫：《人类困境中的审美精神——哲人、诗人论美文选》，上海：东方出版中心，1994 年版，第 126—127 页。

第四章　个体：“90 后”小说创作论（下）

第一节　从身体出发

2017 年 3 月，《作品》史无前例地刊发了它的第一部长篇小说《请你抱紧我》。在《作品》微信公众号推送的访谈中，小说的作者徐晓被贴上“90 后”“美女硕士”“莫言同乡”“文学天才”等标签。从传播学的角度来看，这些标签足够吸引人眼球，也容易引发更广泛的关注。从文学批评的立场出发，我则心生警惕——一者，文学批评始终以作品文本说话，而绝不是标签；二者，标签往往会将作家及其作品简单化、片面化与符号化，迷信标签容易陷入“片面认知”的危险之中。避免“片面认知”的方法简单而略显笨拙，那就是尽可能地大量阅读。于是，在集中阅读了徐晓的长篇小说《爱上你几乎就幸福了》《请你抱紧我》、诗集《局外人》及她的一批短篇小说、散文随笔之后，我终于在纸上写下我认为最重要的关键词：身体。

一、身体：商品或确认自我存在的路径

从古希腊柏拉图对精神的欣赏与对身体的贬低，到中世纪哲学与宗教对身体的双重压制；从尼采将身体视作哲学的中心与主体，到弗洛伊德、梅洛·庞蒂、福柯等人的身体美学及身体文化

研究，再到消费时代对身体的消费与再生产，可以发现，"身体"一直以来都是哲学、社会学、心理学与文学等众多学科密切关注的重要对象。与此同时，"身体"还是小说家、诗人数千年来持续不断在书写的重要主题。在我的观察与判断中，"身体"同样也是进入与理解徐晓小说的关键词汇。

2014年，徐晓长篇小说《爱上你几乎就幸福了》由人民文学出版社出版发行。这部小说由短篇小说《你是个好女孩》扩写而成，讲述勤奋、自立的贫困女大学生香米逐步变为被人包养的小三的故事。毫无疑问，徐晓写下了一出悲剧。读这部小说，容易让人想起方方的《涂自强的个人悲伤》——同样是出身贫寒，同样是渴望借助教育改变自己的人生，他们美好的梦想最后同样毁灭在强大的现实面前。与涂自强一样，香米缺乏各式各样的"资本"（经济资本、文化资本、象征资本、社会资本等）[①]，因而在生活中处境艰难；然而，相较于涂自强，年轻的香米又有着涂自强所不具备的"身体资本"，她的身体在一定情境中可迅速地转化为经济收益。从这个角度出发，香米的身体在小说中已经异化为用于交易的商品，成为了权力（经济）的消费对象："香米悔恨自己怎么就这么轻易地把自己卖了呢？……无论怎样，香米想赌一把，用自己唯一的资本——青春，赌一把"[②]。事实上，香米对身体的发现，首先也是在它的商品属性上的："一千块钱外加两件衣服，让他摸几下又有什么关系呢？"[③] 其实才是身体的自我属性（生理的与女性意识的）："她是那么享受他的吻和他的

---

① ［法］布尔迪厄：《文化资本与社会炼金术》，包亚明译，上海：上海人民出版社，1997年版，第189—211页。
② 徐晓：《爱上你几乎就幸福了》，北京：人民文学出版社，2014年版，第18页。
③ 徐晓：《爱上你几乎就幸福了》，北京：人民文学出版社，2014年版，第31页。

抚摸，她空置了二十年的身体被他盈满了，她沉寂了二十年的身体被陈有胜唤醒了"[1]。因而，香米之后的各种打扮：烫头、画眉、换装等，实则都是对身体的包装与升级，目的在于将"商品"进行保值与增值，以期获得陈有胜对自己更多的关注与照顾。

与香米作为商品的身体不同，《请你抱紧我》里苏雅将身体视作一种确认自我存在的途径。故事开始之初，苏雅的人生是茫然而虚无的，她完全没法确认自我的价值与存在："她看着来来往往的人从身边匆匆走过，觉得自己仿佛是世界上最清闲的一个人，她并不是无事可做，只是不知道下一步的人生会向何处发展，她曾迷茫过一段时间，也曾下定决心要考研，但又不知如何下手，因此就这样顺其自然地每天过着相同的日子。孤独感像空气一样紧紧地包围着她，压迫她，啃噬她，整个人都被掏空了一样，苏雅恨透了这种虚无的焦躁的状态"[2]。今时今日，青年人精神的焦虑、彷徨与无法摆脱的虚无感已成为我们无法回避的一种时代病。阿乙长篇小说《下面，我该干些什么》中，"他"残忍地杀害自己的同学，精心策划一场惊天大案，目的在于让自己在警察铺天盖地的追捕中得到关注，于逃亡中体验生命的充实与确认自我的存在："唯有逃亡，我才能感受到生命的充实"[3]。徐晓笔下的苏雅则借用身体，确切地说，是借助性爱来破除虚无并获得活着的充实与前行的勇气。如同柏拉图将身体视作精神的牢笼，苏雅也将身体与精神视作对立的二元，认为处女之身对自己而言是一种巨大的束缚：精神的苦闷完全在于身体未能得到解

① 徐晓：《爱上你几乎就幸福了》，北京：人民文学出版社，2014年版，第88页。
② 徐晓：《请你抱紧我》，《作品》2017年第3期，第76页。
③ 阿乙：《下面，我该干些什么》，杭州：浙江文艺出版社，2012年版，第177页。

放。这是小说发展的逻辑起点，亦是故事推进的原始动力。为此，苏雅大胆地约齐教授去开房，去挑战禁忌，去破除自己的身体束缚，而后"取而代之的是充实，是前所未有的轻松"[①]。"他"与苏雅都选择了一种极端处境以确认自己的存在。如果说第一次开房做爱是让精神在身体的解放中得以拯救，那么，苏雅与齐教授之后多次的性爱则是让苏雅在禁忌之恋中重新发现自我，确立自己存在的位置。苏雅借助身体的感官，在性爱中实实在在地、确定地认知到"这就是我"、"我就应该这样"。

短篇小说《一个陌生女人的来信》开篇便写"我"在浴缸里割腕，在肉体的破裂与鲜血的流淌中得到快感与兴奋："从那之后，我就时不时地故意划破胳膊，让血淌出来，它们在我身体里一定憋坏了"[②]。《请你抱紧我》中秦小鹿因身体的缺陷而变得自卑、固执与偏激，令她遭受了一段惨痛经历……显而易见，徐晓对于身体有着令人惊奇的迷恋。那么，我们要追问的是：对于徐晓而言，身体意味着什么？为何她如此着力于书写身体？在这种书写背后，隐藏着什么？于我们而言，身体作为一个关键词，是进入徐晓小说世界的旋梯之一；对徐晓来说，身体则像是一张巨大的画板，她笔下的线条与色彩，她试图建构的世界，从这里出发也在这里扎根。徐晓在身体中认知、发现"自我"，种种意识觉醒与生长也是从身体内部出发的。这种对身体，尤其是女性身体的发现与重视令徐晓的作品在"90后"小说中显得独具一格。

如果要试图真正理解徐晓重视身体的原因，我们可以在她的人生经历中寻找线索——回到她的童年经验，因为"童年是人与世界建立关系的最初阶段，在个体的经验积累中有很大一部分来自童年，童年的记忆对一个人的个性、气质、思维方式等的形

---

① 徐晓：《请你抱紧我》，《作品》2017年第3期，第91页。
② 徐晓：《一个陌生女人的来信》，《西部》2015年第12期。

成和发展起着决定性作用"①。徐晓的随笔《隐痛的肉身》或许能够给我们提供部分答案——童年时期的一次坠伤带来的疤痕仍在，"对疼痛的感知让我有生以来第一次明确地确认了自己在世间的存在"；班级里的早恋风波令还是小女孩的她开始"为肉身的深不可测感到惊叹和羞耻"；小学三年级，身体私处与自行车的碰撞所带来的隐痛持续至今，"童年时期覆盖在我身上的阴影注定伴随我终生"；面对割腕的表姐，徐晓感慨："女人，太过柔弱的物种，当我们委屈，愤怒，失望，我们想要摧毁什么东西的时候，却发现我们除了自己的身体之外，一无所有"②……凡此种种，可以看到，在童年时期徐晓对身体、对生殖器官、对性、对爱情都有着过早的认知与过于深刻的体验。因为深刻，所以它们带来的影响也更为深远——而这，或许正是徐晓着力于书写身体、反复借助身体来呈现她眼里世界的重要原因。然而，"身体不仅是肉体（这不过是生理性的肉体），它更是有灵魂、伦理和尊严的"③——如果仅仅将笔力局限于生理性的肉体之中，而忽视了身体的灵魂属性，那极可能走入身体的肉体性泛滥写作之中。那么，接下来需要探究的便是：徐晓作品中的身体书写是否仅限于肉体（性）？是否呈现出身体的灵魂与伦理？如果有，那又是什么？

二、冒犯：性、禁忌及逐渐觉醒的女性意识

就内容而言，徐晓的小说带有一种冒犯性：对性大胆书写、对禁忌之恋着力刻画，对伦理秩序勇敢挑战。《爱上你几乎就幸

① 洪治纲：《"文学与记忆"学术研讨会综述》，《文学评论》2010年第2期。
② 徐晓：《隐痛的肉身》，《作品》2016年第10期。
③ 谢有顺：《文学身体学》，见汪民安主编：《身体的文化政治学》，开封：河南大学出版社，2004年版，第208页。

福了》（2014）、《一个陌生女人的来信》（2015）、《请你抱紧我》（2017），三部作品在主题上一脉相承，但书写日益深入。"女大学生""包养""情妇""性爱""师生恋""潜规则"，凡此种种，在现实生活中我们可能都已司空见惯；但当它们一次又一次集中地出现在一个"90后"女作家的笔下，这又显得独特。从道德层面看，冒犯是不礼貌的行为；在文学创作领域，冒犯则可能是一种美好的品德，它意味着反抗、冲击与突破——新的认知与新的经验往往在冒犯中产生。

《请你抱紧我》对性的书写有时会令我想起卫慧的《上海宝贝》——一部在世纪之交引发众多关注与争论的冒犯之作。《上海宝贝》对身体、性、三角恋、颓废、毒品、欲望等的大肆书写令其名声大噪。然而在今日，即便《请你抱紧我》对性有着细腻而大胆的书写，或者说，哪怕它再更大胆、露骨一些——它仍旧无法再得到相似的"待遇"。原因在于：随着政治与文化对性的压制与管控力度的日益减小，伴随着媒介社会信息的广泛而迅速传播，性的神秘面纱在日常生活中逐步被揭开，性不再是令人闻之变色之物，突破禁忌所要付出的成本与承担的后果也不再那么令人胆战心惊。换而言之，那些曾经被视作大胆、先锋与禁忌之物，在今日已然变成了一种日常生活——"性成为公开的无所禁忌的普通生活，它既不丑陋，也无诗意；既不肮脏，也不圣洁。性的禁忌，以及根据这种禁忌而滋生的种种文化焦虑在最大限度上削弱了。性实践，成为一个庸碌的行动，它唾手可得，用之即弃，没有强大的事后效应，它如此之单纯、简洁、平庸，如同身体的另一种需求——饮食——一样毫无刺激，毫无悬念"①。

在此种文化背景之下，我们再回到徐晓小说文本中，可以看

---

① 汪民安：《身体、空间与后现代性》，南京：江苏人民出版社，2015年版，第42页。

到，单纯的性书写的冒犯之力并没有我们想象中的那么尖锐、强大。相比较而言，徐晓作品在身份禁忌的打破上更具冒犯之力。譬如她笔下恋人，苏雅与齐教授、"我"与"秦朝阳"最初都是师生关系。这令我想起她的诗歌《男人》："你问我有男朋友没 / 口吻严肃像我爸 / 我说没有 // 你说为什么不找一个 / 语气亲切像我哥 / 我说没有合适的 // 你说赶紧找一个吧 / 双眼死死盯着我的胸 / 表情猥琐像我男朋友 // 我说就你吧 / 你眉飞色舞 眼笑成一条缝 / 活脱像我儿子"①。以徐晓看来，在女人面前，男人的身份是可以肆意转换的，可以是爸爸、兄长，也可以是男朋友、儿子；同理，在小说中，男人可以是老师，也可以是情人。因此，男女社会身份之间的差异并不构成她笔下女性追求性与爱的阻碍，传统社会伦理在徐晓笔下屡屡被冒犯被打破。

从身体（生理属性）与精神（灵魂属性）等多个层面为被包养的女大学生进行勇敢的"自辩"，其冒犯之力最令人印象深刻。在《爱上你几乎就幸福了》中，香米面对好友翟丽的指责，她反击道：

> "什么是道德？从古至今，它从来就没有一个标准的答案，多少人被它的假面具套得死死的，终身跨不出去半步？又有多少道貌岸然的人满嘴仁义礼智信，可是他们做的事情有一丝关乎道德么？至于你说我出卖身体赚钱，这有什么不对呢？有买就有卖，既然人家出钱了，我为什么不把身体交出去呢？这是双方公平交易，是你情我愿的事，还有，你以为我们之间就没有感情了吗？"②

---

① 徐晓：《局外人》，卓尔书店，2014年版，第2页。

② 徐晓：《爱上你几乎就幸福了》，北京：人民文学出版社，2014年版，第166页。

香米的反问翟丽无法反驳。这是香米的"自辩",亦是一代女性对道德、金钱、情感的新的认知。香米被包养是因物质(经济)的匮乏,所以其"自辩"更多地从道德与社会层面出发。相比较而言,苏雅不缺钱,她在与齐教授、方昊的禁忌之恋中的"自辩"与"自我正名"更多是在精神层面展开的,是自我的、隐秘的、内敛的,它更为确定也更为勇敢,更能体现出新一代女性(或者说"90后"女性)作为独立的个体对婚姻、性与道德的理解。因而,苏雅的"自辩"与香米截然不同:

> "其实苏雅心里是清楚的,她想恋爱了。确切地说,她想要性。尤其是最近这段时间,她想得都快发疯了!"[1]

> "她喜欢他们带着那种片面的自以为是的有色眼镜看她,对,我们就是非正常关系,你们能怎么着?你们还来拆散我们不成?"[2]

> "她对他说,和他在一起,并不是为了图他什么东西,她需要的不是物质,更不是婚姻,她不要他为她负责,她不想让他们的关系陷入一种庸俗的婚外情之中,她不愿成为世俗意义中的小三。"[3]

> "我什么都不要,只要一点点爱,你已经给我了。……我们这是交易?是买卖?你以为我就那么下贱吗?"[4]

> "我们是不正当的关系,我是你的小三。"[5]

---

[1] 徐晓:《请你抱紧我》,《作品》2017年第3期,第74页。
[2] 徐晓:《请你抱紧我》,《作品》2017年第3期,第97页。
[3] 徐晓:《请你抱紧我》,《作品》2017年第3期,第126页。
[4] 徐晓:《请你抱紧我》,《作品》2017年第3期,第153页。
[5] 徐晓:《请你抱紧我》,《作品》2017年第3期,第155页。

完全忽略一切物质层面的因素，苏雅遵循身体与精神的呼唤，大胆直接地向老师、向有妇之夫索要性与爱，理直气壮地将自己视作小三——这些书写，显然是对现有道德伦理秩序的一种冒犯。但是，正是在这冒犯中徐晓有力地彰显出属于这一代人的独特女性意识。我们说女性意识，是指女性对自己作为女人的一种主体自觉意识，包括对自身作为女人的感受、体验以及在这个客观世界自身的价值、地位、作用等方面的认知。斯帕克斯认为："女性意识就是女性对于自身作为与男性平等的主体存在的地位和价值的自觉意识"[①]。事实上，苏雅对自我存在的发现与确认并非瞬间而成，而是在身体与他者的不断碰撞中逐步觉醒的。在这，我们又必须回归到最为关键的词：身体。在苏雅12岁时，其女性意识的初次萌发是因为继父酒后对她身体的侵犯："仿佛一瞬间，苏雅就长大了，她的性别意识的觉醒不是像大多数女孩那样来自于初潮，而是来自一个男人的侵犯"[②]。在小说开头，苏雅对性的幻想与发疯似的渴望，让她彻彻底底认清自己是一个女人，需要性的女人；与齐教授的性爱，则让苏雅进一步地在焦虑、虚无状态里找到自己的位置，确定自己的价值："苏雅在他的吻中一次次地认清了自己，发现了自己，重塑了自己，她就该是这样的，她的身体就该是这样被爱着的，她的灵魂就该是这样解放的，她早就该是这样的"[③]。

论述至此，我们清晰地看到，身体始终是徐晓小说的出发点。她的性书写与身体书写并不仅仅局限于肉体，它也涉及身体

---

① 王春荣：《新女性文学论纲》，沈阳：辽宁大学出版社，1995年版，第120页。

② 徐晓：《请你抱紧我》，《作品》2017年第3期，第83页。

③ 徐晓：《请你抱紧我》，《作品》2017年第3期，第105页。

的灵魂属性，呈现年轻女性的疼痛、羞感、勇气与尊严。徐晓的写作从身体出发，在身体中确认自我的存在；她用身体书写不断地去冒犯，并在冒犯中发出自己的声音。

三、抵达：从个体到群像，由校园到社会

我们接下来需要探究的问题是，徐晓的小说创作从身体出发，它试图抵达何处？

我以为，诗歌往往将个人的体验极度浓缩，在象征与隐喻中袒露时代的核心秘密。"黑夜给了我黑色的眼睛／我却用它寻找光明"（《一代人》），顾城用短短两句诗，在黑暗与光明的辩证中传达他对时代的观察。与诗歌一样，小说也始终观照我们的时代。不同的是，小说对时代、社会的观照不是浓缩的、象征的，恰恰相反，它是具体的、繁杂的、不断向外扩散的。也就是说，小说必须在具体的描绘、具体的人、具体的事件中，才能饱满地展现出它的力量。为了把这些"具体"写得传神，小说家需要积累生活的、创作的、思想的等各种经验——而最好的方式莫过于书写自己熟悉的生活。

1992年出生的徐晓目前仍身处校园，她对高校生活有着极为熟悉的体验，因而她笔下的故事往往发生在高校里，人物也大多是身处高校的女大学生。从创作的角度说，她的选择是稳妥而机智的。然而，我们也看到，她的文字书写校园生活但却并不囿于校园生活，其锋芒始终是指向整个社会的——将身体作为切入点与出发点，徐晓对自己最为熟悉的生活与人物进行刻画与书写，传达她对今日女性及今日现实的个人洞见。譬如，秦小鹿以裸照为抵押在借贷宝借高利债，最后被逼得走投无路——这是近两年来确确实实发生在我们身边的一类新闻，徐晓将其纳入到自己的故事里，呈现出当前校园生活的真实一角。

徐晓紧紧抓住"包养"这一社会症候，在这一方天地里努力挖掘当代女性的多样性与复杂性。从香米到苏雅，我们看到了一个因经济艰难而走上被包养道路的女大学生，也看到一个追求精神自由的、大胆独立的现代女性。香米也好，苏雅也好，她们是活灵活现的"这一个"，但显然，她们并不是这个社会中唯一的那一个。在我们的现实生活中，还有许许多多的与香米、苏雅相似之人。正是在这里，我们隐约可以看到徐晓的文学抱负——她试图在这些个人形象的塑造中为当代女性青年画像。弗洛伊德认为"我们的文化是建立在克制本能欲望的基础之上的"[1]，徐晓对现代社会文明的书写与批判，从女性的身体出发，从这些被克制的本能与欲望中出发。最终，鲜明的个性与锋芒在此生成——从个体到群像，由校园到社会，徐晓努力将那些在道德与文明中被压抑、被克制、被剥夺的现代体验呈现在我们面前。

徐晓的作品从身体出发，关注当下年轻女性隐秘的意识转变，其书写充满冒犯锋芒，在"90后"作家群体中显得独树一帜。徐晓有对现实的密切关注，亦有敏感细腻而又大胆独特的言说。她有敏锐的洞察力，目前着力书写的题材亦大有深入挖掘的空间。我们都还在探索、前行的路上，徐晓的小说创作因而也更值得我们期待。

发表于《作品》2017年第6期

---

[1] ［奥］弗洛伊德：《性学三论》，徐胤译，杭州：浙江文艺出版社，2015年版，第197页。

第二节　结构即内容

一、叙事的难度

在 20 世纪 80 年代中期的先锋小说思潮中，马原认为当代小说"写什么"不重要，重要的是"怎么写"。在《冈底斯的诱惑》《叠纸鹞的三种方法》《虚构》等小说中，马原打破了传统的小说叙事模式，将小说创作的重点由"写什么"转向了"怎么写"。对小说叙事形式的探索，彰显出马原小说创作的独特性。在吴义勤看来，马原"试图泯灭小说'形式'和'内容'间的区别，并正告我们小说的关键之处不在于它是'写什么'的而在于它是'怎么写'的"，他"第一次把如何'叙述'提到了一个小说本体的高度，'叙述'的重要性和第一性得到了明确的确认"[1]。余华、孙甘露等先锋作家当时也不遗余力地在小说形式、叙事结构上进行探索。可以说，在 20 世纪 80 年代，叙事得到了前所未有的重视。

对形式的一味迷恋固然不可取。然而，我们也遗憾地看到，从 20 世纪 80 年代到当下，作家们对叙事形式的关注与重视一直在下降。甚至于，今日相当多的小说作品都在"内容为王""读者为王"的创作思维中生成。这些作品为了赢得市场与读者，毅然地抛弃了对无限的叙事可能性的探索，转而专注于如何把故事设置得惊奇、好读，并从而赢得市场与读者的喜爱。因此，在这些小说作品中我们既难以见到创作的"难度"，也难以见到阅读的"难度"。莫言有一个观点应当引起我们的重视。他说，难度即一种原创性："长篇小说的难度，是指艺术上的原创性，原创

---

[1]　吴义勤:《中国当代新潮小说论》，南京：江苏文艺出版社，1997 年版，第 11 页。

的总是陌生的，总是要求读者动点脑子的，总是要比阅读那些轻软滑溜的小说来得痛苦和艰难，难也是指结构上的难，语言上的难，思想上的难"①。以我看来，对叙事难度的态度也暴露出创作者的创作姿态与文学抱负。一个有追求的小说家，在结构上、语言上、思想上，都不会忽视小说的难度，而往往是"迎难而上"，在有难度的叙事中力求呈现出一个独特的"我"。

正是在这样一种情境中，"90 后"作家李君威的小说给我带来了惊喜。

在读李君威长篇小说《昨日之岛》时，我难以想象迄今为止他只写过两部小说——刊发于《野草》2015 年第 2 期的中篇小说《河与岸》是其处女作，接着是《作品》2017 年第 6 期刊发的长篇小说《昨日之岛》。从数量上来说，这显然无法与那些产量丰盈的"90 后"作家相比。但是，文学从来不靠数量取胜。这两篇小说对复杂叙事结构的勇敢探索，给我留下了深刻的印象。相比于其他"90 后"作家，李君威登场虽然略迟，但其展现出的实力与潜力却不可小觑。

二、嵌套叙事：李君威小说的叙事结构

美国作家奥康纳在《小说的本质和目的》中说道："或许没有什么全新的故事可讲，但永远有全新的讲述方式，而且，因为是艺术，讲述的方式就已是所讲故事的一部分，每一件艺术创作都是独一无二的，也要求着全新的构想"②。全新的讲述方式与构想，是作品独特性的重要体现，它既意味着创作者对于难度的挑战，与此同时也意味着一种风险的生成。这种风险，源于读者

---

① 莫言：《捍卫长篇小说的尊严》，《当代作家评论》2006 年第 1 期。
② ［美］弗兰纳里·奥康纳：《小说的本质和目的》，钱佳楠译，《上海文化》2017 年第 3 期。

对于文本的接受—— 一些具有探索性的叙事，往往也给读者带来了阅读的艰难。李君威的小说亦是如此。无论是《河与岸》，还是《昨日之岛》，都要求读者要有相当的耐心和定力——它们在叙事上都异于常规，并由此带来了阅读的难度。

小说的结构，即如何将小说中的故事（素材）联系起来形成一个关系整体的组织策略，它包含对素材的选择、对叙事顺序的安排、对叙事人称的把握等诸多方面。塞米利安在《现代小说美学》中提出："赋予不具形式的素材以形式，这是小说作家的艰巨使命"①。内容与形式是一部小说作品不可分离的两面。要完成这样的使命，使得小说素材构成一个完整的统一体，作家"时而表现，时而陈述，时而用一个声音叙说，时而又用几种声音倾诉"②。结构属于形式的一种，亦是内容的一种——对结构的选择、发现甚至创造，本身就传达出了创作者对内容的态度。因而，"艺术家对形式上的创造也就是内容的创造"③。《昨日之岛》讲述宋洁茹一生为爱痴狂的传奇故事。从内容上看，这大致相当于一部母亲的传记，其中的爱恨情仇令人印象深刻。然而，以我看来，它更突出也更令人惊喜的艺术原创性在于它选择的叙事结构。小说采用"俄罗斯套娃"式的叙事方式，在一个故事中引发另一个故事，在第二个故事中又引发出第三个故事……如此一层一层，多个故事与多种叙事形成了小说的嵌套叙事结构。

仔细梳理，可以发现《昨日之岛》中的故事大致可分为五大层次：

小说中的第一个故事，是"我"如何创作出《昨日之岛》这

---

① ［美］利昂·塞米利安：《现代小说美学》，宋协立译，西安：陕西人民出版社，1987 年版，第 29 页。

② 同上。

③ 徐岱：《小说叙事学》，北京：商务印书馆，2010 年版，第 201 页。

部小说的故事。"我"是一名医院护士,在医院中遇到生命将尽的作家宋三林,并成为了他临终最信任的人。在与他的交往中,宋三林将他试图要创作的关于自己母亲的故事告知给"我"。于是,"我"辞职之后专心写小说,并"把这篇小说取名为《昨日之岛》"[①]。如同马原小说《虚构》中的"我就是那个叫马原的汉人,我写小说……我现在就要告诉你我写了些什么了……"[②],在这第一个故事中,"我"也详细地向读者交代了"我"是如何写出这部小说的。从遇见宋三林,到听他讲述故事,再到最后见证宋三林在漫天飞雪中死去,可以说,"我"的叙事是整部小说的元叙事。宋三林的讲述带来了小说的第二个故事。宋三林10岁那年,因继父带其去生父坟前一事,令他、继父赵百川和母亲宋洁茹三人之间的生活发生了巨大的转变。母亲如同魔鬼,折磨着他与继父。在这一故事中,包括继父与母亲婚后的生活故事(继父的龟头被母亲剪掉了半边)、母亲不断打骂宋三林的故事(因他长得像生父)、母亲掘生父坟的故事(挖出紫檀木盒,从此歇斯底里)、宋三林情窦初开写情书的故事、女老师家访的故事。女老师家访过程中,母亲如同精神病患者,不断与女老师讲述她的故事。于是,在第二个故事中又引发出第三个故事。第三个故事以少女时代的宋洁茹为中心,讲述了她与陈一飞的相识与相恋。此外,在这一段故事中,还包括宋洁茹身为国军军官的父亲在外包养情人、宋洁茹母亲与张宏达相爱受阻并双双殉情的故事。小说中的第四个故事,以陈一飞与宋洁茹在上海的生活为中心展开。在这里,小说对二人的爱恨纠缠进行了细致的描绘,对陈一飞的"浪荡"天性与病态生活也进行了真实的刻画。在上海

---

① 李君威:《昨日之岛》,《作品》2017年第6期,第76页。

② 马原:《死亡的诗意——马原自选集》,广州:花城出版社,2013年版,第1页。

的这段时光，既是宋洁茹一生中最幸福的时刻，亦是其最悲惨的日子。换而言之，情感上遭受的巨变，使得其人生发生了根本性的转变。这实质上是对第二个故事中母亲歇斯底里、走火入魔的一种解释与补充。小说中的第五个故事又回归到宋三林身上，主要讲述他与童年时暗恋对象柳梦时隔数十年的再相见，知青岁月里他与许诗人、张顺顺、白华之间的情爱纠葛。宋三林等人对于爱情的游离姿态与宋洁茹敢爱敢恨的性格形成了一种鲜明的对比，母亲的一生爱恨从而愈加震撼人心。

在《昨日之岛》中，小说的第一层故事，即"我"如何创作出这部小说的故事，它是一种元叙事，同时也是一种框架叙事——它为小说中的第二、三、四、五层故事提供了一个叙事背景。也就是说，其余几种故事的讲述都是建立在"我"与宋三林的交往这一基础之上的。因而，后几种叙事都属于"叙事中的叙事"，即嵌套叙事。在嵌套叙事结构中，叙事一层套一层，一个人物引出下一个人物，一个故事引发出下一个故事。按照威廉·内尔斯的观点，《昨日之岛》可视作"在垂悬式叙事框架中，不同故事层次的话语互相嵌套"[1]。宋三林、宋洁茹、陈一飞、赵百川、雅芳、段誉才、许诗人等人的故事均嵌入到"我"的故事之中。同时，在"我"的故事框架之内，他们的故事又互相嵌套。

更复杂的是，这些互相嵌套的故事并不是按照时间顺序进行的线性叙事，而是时常处于跳跃状态；各个故事之间的叙事视角也不一，"我"与"他"在小说文本中反复切换。例如，在小说第一章中，就包含了继父死亡后"他"（宋三林）与母亲的争执、10 岁那年"他"（宋三林）遭遇母亲的毒打、入天命之年以

---

[1] 邹颉、侯维瑞、史志康：《叙事嵌套结构研究》，《英美文学研究论丛》2002 年第 00 期，第 372 页。

后"他"（宋三林）的焦虑与恐惧、"我"抢救濒死的"他"（宋三林）、"我"辞职创作《无家可归的男人》这一小说的过程、"他"（宋三林）为"我"讲述他的小说构思等故事。而在第一章中出现的多个故事，又多次出现于其他章节之中。如此复杂的故事嵌套，使得小说中不同层次的叙事反复重叠，这必然地生成了读者阅读的难度。但不可否认的是，这恰恰又是小说艺术魅力的所在之一。我们试着设想一下——倘若按照时间顺序，将母亲的童年、相恋、分离、婚姻、育儿、歇斯底里、死亡等一生所经历的事件逐一陈列在读者面前，那么，这部小说能令人圈点一二的或许也只是母亲遭遇的坎坷与传奇了。因此，我认为，恰恰是作者将五大层次故事进行杂糅、混合的嵌套叙事，使得小说不仅获得了内容上的丰富，也生成了结构的力量。

在中篇小说《河与岸》中，李君威同样采取了这样一种嵌套叙事结构。小说的第一层叙事为"我"在梦中行走了三十余年始终抵达不了河对岸的故事。而后，李君威相继将"我"慢慢恢复的片段性回忆嵌套到这一层叙事中："我都不知道该先讲述哪一个故事的片段才能把我的前三十年的故事慢慢地从碎片里拼凑成一个完整的故事了"①。"我"挖坑埋尸体的故事、"我"在"文革"中械斗的故事、"我"找寻杀母仇人的复仇故事等，都一一嵌套到"我"无法抵达河对岸的故事之中。

莫言在谈论长篇小说的创作时强调："结构从来就不是单纯的形式，它有时候就是内容。长篇小说的结构是长篇小说艺术的重要组成部分，是作家丰沛想象力的表现。好的结构，能够凸现故事的意义，也能够改变故事的单一意义。好的结构，可以超越故事，也可以解构故事"②。李君威对叙事结构的探索，不仅令

---

① 李君威：《河与岸》，《野草》2015 年第 2 期。
② 莫言：《捍卫长篇小说的尊严》，《当代作家评论》2006 年第 1 期。

　　　　　　　　　　　　　群像与个体　|

其小说获得了"90后"文学创作中少见的结构之美，还在结构中生发出巨大的叙事张力。依我看来，李君威小说中的嵌套叙事结构的使用，使得"所有的故事连结在一个系统里，整个作品由于各部分的相加而得到充实，而每个局部——单独的故事也由于它从属别的故事（或者从别的故事派生出来）而得到充实（至少受到影响）"①。

三、时光流转：李君威小说的叙事张力

如同小说无法脱离形式与内容一样，小说同样也无法脱离时间与空间。任何小说，其中的故事总需要有发生的地点和发生的时间。对时间与空间的选择，同样属于叙事策略的一种。因而，从叙事学的角度分析李君威的小说，除却他使用的嵌套叙事结构之外，我们也无法忽略他在时光流转中呈现的叙事张力。

在李君威的小说中，"时间"具有以下几种较为明显的特征。首先，他小说作品中的时间并不是清晰的，而往往是隐晦地出现。时间借助于具体的刻度而存在，"清晰的刻度往往意味着人同世界的密切联系，因而常常具有一种强烈的现实感，反之则带有某种虚幻性"②。然而，在阅读李君威的作品过程中，我们常常同时感知到现实与虚幻。造成这种矛盾感知的原因是，他往往将故事发生的时间设置在一段相对较为宽泛的时段之中，或者只在某一个微小的细节里透露出故事发生的时间点。在《河与岸》中，我们明显地得知那些嵌套的故事发生于"文革"十年，然而若要仔细缕清每一个具体的时间，则又显得困难。在《昨日之岛》中，同样如此——我们几乎难以轻易地见到一个确切的时间

---

① ［秘］马里奥·巴尔加斯·略萨：《给青年小说家的信》，赵德明译，上海：上海译文出版社，2004年版，第115页。

② 徐岱：《小说叙事学》，北京：商务印书馆，2010年版，第282页。

刻度，因而总是需要读者进行细致的观察与推理。比如，我们只知道"我"与宋三林相见是在当下，但当下只是一个宽泛的时间概念。小说中一个重要的叙事层发生于宋三林10岁之时，那是哪一年？这需要读者进行梳理：在宋三林10岁那年他第一次到生父坟前时，看到墓碑上刻着"陈一飞之墓，妻宋洁茹，一九五〇年四月二十日立"[①]——那么，宋三林10岁那年也就是1960年。又如，宋洁茹与陈一飞在上海生活的那段时间，李君威只隐晦地在作品中透露出那时人们在使用金圆券；两人相约赴死之日，他们听到解放上海的"象征胜利的鸣奏曲"。读者必须具有相当广阔的知识面，或是在阅读中不断进行信息查询，才能知道金圆券在1948年8月19日开始发行，至1949年7月停止流通，而解放上海是1949年5月27日。如此这般隐晦、模糊的时间书写，使得小说在真实与虚构之中游离，也令读者不由进入亦真亦幻之境。

其次，李君威小说中的故事发生的时间并不是连续的、线性的，而是打乱的。因此，在他的作品里，故事往往是片段的、碎片化的、跳跃的。换而言之，他在叙事上，充分运用了顺叙、倒叙、插叙等多种手法。回忆在李君威的小说叙事中分量极大——《河与岸》通篇皆是对过往记忆的打捞，《昨日之岛》篇名即揭示出小说的主旨在于讲述"昨日"的故事。但是，这些"昨日"故事并不依照发生时间的先后进行顺叙，而是有意地被作者打乱了。正是在这种跳跃的、打乱的时间链条中，小说文本生成了一种别样的叙事张力，并呈现出小说的纵深感。我们且以《昨日之岛》中对宋三林继父赵百川的叙事为例。小说一开始便叙述继父之死："时光恍惚回到了许多年前继父去世的那个春日午后。母

---

① 李君威：《昨日之岛》，《作品》2017年第6期，第80页。

群像与个体 |

亲弓着腰，向着奄奄一息的丈夫，张开着嘴，好像正欢乐地笑着，眼巴巴地等待着他咽下最后一口气。她嘴里因为过于兴奋而生出的丰富的津液同丈夫嘴里的最后一口气一同咽下"[1]。继父之死，母亲却兴奋、欢乐，这引发读者的疑惑。接着，小说写道："继父的一生，根本就是一出悲剧。他无法想象继父究竟如何能够容忍和这样的女人共度一生"[2]。在宋三林 10 岁那年的故事中，继父以懦弱、老实又无可奈何的形象出现在我们面前。读到此处，虽然有前面设置的悬念在，但继父的形象仍然是平面的。而后，继父在小说中许久都没有出场。但是，就在读者都快将其忘记之时，继父青年时代的形象重新出现在大家面前。他在母亲人生最低谷之时呵护着她，他被母亲剪掉半边龟头之后仍照顾着母亲，他独自抚养被母亲抛弃的宋三林时流露出无比动人的父爱。"他自己闹了两天，宋洁茹也不给孩子喂奶，饭也没人做，三林的哭声让他心烦意乱。他口口声声地跟宋洁茹发誓，'你活不活我不管，你死了才好呢，三林他不该是你生的，你不配做他的妈，从今天起，他就叫赵三林了，他是我的种，我就是他亲爹！'赵百川过了这道坎，自己说服了自己，他给三林喂奶，熬粥，洗澡，把三林伺候得跟个皇帝没啥两样。"[3]小说开头中的继父形象（1960 年）与小说末端的继父形象（1950 年），在打乱的时间链条中，相互映照，叙事张力由此生成，其人物形象也顿时活了起来。

对于这种故意破坏小说顺序的叙事行为，荷兰叙事学家米克·巴尔有一段相当精彩的论述："有种种打断这种线性叙事迫使读者更为精细地阅读的方式。如果顺序安排上的偏离与某些常

---

① 李君威：《昨日之岛》，《作品》2017 年第 6 期，第 71 页。
② 李君威：《昨日之岛》，《作品》2017 年第 6 期，第 72 页。
③ 李君威：《昨日之岛》，《作品》2017 年第 6 期，第 140 页。

规相应，就不会特别醒目。然而错综复杂的偏离，就会使人尽最大努力以追踪故事。为了不失去线索，必须关注顺序安排，这种努力也促使人们仔细考虑其他成分与方面。对付顺序安排并不仅仅是一种文学常规，它也是引起对某些东西注意的一种方法，它可以实现强调，产生美学和心理学效应，展示事件的种种解释，显示预期与现实之间的微妙差别，以及其他诸多方面"①。事实上也是如此——为了梳理清楚故事发展的脉络，我必须不断地在小说的字里行间寻找时间线索，并一一在纸上按照时间顺序重新进行排列。这当然是一种有难度的阅读。然而，经过这样一番"不得不进行"的精细阅读与梳理，小说的内容便愈加深刻地烙印在脑海中。作为阅读者的我对小说的喜爱与认可也随之多起来——不经过艰难的梳理，便无法更切身地体会到这部小说在形式上的复杂与在错乱中生成的叙事张力。

也正是这个原因，使得我在有限的篇幅里不得不专注于分析李君威小说的叙事，而遗憾地放弃了对他小说其他亮点的分析——比如宋洁茹与陈一飞之间既热辣深情又显得病态畸形的虐恋，比如小说中对死亡的书写，比如在身体与性书写上的成熟，比如小说中"河""岸""梦""北方巨型广场""绿色蚂蚁""小母牛"等的象征与隐喻，都是值得深入进行探究的所在。

李君威至今只创作了两部小说——5.6万字的《河与岸》与10万字的《昨日之岛》。在小说创作上，他一出手便直奔对语言、结构、思想都有相当高要求与高难度的中、长篇小说，并以"全新的构思"在叙事结构的复杂性与可能性上进行了可贵的探索。这不仅需要才华，还需要勇气。李君威的小说给我带来了相当多

① ［荷］米克·巴尔：《叙述学：叙事理论导论》，谭君强译，北京：北京师范大学出版社，2015年版，第75页。

　　　　　　　　　　　　　　　　　群像与个体　|

的惊喜与震撼——凭借这两部小说，李君威已然成为了"90后"作家群体中最值得我们期待的作家之一。

发表于《作品》2017 年第 8 期

第三节　理性与反理性

在当下的"90后"作家群体中，路魆与索耳这两位广东的"90后"作家颇引人注目。他们的作品频繁在《作品》《文艺报》《青年作家》《小说选刊》等各大文学刊物亮相。同为"90后"，同为广东人，他们都选择以小说为路径，呈现他们对于世界的个体化观察。然而，他们的作品在叙事主题、叙事策略上又截然不同，并各自形成了独特的美学风格。

一、路魆：在臆想中言说

路魆，本名陆嘉伟，1993 年出生于广东肇庆，现生活于广州。称路魆为新锐，再合适不过了。自 2016 年 9 月在《青年作家》发表小说处女作《拯救我的叔叔卫无》以来，短短一年不到的时间，他又陆续在《作品》《天涯》《西部》《文艺报》《青春》《广州文艺》发表了多篇作品。此外，我还读到他《凶年》《林中的利马》《西鸟》《鸦肉店》等多个暂未发表的短篇小说。这多少令我感觉到惊奇——一方面，从这些刊物来看，路魆文学创作的起点颇高，这说明路魆小说在水准上达到了一定的高度；另一方面，从作品数量上看，路魆显然属于那种勤奋的创作者。这种惊奇之感，构成了我对路魆其人其文的初始感受，它出现在我仅仅翻阅他提供给我的发表记录而尚未细读其小说文本之时。

在我真正细读了路魆的 13 篇短篇小说、两篇散文、两篇创作谈之后，这种惊奇转变为了一种惊喜。路魆的小说作品有着极为独特的风格。具体来说，他的作品都有一种真假难辨的特质——他笔下的人物大多是臆想症患者，真实与臆想在他的小说文本里相互交织，时常给人以神秘、苍凉、阴郁、恐怖之感。路魆热衷于言说死亡，在他的笔下，死亡的阴影无时无刻不在。路魆的作品多讲述人的怪癖与异事，比如在监狱中臆想成狂的叔叔卫无（《拯救我的叔叔卫无》）、沉迷于观察蜂巢的父亲（《阴蜂》）、远离尘世解脱无道的利马（《林中的利马》）、与牛头肉纠缠一生的马伦（《凶年》）、死而复生并以孙悟空之名自称的奶奶（《柊药》）、擅长烹制乌鸦肉的荒木与阿庆（《鸦肉店》）。这些奇特之处，正是路魆深入挖掘人性的切入点。在叙事上，路魆显然有意地将这些人放置在一个独立、模糊但又总显得阴森恐怖的环境之中。小说中的故事没有明确的发生时间，也没有确切的发生地点，其中的人物多处在远离人世的森林、监狱、医院、工厂里，他们往往孤独地存在。路魆的笔力集中于书写人物的内心波动，而无意于对我们的现实生活进行复制与再创造。也就是说，路魆的小说是向内挖掘的。在这些小说中，我们无法看到那些波澜壮阔的历史画卷，也无法看到细致而真实的生活图景。我们只会因其中呈现的人的痛楚、困境、救赎、臆想、疯狂与残酷而感觉到一种从内心奔涌而出且无法抵抗的战栗。从这一点来说，路魆的小说具有鲜明的现代主义色彩——它是超现实的，它令人想起卡夫卡。

这些独特的小说气质，或者说独属于路魆个人的小说元素，在其处女作《拯救我的叔叔卫无》中就已经明显地表露出来了。小说中，"我"突然接到叔叔卫无从遥远的监狱里写来的信，让"我"去拯救他。当"我"走进那神秘而诡异的监狱，像是进入了一个独立的新世界。监狱里的人，无论是作为囚犯的叔叔"卫无"还是作为监狱执法者的监狱长与狱卒，他们的举动与形象都与"我"所在世界中的人截然不同。这是一个奇怪的世界，这里有一群奇怪的人——"庞大的监狱被一圈高墙围闭着，像跟外界断绝联系的皇室城堡，保持着与日俱增的孤寂感和独立存在的运作机制"[①]；20 岁的"我"首次踏入这间监狱，狱卒却说"你的名字在探访名单上呢，几十年前就已经写在上面了"；监狱里的人每天要去澡堂洗浴，借此"用最强大的理智去对付每时每刻都会出现的噩梦"；叔叔卫无在监狱里用其意识虚构了一个内应荒木，然而荒木实则就是卫无本人。这些幻象与臆想，甚至让"我"亦成为了"一个虚构出来的人物"，因而"我"所看到的、所经历的一切便土崩瓦解，亦只是臆想之一种。凡此种种，都在消解小说的真实性与现实性。因此，与其说路魆在描绘人的生活，不如说路魆在刻画人死后的灵魂世界；与其说路魆在书写一种真实，不如说路魆在书写一种幻觉。

幻觉是理解路魆小说的关键词之一。路魆称自己为"超现实主义神经病"，认为"写小说是为了能出现幻觉"。他的大部分小说都以书写幻觉为目标："今天的空气中充满那种痛与幻的变体，如同一个个细菌，却更加顽强、凶猛。每个写作者都握着一杆枪，瞄准令他们最有切肤之痛的目标，扣下扳机"[②]。小说《圆神》通篇如同一部剪辑错乱的幻觉大戏，其中"我"时而扮演圆神工业——一家同时生产饮料与农药的工厂——的保安，时而是服装店玻璃橱窗里穿着大裤衩的男模特；小说中的"导演"时而指导"我"的表演，时而又客串为女人玄玄，与"我"做爱；在这些随意变换的幻觉之中，"我"从睡梦中醒来，发现自己睡在

---

① 路魆：《拯救我的叔叔卫无》，《青年作家》2016 年第 9 期。

② 路魆：《幻痛的射击者》，《文艺报》2017 年 5 月 3 日。

工厂的宿舍里；"我"仍是保安，去值班的路上，"发现整个厂区都是野兽，大象、豹子、成群的火烈鸟，脖子绑在一起的两只长颈鹿。它们撞开每个场景间的巨型帷幕，自由穿梭"；此刻，梦醒之后的"我"仿佛又置身于幻觉大戏之中，因为"我从缺口放眼望过去，蓝色的古希腊，咖喱浓郁的印度，伊朗的硝烟……无穷无尽"。可以说，小说中发生的一个个事件只是一场接一场错乱的臆想。

幻觉与臆想，原本就是毫无逻辑可言的。所以，在我看来，路魃笔下的幻觉中，发生了怎么样的故事已经不那么重要。重要的是，路魃在作品中所构建的荒谬而有着强大隐喻的"独立世界"——《拯救我的叔叔卫无》中神秘而诡异的监狱、《圆神》中的工厂、《林中的利马》里隐藏在森林深处的别墅、《围炉取冷》中孤岛般的医院、《窃声》中的王家园小区……它们都自成一体、远离人世。然而，我恰恰认为，这种远离实质上正是一种隐晦的人世观照——这些世界指向的正是我们所处的现代社会。比如，在孤岛般的医院中，"我"与其他医生分区而居，难以相见，因为"区域是不能乱跨的，因为有人曾经试过乱跨区域，被革职，最后被人发现死于野外。恐怖的禁忌是我们心里长久以来的法度"。这实质上正是我们现代人孤独、牢笼、隔离等精神状况的一种隐喻。又如《圆神》中的工厂，"我创造的圆神工业，是一个现代化的地狱，那些无休止、无缘由的劳作，就是孟婆汤，只要动手劳作了，就是自我遗忘、自我赎罪。忘忧之地，艺术的天堂"[①]。所以，路魃笔下的世界，不是具象而是抽象的，不是物质的而是精神的。路魃在幻觉与臆想中书写荒谬，在荒谬中袒露人性。也正是在这个意义上，路魃的小说虽不呈现现实生

---

① 路魃：《圆神》，《广州文艺》2017 年第 7 期。

活，却同样有着尖锐的批判力量。

路魆不在乎现实生活的表象与世俗，而是直抵人心深处的焦虑、困惑、挣扎与恶。他笔下的人物大多是病态的、畸形的，所言所为都显得匪夷所思；他建构的世界中弥漫着阴郁、冰冷与死亡，时常呈现出一幅末日景象，如同艾略特笔下的荒原。他小说的来源不是理性、逻辑与经验，而恰恰是反理性、反逻辑、反经验的潜意识与臆想。比起真实，路魆显然更相信幻觉的力量。这种写作路数，令我不得不怀疑——在路魆走上文学创作的过程中，他应当深受当代作家残雪的影响。这令我想起残雪阐释自己创作之时的一段话：

> 现在我的小说的特殊性已经得到公认了。然而，如果有人直接问我："你写的究竟是什么具体的故事？你是怎么写出来的？"面对这样的问题，由于内心深恐产生误会，我只能回答说："不知道"。从通俗的意义上来说，我的确不知道。并且，我是一个有意地让自己处于"不知道"的状况中来写作的人。由于信仰原始之力的伟大，我必须将其放在虔诚的、人为的蒙昧氛围中去发挥，以使自身挣脱陈腐常规的羁绊，让强大的理性化为无处不在的、暗示性的激励和怂恿。[①]

在创作路数上，路魆显然与残雪如出一辙。他的创作亦是远离具体的社会，文字的生成依靠于那些无处不在的幻觉与暗示："当我写作时，我感觉自己离这个时代很远，仿佛循着微光，回到了先知存在过的年代"，"自我怀疑、迫害妄想、极度敏感，让

---

① 残雪：《一种特殊的小说》，见《残雪文学观》，桂林：广西师范大学出版社，2007年版，第119页。

我活得如坐针毡，我应该停止手上所有的工作，躲进自己营造的静止的以太中。然而我不能，我在人流中行走，被刺痛，被迫去感受，一个眼神、一声呼啸都是痛苦的暗示。"①——这样一种文学创作姿态，与索耳显然是不一样的。

幻觉之外，另一个理解路魆小说的关键词是死亡。弗洛伊德曾提出，人的潜意识心理结构中存在着生命本能（Libe instinct）与死亡本能（The death instinct）两种基本本能；另一位心理学家弗洛姆也认为人具有"生的动向"与"死的动向"。死亡本能（死的动向）在人的意识中占主导地位时，人则迷恋死亡，并有一种趋死的意象。死亡是路魆与索耳都热衷于书写的对象。在路魆的小说中，死亡无处不在，并且，其中的人物大多具有趋死的特征。然而，更独特之处在于，死亡在路魆的笔下往往并非生命的终结，而是新生命的开始。《柊药》中奶奶"死而复生"，《围炉取冷》中哥哥在死后五天复活，《鸦肉店》中人死后会变成乌鸦，《林中的利马》中利马死后成为"自然的潘神"。显然，死亡是路魆书写的另一个重要对象。与此同时，死亡还是路魆创作的原动力。如果说残雪是路魆创作道路的引路人的话，那么，死亡则是激发路魆走上文学道路的根本动力——"阅读之初和写作之初，我都是为了解决自己内部对死亡的困惑，至少在我祖父母去世后的那几年里，我的写作一直是在内部空间中寻找死亡的哲学意义，以抵消它携带的世俗悲痛对自身意志的巨大消耗"②，"我用他的死亡来搭建我的想象王国，他的爱与恨在我的小说里得到了变形，没有升华，也没有堕落，只仿佛独立了起来"③。可以说，路魆痴迷于书写死亡，并生成了其独特的死亡观。

---

① 路魆：《幻痛的射击者》，《文艺报》2017 年 5 月 3 日。
② 同上。
③ 路魆：《死与蜜》，《天涯》2016 年第 1 期。

总的看来，路魆的这十几篇小说如同在臆想中言说，真幻交错，生死相依，呈现出独特的美学特征。当然，路魆偶尔也会用力过猛。所谓物极必反，过重反而可能显得轻飘。同时，我也有一种担忧——假如他一直这样写下去，继续在这种真幻融合、苍凉阴翳的个体故事里言说，是否能继续呈现出或是更深入或是更新颖的洞见来？作为一个创作者，如何避免重复是他不得不面对的艰难问题。因而，我更愿意认为这是他这一阶段的特点。如同余华 80 年代的冰冷的先锋叙事到 90 年代的现实转型，我也期待路魆能够有下一个阶段的突破，这样他能走得更远。

二、索耳：隐晦与多重指向

与路魆小说的臆想特质一样，索耳的小说也生成了其独特的美学特征——隐晦与多重指向。

索耳，本名何星辉，1992 年出生于广东湛江。索耳在高中时期就已开始创作，2013 年以索耳为笔名开始发表作品，至今已在《作品》《山花》《长江文艺》《芙蓉》《青年作家》《当代小说》等刊发表中短篇小说近 20 篇，其中《所有鲸鱼都在海面以下》《南方侦探》还被《小说选刊》《中篇小说选刊》转载。2017 年夏天，索耳从武汉大学毕业，获得了比较文学硕士学位。

坦白说，阅读并试图解读索耳的小说并不是一件容易的事情。比如，我在阅读他最初发表的作品之时，心中就闪现出了许多的困惑与不解——《卡拉马佐夫线》中，这个标题到底是何意、与小说文本有何联系，至今我仍看不清楚、想不明白。这种隐晦特征，在他之后的小说创作中也一直延续着。我们很难如同以臆想、幻觉、死亡等为关键词归纳路魆的写作主题一样，用三两个关键词汇去总结索耳的小说创作。显然，这是他有意为之。在创作谈《我所追求的是异质之美和审美共存》中，索耳说道："我希望自己的小说有一种无可定形的状态，同时和主流文学审美保持距离"，"我觉得多一点不确定性不是坏事"[1]。这样一种文学观，使得索耳的小说文本具有了多种解读的可能性。但是，与此同时，我们也无法确认，哪一种解读才是索耳真正的创作意图。甚至于，我还暗自怀疑，有些作品索耳自己本人也无法三言两语说清楚他到底想要表达什么。

纵观索耳的小说作品，可以发现一条较为清晰的分界线——《卡拉马佐夫线》《铸刀师的遗产》《调音师的依米酱奈》等是其练笔之作，初见索耳在小说叙事上的尝试，然而文本的力量始终有限；《蜂港之午》《杀观众》中其笔法逐渐走向圆润，可看作其过渡期；至《前排的幽灵》《所有鲸鱼都在海面以下》《南方侦探》《在红蟹涌的下半昼》，小说文本的内容与结构愈加协调，相互支撑，使得文字隐含的力量愈加强大。与此同时，《显像》《白琴树苑》则显示出索耳在叙事上的"异质"与"新变"。

《前排的幽灵》带有一种神秘的气息，其指向的是记忆、勇气与救赎这样深刻的文学主题。在老詹多次的梦境与殷姑对其独特的拯救治疗中，老詹记忆深处的恐惧被一点一点地挖掘出来。在那个疯狂而残酷的特殊年代，站在前排眼睁睁看着父亲被打死的一幕，对老詹的一生产生了不可磨灭的影响。之后，老詹再也无法站在前排，看电影始终选择坐在最后几排，看球赛也认为坐在前排有生命危险。在小说中，老詹的朋友瓦沈建是这一记忆的挖掘者，他或是暗示（如假装无意地告知老詹"我"的父亲是被人打死的，这令老詹沉默数秒，最终仍不敢面对，只能转移话题），或者直言（直接告知老詹："你是幽灵"，而他的任务就是拯救正在消亡的幽灵），或是震喝（"你不喜欢坐在前面，是因

---

[1] 索耳：《我所追求的是异质之美和审美共存》，《文艺报》2017年7月3日。

为对前排的位置有一种恐惧感，你害怕坐在前排，因为你以前坐在上面，你曾经是最前排的观众。你看到了一些让你恐惧的东西……你亲眼看到了你父亲活活被殴打的场面"）。现在与过往、真实与梦境的相互交错，使得小说在结构与内容上相互支撑，生成了一股巨大的张力。

如果说在《前排的幽灵》中，我们还能看到索耳在叙事结构与叙事意图上有意为之的痕迹的话，那么，在《在红蟹涌的下半昼》里，这种隐晦与多重指向则潜藏于流畅自然的日常书写中。这篇小说的情节极为简单——一对年轻夫妇，在电视上看到红蟹涌的风光广告，并于第二日前往红蟹涌度假。这是极为流畅的日常生活书写。然而，小说却饱含隐喻色彩，直指现代人的生育焦虑。两人在生小孩问题上的争执、"我"所梦见的蟹脚雨、把宠物猫寄养在朋友处、打捞不到海鲜却每日坚持出海的渔民、倒塌的东岸海湾大桥、妻子对烟瘾的压制与放纵、一言不发的古怪导游被我们推下海、岛上漫天遍地的红蟹令我们落荒而逃、到家之后再去接回猫（"我们唯一的孩子"）……这些日常化的现实与不合逻辑的超现实杂糅在一起，最终聚集在一点：生育焦虑。一方面，是父母在催生，妻子也开始动摇，想要生小孩却又含糊其词；另一方面，是将宠物猫当成唯一孩子的我们对于不生育生活的一种满足。这对年轻夫妇的矛盾与困惑、孤独与恐惧，在简单的日常叙事中若隐若现，令人印象深刻。

在《显像》与《白琴树苑》中，索耳的叙事探索值得一提。在《显像》中，索耳将《照相馆》《多少》《他山之石》《酷刑》《世上最好吃》《乙酸异丙酯》《审片人》《陌生的游戏》《上将和马》《一次刺剪》10个毫无关联的独立故事，组合成一篇小说。在《显像》这一大标题之下，试图呈现出人的存在之荒谬与艰难。《白琴树苑》中，亦是这多个故事相组合的叙事方式，只不过，故事与故事之间还略有关联。小说每一节的叙事对象与叙事口吻都在变幻，索耳试图在偶然之中勾勒出那无形的必然命运来。这种写法，在《蜂港之午》中索耳曾使用过。

前面我们说到，路魆的小说集中书写幻觉与臆想，是反理性、反经验、反逻辑的。那么，索耳的创作风格与路魆恰恰相反，他无比理性，每一个词语与句调，都试图在呈现与遮掩之间，传递他的创作理念与意图。作为一个比较文学的硕士研究生，索耳阅读了大量的中外作家作品，并形成了其充满理性与学术气息的一套文学观念。换而言之，他有他个人的一套参照体系与创作法则。他在《我所追求的是异质之美和审美共存》《空间赋格与双重虚构》等文章中对此有着细致的论说。他是这么论述的，也是这么创作的。隐晦与多重指向作为其实践创作理念的叙事策略之一种，构成了索耳所追求的"异质之美"。这种美学特质使得索耳的小说形成了独特的叙事风格。然而，我们也需要警惕的是——异质不等于无止境的反叛，隐晦与故弄玄虚也截然不同，多重指向也可能走向意义消解。

三、并驾齐驱的"两辆马车"

综合起来比较，我们会发现，路魆与索耳的小说创作有着相当多的共同点。比如他们都对死亡书写情有独钟；他们都关注隐藏于现实生活表象之下的真实；他们在作品中都常常借助于梦境、幻觉来消解真实，与此同时又在虚构另一种真实；他们都擅长运用隐喻这一叙事策略；他们都有着令人惊讶的想象力；他们都曾借助一段个人记忆的复苏来呈现历史上我们曾经历过的灾难以及它给人带来的持久的伤痛（如路魆《凶年》借助马伦饥饿记忆的苏醒来呈现大饥荒，索耳《前排的幽灵》则借老詹的记忆书写"文革"给人带来的创伤）。

　　　　　　　　　　　　　　　　　群像与个体　｜

然而，这两个"90后"作家的叙事风格与美学特征又是如此相异。路魆的小说是反理性、反经验、反逻辑的，而索耳的小说则是理性、经验与逻辑的；路魆的小说作品弥漫着一股阴冷之气，时常令人头皮发麻，索耳的小说则如冒头的冰山一角，在看似普通中隐藏着巨大的力量；路魆的小说时常构建一片独立于现实的荒谬世界，而索耳的小说则紧紧扎根于我们的现实世界；路魆的小说源自于个体的感性体验，而索耳的创作则遵循着一套理性而学术的文学观念，这些观念来自于中外数十个国家的作家作品。

　　一个有趣的事实是——路魆，一个在广东工业大学学习给水排水专业的工科男，其写作依靠的不是在工科男身上常见的理性，而是幻觉、臆想等感性资源；索耳，一个比较文学专业的典型文科男，其写作依靠的恰恰不是文科男身上常见的感性，而是一整套理性的文学观念。这样一种知识背景与创作特色的反差，有力地显示出他们作品风格的独特性。

　　最后，我需要说明的是——从现阶段的"90后"小说创作来看，路魆与索耳可谓是广东本土"90后"作家中并驾齐驱的"两辆马车"。如今，这两辆马车都已经上路，朝气蓬勃，锐意无限。当然，这并不是一条容易通行的道路，他们可能会遇到荆棘、坑洼甚至悬崖。然而，我始终希望，他们能够走得更远。

　　愿他们继续奔驰下去。

发表于《作品》2017 年第 9 期

第四节　内心的世界

一、细腻、内敛的现代叙事

读到的第一篇王苏辛小说作品是《漫长的一天结束了》(《作品》2016 年第 2 期)，小说浓郁的神秘气息和隐隐露出的残雪式气质令我印象深刻。这是一篇极具现代主义特色的小说——它以诗意的语言将一段漫长的历史融汇在短暂的时间里，其中，幻象与现实反复交错，光线与声音奇异融合，人物内心复杂的情绪一丝一缕地细腻浮现。之后，又陆续读到《战国风物》(《大家》2015 年第 6 期)以及王苏辛 2017 年发表的 3 个短篇新作《我不在那儿》(《山花》2017 年第 3 期)、《他常常经历着不被理解的最好的事情》(《小说界》2017 年第 3 期)和《犹豫的时候更接近道德》(《花城》2017 年第 3 期)。这 4 篇小说，有 3 篇以家庭内部关系为叙事对象，语言细腻，叙事内敛而克制。在这些小说中，王苏辛不仅显露出她在叙事上的现代探索，还呈现出扎实、细密的写实功夫——对于许多"90 后"写作者而言，写实比虚构更为艰难。倘若缺少一个坚实而合理的实在外壳，天马行空的想象与虚构落在小说文本当中总是容易显得轻飘、无力。这要求"90 后"写作者不仅得有对纷繁人世的细致观察，还得具备能够准确捕捉细节的敏锐与紧贴生活的表达能力。换而言之，这是一种综合能力，它在方方面面考验着写作者。因而，当我读到王苏辛书写的几篇小说后，王苏辛的第一副面孔便自然而然地生成了——她细腻、内敛的现代叙事在"90 后"写作者当中具有相当的辨识度。这样一种文字风格，令我想到伍尔夫、残雪与阎连科，也令我想到毕飞宇与贾平凹。这几个作家的重叠，显然有些怪异，但它却一再地浮现在我的脑海中。换个角度想，"怪异"也是好事，它至少表明，王苏辛的作品是独具一格的，带有鲜明的异质性。

王苏辛的小说，书写家庭，同时又拒绝鸡毛蒜皮之事进入小说文本。她小说中的重心，始终在人，在心，而不在事件——这恰恰是现代主义小说的重要特征。传统小说所追求的鲜明形象、连贯故事与完整结局，在王苏辛大部分的小说中都难觅踪迹。《漫长的一天结束了》的核心情节并不复杂。纪云清与丈夫宋祁结婚5年，但大多以通信交流。宋祁的脸部遭遇恶疾回乡之后性情孤僻，与妻子更是渐行渐远。直到有一天，宋祁在洒水车撞上榆钱树后离奇失踪。而事实上，宋祁多年来就深藏在纪云清窗户对面的星辰旅馆——一个简单的故事，但读起来并不容易。小说中，叙事视角在纪云清、宋祁、朱白、余庆4人中快速转移，过去与今日反复切换，幻觉与真实杂糅一体……凡此种种，都透露着一个信息——这并不是一篇能够让读者快速进入且读得过瘾的传统小说作品，因为小说的主旨并不在于故事，而在于小说中人物的复杂心理状况。王苏辛在文本中设置了层层迷雾，试图呈现的是人内心深处的孤独、柔弱与欲望，以及掩盖这些真实内心所需要承受的灵魂之痛——当然，这样一种我所认为的指向在小说中同样是含混的、模糊的。

因此，这篇小说要求读者得有高度集中的注意力、细致的观察力以及足够的耐性。作品对读者进行严格要求，这令我想起美国彼得·盖伊教授的一句话："先锋派小说家要求读者必须对作品投以百分之百的注意力，而这是以前殷勤讨喜的传统小说家不会惹的麻烦"[1]。然而，正是这样一种神秘、隐晦、断裂、多义的"不讨喜"，彰显出写作者的探索勇气与鲜明个性。短篇小说《他常常经历着不被理解的最好的事情》同样是王苏辛小说中

---

[1] ［美］彼得·盖伊：《现代主义：从波德莱尔到贝克特之后》，骆守怡、杜冬译，南京：译林出版社，2017年版，第119页。

带有明显探索性质的一篇。相比较而言，这篇小说的情节更为淡化，通篇是齐彭和张卿对几位画家画作的点评与感悟。他们之间的对谈，是对画家画作的一次重读，同样也是对于自己内心的再审视。观看、讨论他人之画，悟的却是齐彭自己的心，因而，它更像是一篇思想随笔，一篇哲学笔记。小说中，时常闪现出能够引人深思的话语："巴图那说过'每个人最熟悉的语言都来自童年'，但还有后半句'每一个童年的真正确立，是这个人最后站的位置'"，"迟疑本身就是底色"，"自己是通道和方式"，"用自己去认识世界，自己变了，世界随之打开，不过自己和世界本不就是一体的吗？"①……在这些辩证的背后，他们所抵达的，是自己的内心，是关乎自己如何存在的法则。

自幼学画的经历，赋予了王苏辛对色彩、光线的敏锐感知，令她能够娴熟地以画入文。在王苏辛的小说中，形、声、色巧妙地融为一体，画面感十足，并在通感中生成令人印象深刻的诗性气质。"那声音并没有就此放过他。随着一阵忽远忽近的洒水车走过的声音，那噔噔噔的声音仿佛又变大了。导致它在洒水车的歌声中显得有些突兀，像是一块生长在身体外部的肿瘤，无限扩大、镇痛，并且无法拔除"，"循着不知哪里升起的橙黄色灯笼，她看到那辆熟悉的洒水车。这时她才注意到，它是绿色的，甚至开始融合进灯光里，变成长长的一条，像是一列喷着水的绿皮火车，车灯的两头如宋祁在那个夏季突然冷漠起来的双眼，直直地开到了她的心里"②。或是从形到色，或是从声到形，或是形声色集于一体，借助这些奇异的比喻，王苏辛将人物隐秘的心理一丝丝地描绘成一幅幅细腻的画面。这不仅需要敏锐的观察力，还

---

① 王苏辛：《他经历着常常不被理解的最好的事情》，《小说界》2017 年第 3 期。

② 王苏辛：《漫长的一天结束了》，《作品》2016 年第 2 期。

需要精准的捕捉与表述。

　　王苏辛具备这种能力——它不仅体现在那些探索性较强的小说中，同样也在诸如《我不在那儿》《犹豫的时候更接近于道德》等写实性较强的作品里。我向来认为，在细微处更能够清楚地看出一篇小说的优劣。《我不在那儿》中，有两个细节给我留下了深刻的印象。小说中，不断离家出走的父亲终于一去不回，只留下一个行李袋。起初，行李袋塞在柜子最底层。在父亲出走的那个清晨，"等我下了狠心从被窝里钻出来，走到地板结冰的洗手间时，就只能看见外面立着的行李袋了"。而一个月过后，父亲仍未归家，他的行李袋"瘪了下去"，"它空落落地张开一条缝，潮湿的墙灰飘在拉链边缘，像一把散发着腥味的头皮屑"①。从"塞在柜子里"到"立在外面"，从"立着"到"瘪下去"，从"瘪下去"到"落满墙灰"，透过行李袋的姿态变化，映照出的是父亲出走前后我们家庭悄然转变的状况。另一个细节则巧妙地塑造着母亲的形象："父亲走后，母亲一度想给大门换把锁，不过换锁的师傅说得一百块，她就迟疑了。过了几天，她就再也不提这件事"②。换锁是对父亲的愤懑与报复，暴露出母亲心中的极度不快；迟疑与再也不提，是内心愤懑与物质生活的一场暗自较量。显然，愤懑并不值100块，这生动地显现出她一个普通居家主妇的形象。

　　相对于《我不在那儿》《战国风物》这两篇情感与叙事都相对内敛的小说，《犹豫的时候更接近于道德》同样书写家庭内部的夫妻、父女关系。然而这次的书写则如同剧烈迸发、爆裂的火焰。这多少令我感到意外。小说完整地讲述女儿如何成功挽救了一个因第三者出现而摇摇欲坠的婚姻家庭——在这之前，王苏辛

---

① 王苏辛：《我不在那儿》，《山花》2017年第3期。
② 同上。

总给我一种她从不把一个故事讲述得清晰完整的感觉。小说中，女儿在向父亲展示各种照片时的情感流露，饱满而充满力量，不断涌出的泪水也尤为煽情——而在这之前，我一直将王苏辛划入冷静、内敛的写作风格中。

伴随着阅读的继续，更大的意外与惊喜随即出现。在读王苏辛的短篇小说集《白夜照相馆》（北京联合出版公司，2016 年）时，王苏辛的第二副面孔逐渐浮现而出。

二、建构一个新世界

求学、毕业、工作——这几乎是所有"90 后"的共同经历。换而言之，我们都生活在极度相似的环境里。对于"90 后"写作者而言，我们必然要正视的一个普遍写作困境是：面对大同小异的生活体验，如何写出属于自己的独特来？面对这纷杂的社会，以我们相对有限的人生阅历与经验，该如何去挖掘洞见与深刻？这是每一个有志向的"90 后"写作者都无法回避的问题。倘若拒绝这种思考，一味人云亦云、拾人牙慧，怕是只能陷入无尽的重复中——张三笔下的青春故事与李四笔下的青春故事实质并无区别；王二小说的题旨与刘五的言说亦是如此相似。如此下去，他们只能"泯然众人矣"。因而，对于"90 后"写作者来说，学习、观察与探索的脚步仍不能停止。当大多数人都透过大门观察这个世界之时，从旁边窗户望出去可能得到不一样的风景；当大多数人透过窗户观望时，或许在门缝里我们又有狭小却精彩的收获；当大家都从大门、窗户、门缝里打量这个世界的时候，勇敢走出去又可以得到一片广阔的新天地——这就是文学所需要的独特。于是，我们看到，有相当数量的"90 后"写作者，在小说作品中从技术层面不断地进行叙事探索。或许这些探索此刻仍稍显粗糙、青涩，却可贵地彰显出了他们的抱负与勇气。

小说是叙事的艺术，但同时，小说也是一门关于虚构的艺术。虚构来源于想象。然而，大多数"90后"写作者事实上并未能够真正发现并正视想象力的巨大能量。我们时常忽略了一个常识——我们生活的世界是一样的，我们的经历是相似的，但是，我们的想象却是无穷无尽、独一无二的。也就是说，通过想象，我们完全可以再造一个新的世界，完全可以在这个想象的新世界中展现我们对于所处真实世界的观察，完成对真实世界的批判。这与从叙事视角、叙事结构、叙事语言等技术层面出发去生成自己独特性的路数截然不同，它完全是另外一条道路。

　　在叙事探索与细腻写实之外，王苏辛短篇小说集《白夜照相馆》充分地展现出了她丰富和独特的想象力——她的第二副面孔令我感觉到惊喜。与大多数"90后"写作者相似，王苏辛的人生经历并不异常跌宕起伏、精彩于他人。王苏辛也曾坦言自己的创作困境："没钱没故乡没户口，对大多时尚品牌一无所知却也不懂田间地头植物的姓氏"[①]。或许，这是王苏辛为什么不断地从内部家庭关系的书写中去呈现她对人与世界的种种思考的原因之一——家庭生活她总是熟悉的。在我的判断之中，这同样是王苏辛为什么借助想象力再造一个新世界的原因之一。我所读到的王苏辛绝大多数作品，要么是从家庭出发呈现她的生活体悟，要么就是在想象的新世界中传递她的观察、思考与批判。她巧妙地避开了自己所不甚熟悉的领域，从这点来说，王苏辛非常聪明。

　　在《白夜照相馆》《伴灵故事集》《下一站，环岛》《直立行走的人》《自由》《荒地》等小说中，王苏辛用她奇异的想象力建构了一个残酷的人类世界。如果以我们所处的真实现代社会为参照，她建构的世界或许可以称为后现代社会，是百年后、千年后

---

① 《当文学遇见红河——〈大家〉·红河中国新青年写作峰会暨红河少数民族文学发展论坛小记》，《大家》2015年第4期。

我们的后辈们所处的世界。透过她的描述，这个世界仿若"末日景象"——人类的生存环境极其恶劣，人们或是长出长体毛、尾巴与鱼鳞，从人异化为种种奇怪动物（《再见，父亲》）；或是在生长中不断萎缩，最后只剩拇指大小（《寂寞芳心小姐》）；或是在高温纪元中热死、熔化（《自由》）；或是潜居于幽暗、狭小的地下世界（《荒地》）。在这残酷的世界里，人们不断移民，从乡村迁徙到城市，从地表之上迁徙到地表之下；人们必须得借助伪造的历史获得此刻生活的合法性；为了存活，甚至可以无情地淘汰、处决自己的至亲；人吃人的景象肆无忌惮地在这个世界中上演……

　　凡此种种，我们可以看到，王苏辛在这个世界中为人类设置了一个又一个极端处境。雅思贝尔斯将这种处境称之为"边缘处境"："人们的处境归根到底有两类，一类是可以改变和避免的处境，再一类是不可改变、无可逃避的处境。这后一类处境就像是一堵墙，我们作为实存撞到它们必然失败，而且是绝对的失败。而且，正是由于这种绝对的失败才使我们震惊不已，认识到我们作为实存的局限性，并进而体验到'超越存在'，达到本真的我们自己。雅思贝尔斯把后一类处境叫做'边缘处境'"①。在王苏辛虚构的新世界中，人们始终处在死亡、苦难、斗争、罪过这四种"边缘处境"中。设置这样一种"边缘处境"，并不是简单地为了展示、炫耀她的丰富想象力，而是试图在极端处境中展现人性的真实与复杂，揭露存在之艰难，并呈现她对于我们当下社会的种种思索与批判。新世界有万千异样景象，然而，新世界中的人心、人性却与我们别无区别。换而言之，王苏辛只不过是将她所要讲述的故事放在了另一个世界里。因此，王苏辛的无边想

---

① 段德智：《西方死亡哲学》，北京：北京大学出版社，2006年版，第238页。

象，并不是缥缈云雾，它的一端始终紧紧与我们正在经历的真实世界捆绑在一起。

例如，在《战国风物》《犹豫的时候更接近于道德》等小说中，王苏辛都写到父母情感破裂、婚姻岌岌可危这一核心故事情节。在这两篇小说中，王苏辛笔下的故事发生在我们此刻的真实世界中，所以笔法细腻、写实，重心着落在剖析人物的复杂心理上。然而，当王苏辛将这一故事核移植到她所建构的想象世界，写法则有了明显变化。在《我们都将孤独一生》中，王苏辛如同创世神，为那个世界定下这样一条惩戒法则："因为居高不下的离婚率，在我们国家，离婚的人会变成雕塑镇守自家的宅子，而且，雕像永远不能进入家门"[①]。尽管如此，离婚的人仍不断增多，导致住在楼房里的人根本没有足够的空间摆放这样的雕塑。于是，小说中的"我"在父母愉快地离婚之后，到处为他们租房子以在门口摆放他们的雕塑，从此无奈地变成了新世界里的另类房奴。这个国度还存在另外一条法则，倘若变为雕塑的两人距离逐渐靠近，则能够重新化为人形，他们将复婚，再次生活在一起。小说中，"我"的父亲母亲多次即将化为人形，然而，却在一次次靠近之后又互相远离。最终，都只能是孤独的那一个。这篇小说同样书写夫妻之间复杂难言的感情，相互靠近却又相互远离，谁也无法真正地与另一半亲密无间。这恣意无忌的想象令人拍案称奇。王苏辛挣脱了现实社会的种种束缚，不再细腻地挖掘、勾勒夫妻双方的隐秘心理，写法从冷静、内敛化为了酣畅淋漓的荒诞与黑色幽默，使读者读起来津津有味，读完之后亦能引起种种深思。所以，这篇小说虽然短小，力量却丝毫不比王苏辛那些细腻书写弱。我甚至认为，借助这些奇特的想象与流畅完整

---

① 　王苏辛：《白夜照相馆》，北京：北京联合出版公司，2016年版，第46页。

的叙事风格，它给读者留下的印象要远远深刻于同类主题的《战国风物》。

在这些充满想象力的小说文本中，我们看到了一个创作路数更为丰富的王苏辛。她能够精准地捕捉、描绘现世界的人心，亦能够在另一个天马行空的世界里肆意飞翔。值得一提的是，王苏辛的想象虽然夸张、荒诞，但我们读起来却觉得可信。因为她的想象是有逻辑的，是符合情理的——这恰恰是许多文学创作者需要警惕之处。我们可以肆无忌惮地想象，但要将想象化作小说文本，则必须将人物与情节的种种变化落到实处，老老实实地遵守小说的基本规则——合理方能可信，可信方能产生打动人心的力量。

三、在荒诞中抵达我们的现代焦虑

在《白夜照相馆》这部小说集里，令我惊奇的不单单是王苏辛的想象力。

在我的文学理念中，文字表达能力与文学想象能力固然重要，但仅仅靠这二者，并不足以造就一个伟大的作家——我想强调的是，一个作家应当有怎样的胸怀与格局。文笔斐然的作家或许能够名噪一时，但真正伟大的作家，必然在文笔之外，有着异于常人的悲悯与深刻。他的目光放在一个人物身上，但他的心中关怀的绝不仅仅是这一个；他的笔墨着落在一个事件中，但在这一故事背后浓缩着的是一个社会与时代。托尔斯泰是如此，鲁迅亦是如此。

从王苏辛那些关注人物内心的现代小说，到小说集中的奇异故事，一路读来，我发现，王苏辛的笔锋逐渐从内心走向了社会，从逼仄走向了开阔。然而，我阅读的顺序与她创作这些文本的时间顺序似乎恰好相反。由此我也隐隐生疑——以她 2017 年

　　　　　　　　群像与个体　|

发表的 3 篇小说来看，她的创作是从社会走向内心，从想象走向了写实。当然，仅仅依靠这三个有限的文本，无法作出准确的判断。以我看来，在《白夜照相馆》这一小说集的作品中隐隐可见能够让王苏辛走向更为开阔格局的萌芽——这极为珍贵。

深入挖掘内心深处潜藏的欲望、孤独与恐惧，关注人的种种存在困境，可以说是王苏辛作品的一贯主题。在《白夜照相馆》《袁万岁》《伴灵故事集》《自由》《下一站，环岛》等作品中，王苏辛对于当下社会现象的关注、思索与批判，则更令我惊喜。在这些作品中，王苏辛不仅向内刻画人性的复杂与存在之艰难，同时向外抖搂出她的批判锋芒。她的关注点从一个人扩散至一个群体，从心灵世界延伸至我们的外在世界。

移民、城市化、身份认同与焦虑——这是王苏辛多篇小说都在着重书写的对象，也是我们当今时代正在经历的巨大变革。当今日变成历史，后人在图片、影像与一连串的数据中回望此刻的城市化历史浪潮时，他们会看到不断繁华、发达的物质形象，譬如愈来愈多的高楼，譬如愈加壮观的高架桥……然而，他们在图片、影像与冰冷的数据中看不到这一巨大变化中的卑微个体，看不到人们在城市化进程中经历的喜怒哀乐。但是，在小说中，这些卑微的兴奋、喜悦、焦虑、恐惧与疼痛，以及他们的残忍、罪恶，却能够一一复活、重现。这是文学的力量，也是文学价值所在之一种。王苏辛时常将城市命名为驿城——人们只能在城市中短暂逗留，无法真正扎根于此。在《白夜照相馆》中，无数移民抛弃故乡涌进驿城，伪造各种身份与历史，以求得一张在城市里追求更好生活的通行证。于是，专业造假的白夜照相馆客人源源不断。时时刻刻有人在"失踪"，时时刻刻也有人在"新生"。在"失踪"与"新生"之中，夹杂着的是无数秘密与罪恶。赵铭与余声是如此，李挪与刘一鸣亦是如此。城市化进程带来一种身份认同的焦虑。城市居民瞧不起城乡接合部的人群，城乡接合部的人瞧不起外来移民，甚至移民之间也互相瞧不起。一方面，一种无形却无比坚固的文化隔阂悄无声息地将城市中的人划分为众多等级，每个人都面临着身份认同的困境。比如，在《直立行走的人》中，"我们"是巨人，担负起这个城市有序运转的众多责任，却永远只能被称为"林安家的"，因为我们整个家族是这个地区的外人。"地区或者故乡这个称谓就像个形影不离的幽灵伴随着一个人的一生……无论到一个怎样辽阔的世界里，必须把自己圈定起来才能得到认同。"① 在《袁万岁》中，袁万岁并不被大家所认可，原因在于："其一，袁万岁并不算是林县百姓的父老乡亲，他来自垃圾场的垃圾堆，他是一个土生土长的外乡人；其二，垃圾场附近的林县人怎么能是真正的林县城里人呢……"② 另一方面，城市社会又通过抹杀语言来对所有居民进行规训与惩罚。弗朗兹·法农在《黑皮肤，白面具》一书中指出："讲一种语言是自觉地接受一个世界，一种文化"③。而在王苏辛的笔下，无论是自觉还是被动，城市只允许普通话这一种语言的存在。《自由》中，"有些老师因为沿用方言授课，被勒令停课整顿，直到能说出一口流利普通话，才准许上岗"④。《袁万岁》中"我"开始说普通话，病房里"温州人""北京人"全部改口说普通话，他们凶猛地喊道："杀掉河南话！""杀掉方言！""杀掉故乡！""杀掉！杀掉！"⑤ 这实质上是抹杀一切独特个性，暴力地将丰富化为单一，最后生成唯一的毫无特色的城市文化。一面是排斥与抵

---

① 王苏辛：《白夜照相馆》，北京：北京联合出版公司，2016年版，第128页。
② 王苏辛：《白夜照相馆》，北京：北京联合出版公司，2016年版，第92页。
③ ［法］弗朗兹·法农：《黑皮肤，白面具》，万冰译，南京：译林出版社，2005年版，第25页。
④ 王苏辛：《白夜照相馆》，北京：北京联合出版公司，2016年版，第179页。
⑤ 王苏辛：《白夜照相馆》，北京：北京联合出版公司，2016年版，第103页。

群像与个体 |

抗，一面是抹杀与统一，这两种姿态，不仅仅是一种想象，同时也是我们当前城市化进程中所暴露的现实一种。

王苏辛在这部小说集中对于社会与时代的思索还有许多，比如城市化进程中人的异化问题。《再见，父亲》中所有人在 18 岁之时都将异化为动物，而后被抛弃，被杀死，甚至被分而食之；在《猴》中，王苏辛再次书写"吃人"，他们吃下变为猴子的人肉，然后异化为猴，转眼又被他人吃掉。这些荒诞的真实，这些病态的狂欢，展露出王苏辛的批判锋芒，也隐隐显现出她的胸怀与格局。

阅读王苏辛的小说，犹如经历了冰火两重天。她的文字时而冷静而克制，时而肆意而奔放；时而用尽力气挖掘、剖析人深深隐藏的内心之秘，时而在奇特的想象中呈现荒诞的真实，以此呈现她对社会的种种思索。王苏辛的两副面孔，都显得如此鲜明。在她的作品中，我们看到了丰富的可能性。在未来的某一天，这两副面孔或许将融合在一起。那时，我们也许会看到一个更为惊艳的王苏辛。

发表于《作品》2017 年第 11 期

第五节　地域与信仰

鲜明的地域色彩，浓郁的宗教情怀，远大的创作抱负，这三者构成了我对丁颜小说的整体印象。丁颜出生在甘肃临潭一个传统的回族穆斯林家庭。这种生长环境和地理因素，使得她与回族、藏族、东乡族都有直接接触，这为她的写作提供了丰富的土壤。作为一个少数民族作家，她也热衷于书写那一片大地以及大地之上人与事，在我的判断中她甚至有为临潭画像的志向与抱负。从这一方面来看，丁颜的小说是有根的。作为一个"90后"新锐作家，丁颜的叙事温和却又不失锋芒，清淡又不失张力，时常从日常的生活琐碎中进入，不慌不忙地又将我们指引至对信仰、历史、罪恶、救赎、情爱、人性等厚重之物的思索中去了。

一、情爱的艰难

丁颜作品中，爱情与婚姻是一个被她反复书写的文学主题。《五哥》《雪山阿佳》《蓬灰》《最后一夜》等都在探讨着同样的问题——爱情是什么？婚姻该如何？这种追问被丁颜放置在许多种不同的场景之中。比如在《五哥》中，长年累月跑长途贸易的叔叔们在青藏高原的家外之家引发"我"对婚姻的种种思考；在《蓬灰》中，丁颜将哈伦、索菲亚放置在陌生的大都市深圳，让他们在喧嚣的孤独之中追问自己的爱情与婚姻；在《雪山阿佳》中，对爱情的思考被放置在信仰的尖锐冲突之下，卓玛阿佳与叔叔之间隐秘的情愫始终无法成为现实；在《最后一夜》里，探讨这些问题的场景更为独特——在医院，在死亡前的最后一夜里。以上处境，或多或少都带有一种极致之意。当然，在这些极端处境之外，丁颜也在日常生活中考量普通人普通的爱情与婚姻。《青春祭》即是如此。

从故事的角度出发，《青春祭》并无多少传奇色彩，它写的就是普通人身上发生的普通事。马宇向相恋六年的女友苏丹求婚，却没想到苏丹已经挽着另一人的手，向那人解释道："我的前男友，我跟你说过的。"在毫不知情中，马宇遭遇背叛，被失恋了。马宇与苏丹的爱情，并非是青春年少时任性肆意、无拘无束的爱，而更像是在青春已逝之后，在现实的大浪潮中艰难前行的一艘帆船。这是成年人的爱情，它与憧憬、浪漫渐行渐远，与现实日益联系紧密，它"更多的是考验之后的损伤，辗转反侧之后的取舍"。马宇因爱的丧失而感到痛苦，因痛苦而感到孤独，因孤独而感到彷徨，因彷徨而不得不思索自己的内心，"他竟一时困惑起来接下来的日子该如何度过，这一生该如何度过"。在失恋之后感觉到困惑迷茫，这很正常。问题的关键在于，如何走出迷茫？在这篇小说中，丁颜确切地向我们提供这样一种认知：失恋更大的价值在于为我们提供了一次自我审视的机会，祭祀之后或许就是新生。

在《青春祭》中，丁颜为马宇设置了两个引导者——牟媛与铁哥。在小说一开始就失恋痛哭、绝望的牟媛，最后在孩子们的身上再一次看清了自己的心，不再自暴自弃，而是"仍然要努力地生活，靠自己寻找自己的意义，确立自己在天地间的地位和角色，跟随万物生长与繁荣，保持纯净的心境，对生活少点要求，对自己的所得倍加珍惜"。这样一种感悟，与之前牟媛的痛哭流涕形成了强烈的对比。她最后面带微笑以一个过来人的身份向马宇传授经验，引导马宇走向自我审视："失恋之后最好开始再一次认识生活"。另一个引导者铁哥，则充满美好破灭之后的苍凉与被迫接受现实的无奈。铁哥也曾轰轰烈烈爱过，却因父母不同意而不了了之。在包办的婚姻中，铁哥无奈感慨"好不好我们自己心里清楚"。在小说中，铁哥的经历要比马宇复杂得多，因而也更像是一个历经了风吹雨打、能够承受所有心酸的兄长。正因如此，他对马宇的引导集中在"向前看"这一观念中："生命长且艰辛，前面的道路千万条，过去的风景已属过去，祭祀之后，不必留恋，无需回头"。显然，与牟媛的感悟相比，铁哥的感慨更为荒凉与悲伤。无论是牟媛、铁哥还是马宇，失恋都意味着一种能够再一次自我审视，意味着从青春走向成熟。

与《青春祭》中苏丹的背叛相比，丁颜其他小说中情爱的艰难往往来源于男女双方的信仰之别。在《达娃》这一篇书写信仰之争带来屠杀惨案的小说里，达娃在与穆萨新婚第二天得知他信仰的是新派后毅然就要分开："我是老派人的女儿，新派和老派之间有过杀了先人剜了脑髓的血仇，这些你应该比我更清楚的"。两个处境艰难的孤独者历经艰辛终于走在一起，然而却因信仰教派的不同，前一分钟还在相依温存，后一分钟就不得不走向分离。显然，信仰之别让他们无法再相互照顾相互取暖。当他们以认命之心态，去承受这些报应之时，我不由得想起阿维夏伊·玛格利特提出的疑问："我们有义务记住过去的人和事物吗？"[1] 达娃和穆萨都是屠杀惨案的受害者，都是无辜之人，然而却不得不承受这段历史记忆带来的持续伤痛。当穆萨说着"我们家都是好人"，试图以此作为凭证将个体（我们家）从集体（新派）中分离出来，祈求达娃的原谅时，穆萨对达娃的爱令人震惊与动容。然而，"我可以原谅你，但跟你在一起，我无法面对我那些死去的血亲们的亡灵，睡觉时都像是枕在他们的头颅上面一样。这样的心态跟你生活下去，情形一定是不堪设想"。换而言之，达娃无法原谅的不是穆萨，而是那一段血腥历史带来的无法摆脱的伤痛。因为，宽恕意味着克服愤怒与仇恨，而"如果只是依靠简单的忘记，就不是真实意义上的宽恕"[2]。

同一信仰中的新派与老派之争已然如此，而当两种不同的宗教信仰发生碰撞之时，爱情可能发生、结果的概率几乎为零。在《雪山阿佳》中，藏族人卓玛阿佳是虔诚的佛教信徒，而"我"

---

[1] ［以］阿维夏伊·玛格利特：《记忆的伦理》，贺海仁译，北京：清华大学出版社，2015年，第7页。

[2] ［以］阿维夏伊·玛格利特：《记忆的伦理》，贺海仁译，北京：清华大学出版社，2015年，第183页。

的回族叔叔信仰伊斯兰教。当阿佳知道"做了回族人家的儿媳妇，就必须信仰我们所信仰的"、死后更要被土葬之时，唯有将这份情感彻底埋于心底。在这篇小说中，丁颜以卓玛阿佳的故事为主线，以"我"的儿童视角，全面而深刻地呈现出了临潭地区藏民与回民既各自坚守又相互融合的生活。在日常生活中，藏民与回民能够和洽相处，譬如藏民罗尔布大叔便是"我"家的世交，"我"时常到他家与阿佳一块玩耍，甚至在他家有着独属自己的一套餐具。然而，一旦牵扯到各自的宗教信仰，譬如试图改变他人的信仰，这种融洽的氛围便会瞬间分崩离析。在这部小说中，无论阿佳与叔叔之间的感情如何美好、纯洁与深厚，他们注定无法在一起，症结就在于此。当曾受到厮杀血案伤害的老人说出："所有的被造物都来自造物主，谁也不比谁高贵，谁也不比谁低贱，都是大地的代治者，自由地挖掘和享受大地上的一切"；当小说引述经典："人类啊！你们的主是同一个主，你们的祖先是同一个祖先，你们都是阿丹的子孙，阿拉伯人不比非阿拉伯人优越，非阿拉伯人不比阿拉伯人优越。黑人不比白人优越，白人也不比黑人优越"——作者所呈现的只是一种美好的期待，而不是现实存在的美好。期待之美好恰恰代表着此刻难以言说清楚的悲伤与疼痛。小说尾声里，濒死的阿佳抓住叔叔的衣襟，无法言语，唯有泪两行；同样结婚生子的叔叔蜷缩起身体泣不成声。这当然是一个爱情悲剧，但它所呈现的绝不仅仅限于爱情。

二、临潭内外

以我看来，"90后"作家中，少数民族作家均有较为强烈的书写自己民族、地域与信仰的倾向。比如回族马贵（笔名马小贵），就写下了《祖莱哈，一座城市》《阿勒屯之歌》《古尔邦》等一批关乎自己民族地域与民族信仰的诗歌作品。与马贵相同，来自东乡族的丁颜，其小说也紧紧围绕着西北大地上的回民、藏民的生活与信仰而展开。她的两部长篇小说《预科》与《大东乡》，以及一批中短篇小说，书写对象均为自己的故乡和生活在那片大地上的藏、回、汉等各民族的人们。在一篇创作谈中丁颜写道："随着成长渐渐意识到，好的小说不是单靠想象就能出来的，它需要一个坚实完整的背景，犹如温暖明亮的火焰需要一堆柴火来维持，火焰燃烧余留下的灰烬的质地，不仅源于燃烧的程度，也源于柴火的硬度"，"对某一片土地太熟悉，连它的经脉延展都清楚时，它会顺着你的眼睛痛到你的心脏里来，以这样的土地和人文为背景，勾勒小说，像是在诅咒的艺术上踮脚跳舞……将自己所知的信息用故事的方式传达给读者，渐渐成为我写作的根本和方向"①。可以说，西北大地与青藏高原，为丁颜提供了极为丰富的写作素材，同时它们也是丁颜文学创作最重要的书写对象。

我试图给丁颜的小说做一次"发生地"与"人物所属民族"的梳理——

篇名	发生地	人物所属民族
《大东乡》	东乡	东乡族
《青春祭》	东乡、临夏	东乡族
《五哥》	临潭、西宁、拉萨、那曲	回族、藏族
《达娃》	临潭、夏河	回族、藏族
《蒙古大夫》	临潭	回族、藏族
《雪山阿佳》	临潭	回族、藏族
《蓬灰》	深圳、兰州、西宁、循化	回族

---

① 丁颜：《黑暗中的祈祷》，中国作家网 http://www.chinawriter.com.cn/n1/2017/0206/c407900-29061372.html。

《在那雪山顶上》	西宁、玉树、临潭	回族、藏族
《赎罪》	东乡	回族
《早婚》	临潭	回族

从这份梳理中我们看到，丁颜几乎是将其所有的精力与才华都用在了书写自己所属的西北大地与青藏高原上了。如同莫言建构自己的高密乡，苏童打造自己的枫杨树乡，丁颜也在建构属于自己的小说之国——临潭。

在这个虚构的临潭县城，城内居住着穆斯林，城外则是藏族。这一内一外，为丁颜提供了无数的创作可能。《雪山阿佳》的故事就是从多次"出城"（我）、"进城"（阿佳）这样的空间变换中不断得以延伸、推进。在《蒙古大夫》中，"我"不断到城外去，到草原上找那个以织波斯毛毯为荣的兽医万达，在我与万达的对话中，不断呈现城内外的尖锐冲突。相对而言，城内的人生活稳定，他们长居于此，有着自身独特的价值观念与生活；城外的藏族兽医们，则是流动的，是异乡人或是背叛者，是城内人可能的"敌人"。显然，蒙古大夫万达在小说中首先是城外人的一个缩影与代表，而后成为了城内人显示敌意的对象："你知道吗，他们都认为是你杀了傻穆罕曼"围绕着数起令人匪夷所思的命案与羔羊的不断死亡，城内外的冲突愈加地激烈起来——城内人不断对城外兽医进行抗议，最后甚至光明正大地谋划如何杀死万达。城内人明知事情的真相，却又编造出一个又一个荒诞不经的假象来推翻、掩盖这种真相，彼此沉默不言，彼此心知肚明，默契地做出一件又一件更为荒唐之事。在这篇小说的叙事中，城内之人的生存逻辑是荒诞的，然而又是真实的，它充满着隐喻的力量，将城内与城外既能融洽相处又暗自相互警惕的生活姿态以虚构的方式放大给我们看。充满矛盾与荒诞的小镇空间，相似的叙事语调与人物形象，在这篇小说里，我仿佛看到了奈保尔《米格尔街》的影子。

事实上，城内同样充满着争斗。《达娃》以达娃和姑姑夏娃重返临潭，找寻家人尸骨与当年被害真相为线索，向我们展示了民国初年临潭城内由信仰之争与战乱等诸多原因而发生的一场惊天屠杀血案。"我冬天怕见雪，见了积雪就想起你们东城角遇害者的尸体，全身脱得精光，流尽血的死尸，积满野地及各个破落院内，白森森的像堆积数尺厚的白雪一样，终身忘不了。"这场屠杀血案，在《雪山阿佳》中同样有所呈现："城已被毁灭，到处残垣断壁，干枯血迹，满目疮痍，城内的回族青壮男女全部被屠戮，余下的鳏寡孤独满脸恐慌，哀伤欲绝。"可以说，选择一段尘封的历史作为书写对象，丁颜的小说创作由此就不再仅仅具有文学与美学的意义，还具有了一种历史学、社会学与民俗学的价值。在《雪山阿佳》中，丁颜就详细呈现了穆斯林婚嫁、万人拔河赛、洗涤亡者遗体打扮遗体装束以及藏族天葬等风俗民习的场景，细节繁复，一目了然。由此，丁颜笔下虚构的临潭古城，也因这些历史之真实、民俗之丰富而更具血肉，更为饱满。

卡尔维诺认为"每个青年作家都有一个明确的迫切感，就是要表现他的时代"[①]。将这句话稍加改动，则可变为对丁颜小说创作的一种判断："每个青年作家都有一个明确的迫切感，就是要表现他的民族与信仰"。在丁颜这样一个年轻的"90后"作家身上，我们看到年轻一代对于自己民族、信仰的深深眷恋之情，也看到了她以文字为临潭这一方水土画像的抱负与野心。这样的抱负与野心令人欣慰，她的书写不是消费时代轻浮的文字大生产，而是集中所有才华与勇气，去刻画那信仰之下的人性之复

---

① ［意］伊塔洛·卡尔维诺：《新千年文学备忘录》，黄灿然译，南京：译林出版社，2009年，第2页。

杂，书写那一方土地所独有的风貌与历史。显然，这样的小说是重质的，它力求字字带血，篇篇有魂。

这样一种迎难而上的文学抱负，让丁颜在"90后"作家中显得独树一帜，也让我们看到了"90后"作为新一代的力量与希望——不管何种处境，不管是哪种代际划分，总有那么几个人，在默默地坚守着自己的信念，虔诚地用自己的文字，去触碰我们脚下的大地，去抚摸历史，去勾勒那一个个相似而又独特的灵魂。面对西北临潭这生生不息的土地与悠长深厚的民族历史，二十出头的丁颜有困惑，有迷惘，更重要的是她有无限的探究之心与对这土地的深沉之爱。凡此种种，最后都转化为她的远大文学抱负。

三、平淡表象下的隐痛

近日，又读到她的《内心摆渡》《玻璃翠》《两块钱的路》《早婚》《刻石头的人》《抵也抵不过时间》《夜曲》《老来子》《猫胎》《万岁》《夕阳西下》《匿名邮寄》等十余篇新近发表或刚刚完成的小说新作。在这些作品中，"平淡表象下的隐痛"仍然是丁颜一以贯之的书写主题与叙事风格。那些气势恢宏的场景，那些激烈的矛盾冲突，那些扣人心弦的情节转变，那些特立独行的人物，在这些小说中几乎都不见踪迹。取而代之的是日常生活中那些细小而又隐秘的个人疼痛。从某种程度上说，丁颜的这一批小说的立意点是往生活中的小处、窄处、隐秘处去的；而故事的讲述，也往往从我们常见的生活琐事中开始——比如说在地铁上与人的一次偶然相遇，比如生活中一次修补衣服的经历，等等。

《抵也抵不过时间》（《野草》2018 年第 3 期）的故事起源于唐桂花与马舒在地铁的一次偶然相遇。两人曾经在医院病房里有过短暂的交集。时隔 11 年之后，曾经因祖母之死而不吃不喝的小女孩马舒，已经大学毕业并开始工作；而曾经轰轰烈烈相爱的唐桂花与妥辉却早已分道扬镳，孑然而行。马舒的出现，彻底地激发了桂花的疼痛记忆。一对为了爱情为了能够此生永远在一起，可以不顾家人不同意，可以放弃镇长工作背井离乡，甚至可以"发疯"的青年男女，却终究没能逃过时间的魔咒。住院事件之后，在妥辉看来，唐桂花的许多举动就是一个疯子：一心想生一个女儿的唐桂花因为多次的检查结果都显示她怀的是个男孩，而"穿着白色的冰丝睡衣淋雨，开着空调睡在冷得犹如冰窖一样的床上，希望在睡眠中流产"。面对这样的出格举动，妥辉显得不安，甚至惶恐。而妥辉的这种不理解，正是二人分开的导火线："我以为你是了解我才跟我结婚的"。在唐桂花看来，她之所以如此决绝地想让那个男婴流产掉，原因在于："可怕的阴影困扰着她——养儿像舅舅——她怀疑腹中的孩子一定有类似于哥哥的那种愤怒的面目，这样的孩子生下来到底要怎么面对"。换而言之，这仍然是与她对于爱情如火般的执着紧密相关的。然而，妥辉却一丁点儿都没有领会到。曾经的热恋，变为了男女双方都难以忍受的冷漠与煎熬。于是离婚，于是独自忍受失眠之痛。当地铁到站后，唐桂花的伤痛回忆也随即而止，只留下一个曾经为爱奋不顾身的凄凉背影："她拎着一袋子药物恍恍惚惚地走出地铁，深深地吸了一口初秋冷冽清新的空气，一瞬间好像受到了某种赦免。一阵雨点七零八落地打在她的脸上，然后像泪珠一样往下滚，急促得连些痕迹都没留下"。在这篇小说中，丁颜将叙述场景设定在地铁上，以唐桂花与马舒之间短暂的交谈为叙事线索，这就注定了唐桂花的回忆只能以碎片化的形式出现在读者面前。与此同时，这种叙述结构也导致唐桂花的个人隐痛难以得到最大限度的书写。

　　如果说唐桂花的个人隐痛起源于那个性别"不对"的男婴，

那么，在《老来子》中，"我"与苏慕的隐痛则始终在于"无后"。《老来子》的故事起始于"我"（奥马尔）和苏慕在外工作一年之后，回到家中翻看信箱时看到的一张三个月前的满月酒请柬。寄来请柬的是"我"和苏慕原来的房东——一对40多岁仍然没有生育的夫妻。吉勒两口了竟然生了个儿子？这引起了因输卵管堵塞而无法生育的苏慕的好奇与羡慕："他们也是多年不育才有的小孩，我们去他们那里或许可以问到点什么呢。"为此，"我们"千方百计重新联系上吉勒一家，用心地准备了礼物。当"我们"到了吉勒家之后，竟然惊奇地发现，吉勒竟然又娶了一个年轻的女子莱哈为妻，且两位妻子与他一起生活。这一异于常人的举动，同样来自于依莎因摘除了子宫而无法生育之痛："我们之间可没有大小之分的。我不能生养，就只能再娶一个能生养的来，给我们生个孩子。孩子是生命中的一扇门，没有孩子，这扇门就得关起来，难过的"。两个相似的家庭，却显现出两种截然不同的生活。当依莎哭泣着说起这些隐秘，当吉勒从死活不同意到沉默再到接受再娶这样一种安排，无法生育之隐痛随即显现而出。

而事实上——正如丁颜在小说中所说："一些人与事，看似简单却是意味深长"——丁颜在小说中也并不简单地指向无法生育，而是试图深入挖掘"无后"这一现象背后的深层原因：血脉传承伦理。一方面，对于依莎来说，"无后"之痛不仅源于她爱孩子却不得，更来源于"无后"之人所承受的种种冷眼与伤害：曾经，吉勒夫妇收养了一个女儿，结果养女却远嫁而去；因为没有亲生儿子，吉勒哥哥一家始终试图染指吉勒的家产，并直着嗓子骂他不仅是落地不生根的骡子还亲远不分地将财产分给了养女。换而言之，如同现实生活中的大多数人那样，依莎夫妇所秉持的同样是一种血脉传承理念：亲生血脉意味着老有所依，意味着生命的延续，同时意味着做人（为人子、为人夫、为人妇）的尊严。

另一方面，这种探究还表现在多次的对于收养这一事的讨论中。在故事发生之前，"我"与苏慕曾借着几句电影台词探讨收养一事：

> "宝马车头上插一奔驰的标，恐怕不太合适吧？"
>
> "能开不就行吗？"
>
> "可要是出了故障，奔驰的零件配不上，宝马又不管修，怎么办？"

这一次讨论打消了"我"与苏慕收养小孩的打算。在吉勒家做客时，关于收养的讨论再次出现："收养的毕竟隔着一层肚皮，跟亲生的有本质区别"。而在小说的最后，"我"和苏慕最终还是收养了一个儿子，结果，首次讨论时出现的假设竟然成真："直到前段时间，我儿子刚学会走路，咿咿呀呀地不小心从楼梯上倒栽下去，血流了一大摊，昏迷了，需要补血。但因为是收养的孩子，我和苏慕的血型都配不上，我只好到处借献血证，然后去医院血库配相同血型的血液"。显而易见，在《老来子》中，无论是有意还是无意，对于无法生育的人来说，收养是"不可信"同时也是"不可行"的。血脉意义上的"无后"带来的伤痛深入骨髓，对"无后"的种种反抗（治疗、再婚甚至重婚）也令人心酸。这显现出，数千年来中国人的血脉传承伦理在日常生活中仍然占据绝对优势。《老来子》的故事，以两对夫妻的一次做客闲聊为中心，看似平淡，实则内藏汹涌：这是对个人隐痛的一次呈现，何尝又不是对传统血脉伦理的一次批判呢？

《早婚》（《上海文学》2017 年第 12 期）与《玻璃翠》（《山西文学》2017 年第 11 期）则着重呈现青年男女之间若隐若现的

情愫，尤其是呈现普通人在感情面前的无力与顺从。《早婚》的故事仍然是平淡的，甚至是过于平淡的。小说中的富家小姐努尔与绸缎铺老板儿子哈伦，曾经互有好感，但这种朦胧的情感却无法得以真正释放。努尔早早已定下婚事，最后与胡迪成婚，成为了一个家庭主妇。然而，这样一种婚姻却是无爱的——努尔说，"她已经不去探究爱与不爱这个问题了。胡迪现在是她的丈夫，一个女人和一个男人的相处，可能不需要与爱情有关。就像黑暗中看不到对方，但能感受到安慰"，紧接着，是"她的眼泪又掉了下来，她发现自己有些许烦躁"。而哈伦，虽然一直记着努尔喜欢白色的绸缎，甚至在绸缎铺关掉的时候仍惦记着将剩下的一匹白色绸缎给努尔送去。但是努尔已经嫁人，再也不做刺绣了。后来，哈伦也结婚了，有了两个孩子。对于温顺的并不懂得抗争与追求的努尔来说，哈伦是她曾经渴望但却无法拥有的爱情想象，且只是一种美好想象。在小说结尾，丁颜写道："努尔又想起十六岁那年春天那一片明亮得刺眼的阳光，笑淡淡浮现嘴角，原来那个男孩也已经结婚了，也如丈夫一般有了青色的胡楂，在倒数上去的十二年间她只见过他三次，说过两次话，从没有和任何人谈起过他。这么多年了他竟然记得她喜欢白色，朦胧间她又淡淡地笑了笑"。显然，在这篇小说中，丁颜所要表现的并不是热烈的、富有反抗精神与追求意识的独特现代女性爱情，而是更为普遍的、顺从的，甚至是将就的"爱情"与婚姻。从这个角度来说，丁颜更为关注的是大多数的、普通人的生活体验。

《玻璃翠》同样如此。妥骏将衣服拿到裁缝铺修改时认识了女裁缝"玻璃翠"，并在不断的接触中对其产生了隐秘的好感。然而，这种情愫只是单方面的，且并不坚定的。妥骏对她有过种种想法，但很轻易地，又被他自己所"斩断"。比如，当前女友苏婷从大城市回到家乡并要与他复合时，他"爽快"地答应了；当他准备与苏婷结婚时，却又一次对女裁缝感觉心动："妥骏注意着女裁缝这一连串的动作，内心泛出丰富层次。他注意着她的脸上，她的一大把用夹子任意夹在脑后的黑色头发。在这一瞬间，苏婷买花的要求，苏婷做的晚饭，跟苏婷结婚的打算都模糊了。他感觉这些费心维持的，小心翼翼计划的都可以放弃不要了。冲破牢笼，与内心长期积累的软弱和无力一刀两断。就在此地，此一刻"。但是，这种冲动，只是一种脆弱的臆想，是始终无法实现的。甚至，妥骏连为这一丝臆想的破裂而流泪都难以做到。因而，他只说了一声"谢谢"，就转身离开了。

如果说，在《早婚》中丁颜是通过顺从的努尔来呈现无法决定自己爱情的"温顺"女性形象，那么，《玻璃翠》则是以软弱、优柔的妥骏来呈现男性青年的无力。他们都不是勇敢的反抗者与自主的追求者，而是生活中的那些"大多数人"。他们内心的疼痛不是撕心裂肺的呐喊与为爱痴狂的灼烧，而是深夜时分独自黯然的沉默，是永远无法显现的暗自挣扎与回想。换而言之，丁颜并不讲述生活中的"传奇"，而是将笔墨落在了普通人平淡生活中的个人隐秘疼痛上。《内心摆渡》（《天涯》2017 年第 6 期）中鲁特撞死邻居家的羊，先是试图隐瞒，最后在阿爷与阿丹的影响下坦白、忏悔，从而消除罪感换得内心畅快；《两块钱的路》（《南方文学》2017 年第 4 期）与《匿名邮寄》分别借一次"我"的乘车经历与听雅各布诉说的关于捐赠的故事，讲述人应当如何学会尊重……凡此种种，我们看到，丁颜的取意与落笔，都在于普通人的日常生活。

作为一个"90 后"作家，丁颜的创作显得勤奋，新作迭出。她近期的小说创作所呈现的风格特征，隐约能看出她的文学趣味与追求方向。当然，这样一种创作方式，亦有其"困难"之处——如何将琐碎的生活以精炼的文字呈现，如何将平淡写出韵

　　　　　　　　　　　　　　　群像与个体 |

味，如何"入乎其内，出乎其外"，如何落笔于日常生活而超脱于日常生活，如何在平淡的表象中挖掘出有分量的指向，如何在简单之中显现出复杂，等等，都是丁颜仍然需要仔细思量、尝试与突破的地方。

发表于《大家》2017 年第 3 期，

《名作欣赏》2018 年第 7 期

第六节　思想与发声

重木读完了本科读研究生，读完研究生，还要继续读博士。在不停"读"的同时，重木一直保持着小说的创作，作品不断在各大刊物亮相。一边读，一边写，这样一种经历，是不少"90后"写作者所共有的。写到此处，我脑海中浮现的是基础写作课上大一学生的提问：我们一直在读书，并没有莫言那样丰富而多彩的生活体验，也并不懂得很多人情世故，如何写小说？如何在并不算丰富的生活经验中进行创造，这确实是一个涉及经验、想象、观察、逻辑、天赋等的难题。

经验当然重要。小说家应该是一个生活的"杂家"，这一观点愈来愈多地得到人们的认同。天文地理、风土人情、三教九流、诗词歌赋、花鸟虫鱼、柴米油盐、服装搭配……小说家似乎应当无所不知。现如今，曹雪芹的《红楼梦》已不单单是一部文学经典——还有许许多多的民俗学家、历史学家甚至饮食饕餮们从中探究当时的民俗、礼仪、服装、美食等。这时，作为小说的《红楼梦》同时是一部活灵活现、包罗万象的历史。又如金庸的武侠小说，从正史到野史、从黄沙大漠到碧海云天、从奇门八卦到百家兵器、从家国争锋到爱恨情仇、从断肠草到叫花鸡……无所不包，无所不细，最终构建起一个令人向往的江湖世界。

事实上，从文体的角度出发，小说家也必须"无所不知"：诗歌注重个人体验、情感抒发与极致语言的探究，是最为私密的文体；散文关注日常生活中的人与事，在琐碎与突发之中最能显现个人性情；而小说的本质是虚构，它要建构一个"虚假的真实"。如何在虚构中给人以真实感、可信度最终生成巨大的感染力，是小说家无法回避的问题。正因如此，小说家应该"广泛涉猎"，所知甚多，所知甚真，从而为小说世界提供一个无懈可击的"事实保障"。谢有顺认为小说应该有一个"物质外壳"：在逻辑、情理、常识、细节等的妥善处理中，生成小说的"说服力"，从而"以假乱真"生成一个独创的小说世界，其意亦即在此。

然而，丰富的生活经验并非人人都有。在当下的"90后"小说创作中，我们同样少见如同托尔斯泰、福楼拜那样全景式精细展示社会万象的小说作品。更多的青年写作者将目光对准自己熟悉的某一个角落，或是将小说文本建立在想象力的驰骋之上。读重木的小说作品，同样可以发现这一特点。一方面，长期的高校生活，使得重木熟练地将他所熟悉的教师、学者、作家设定为了小说的主人公：《面具》中的甄博士与贾学者、《沉默》中的孙教授、《超人纪念日》中的教师林木、《啊，糟糕的日子》中的小说家贝克等等；另一方面，重木也善于借助想象：《夜钟》《国王万岁》中的历史虚构、《某个落雨午后的一生》中的未来想象、《井中书》中历经漫长岁月的书籍开口诉说等等。

相比较其他"90后"作家作品，重木小说的情节性并不凸显。换而言之，重木似乎并不渴望营造一个跌宕起伏、扣人心弦的故事，从而在情节的转变之中彰显写作者的才华与小说文本的力量。恰恰相反，在重木的小说中，情节、人物始终都处于一种

　　　　　　　　　　　群像与个体 ｜

次要状态。处于主要地位的是什么呢？我认为，是思想——更确切地说，是那些未必完全成熟也并不成体系的思想碎片，它们是重木现阶段世界观、人生观、价值观之一种。这让我想到了重木的阅读。在重木的朋友圈中，经常见到他晒出一摞摞的书，或是贴满标签与笔记的某一本。这些书，涉猎广泛，有各类文学作品，但并不占多数；更多的是各类社科著作，汉娜·阿伦特、韦伯、福柯、哈贝马斯、伊格尔顿……他在热爱文学的同时，也异常关注性别、伦理、思想与批判。

这些阅读，是他的兴趣所在，同样，也悄无声息地生成了他小说风格之一种。明显一些的，如《沉默》中引用《新约》："耶稣说：彼得，我告诉你，今日鸡还没有叫，你要三次说不认得我"；《低语》中引用辛波斯卡《无需标题》："甚至一个短暂的瞬间也拥有丰腴的过去"；《简：两个女人》中引用弗洛伊德《梦的解析》："没有火焰，没有木炭，却燃烧得如此炽热，就像偷偷的爱，无人知晓"；《井中书》引用孔尚任《桃花扇》："眼看他起朱楼，眼看他宴宾客，眼看他楼塌了"。这些引句，放置在标题的下方，与小说文本构成一种内在的关联与互文，在某种程度上充当了小说的文眼，起到画龙点睛的作用。《沉默》中，孙教授一方面义正辞严地告诫青年们"一定不要随波逐流，不要轻易屈服于现实，不要以谎言换取眼前的利益"，另一方面，却在甄教授性骚扰女学生一事上唯唯诺诺，始终不敢将内心最真实的想法以最正义的口吻吐露而出。在现实面前，孙教授的软弱与畏惧，与彼得的软弱与畏惧，有什么不一样吗？而当我们感慨"与小说中系支书钟教授、龚书记、常副教授等相比，至少孙教授内心仍有正义，至少他敢于在公开信上签字，至少他被副校长约谈之后内心无比苦闷"时——也就是说，当我们在为一个现实生活中实际的软弱者的表现比其他更麻木、现实者要好一点点而感到一丝丝

"欣慰""可贵"甚至"赞赏"时——小说的批判力量就自然流露出来了。

重木在朋友圈晒出他贴满标签的书本的同时，大多配上长短不一的阅读感受。这是他的声音。与其他青年作家的客观呈现相比，在小说创作中，重木也偏爱于借助人物来发声。或者说，在他相当数量的小说中，人物与情节都并不重要，重要的是重木试图通过人物说出了什么。从这个角度而言，重木小说笔下的主人公有时多少显得有些"可怜"。《面具》中的甄博士与贾学者，一"真"一"假"，却各自有奇异经历。甄博士在望不到尽头的路上行驶了一天，晚上入住时却意外地走进了"原始世界"，感受面具之下的本性狂欢；贾学者年轻时曾在山野中见到过神秘的精灵，也同样接触过"精灵、野兽、神魔"共存的"原初世界"。甄博士与贾学者各自引领一条叙事线索，当二者终于相见时，重木试图诉说的——对存在的怀疑、对人类社会的怀疑、对科技理性的怀疑、对生死的怀疑——也就顺势而出：

> 通过甄博士对其经历的讲述，贾学者也将最终论证出他毕生所坚信的真理并非空中楼阁。在人类的进化史上，从绝地天通开始，自然被禁闭，人类开始远离自然而走向了政治和伦理的秩序世界，通过对于另一个世界的建构而开始在人间建立起一整套约束和规则，进而彻底规训人类身上所具有的最原始自然之力。随着与神灵精怪的日渐疏离，人类与自然的最原初联系也便日渐凋零，直到最终为机器、科学、物质和理性所破坏。韦伯称其为"去魅"，而"魅"正是人类生命之力的真正来源，也是进一步促成人类进入神圣世界的基础动力。

　　　　　　　　　　　　　　　　　　　群像与个体　|

如果说重木在《面具》中着重探讨"真"与"假"的问题，那么，在《超人纪念日》中他则着重辩证了"善"与"恶"、"群体"与"个体"的关系。小说从超现实中指向现实：在一个超人日常化、神化的时代，个体崇拜与集体狂欢合为一体；而在这集体狂欢的背后，超人的"善""勇"给个体带来的"恶"与"痛"则有意无意地被遮蔽了。小说中的林木认为："超人降临这一突然的事故，必然造成世界的混乱，而传统的一切都将面临暴力性的改变。在这一剧烈改变中所产生的种种意外和悲剧，最终承担的并不是那个他们一无所知的超人，而是每一个一如既往生活着的人。"而后，他也成为超人直接或间接的行为所造成的受害者。因为切身体会到失去妻女的疼痛，他对于超人"善"与"恶"、"群体"与"个体"的思考便不断深入："超人如果是全善，也就是全恶"、"无知既是造成悲剧的原因，也是在悲剧降临前还能完好无损地活着的原因"。这些思考，与贾学者的观点一样，不无特色，甚至颇为新颖，也能够带给我们相当的启迪。然而，正如同前文所说，这是写作者重木的观点。而说出观点的甄博士、贾学者和林木，作为小说主人公，却并没有给我们留下独特印象。在这个意义上，这些小说对人物的塑造并不十分成功。

　　在我熟悉的"90后"作家中，重木应当算是最愿意发声的一类。他阅读广泛，且思考甚多；他在朋友圈写种种随感，也写影评、时评等，迅速地发出自己的声音。事实上，小说也是重木发声的载体之一。在重木的小说中，小说主人公往往是知识分子——只有如此，重木才能更轻松地借助他们传递他的思考，从而发声。值得注意的是，这些发出的声音，要么微小无比，甚至无法真正发出；即便发出，往往也被视作"非主流""奇言怪论""少数派"，从而被吞没、遮蔽。这样一种设置，同样隐藏着一种现实隐喻锋芒。

回到开头所言，生活经验固然重要，然而我们并非人人都具有丰富的生活体验。因而，我们需要寻找另一种经验，即王安忆所说的"心理经验"："现在的年轻人没有经历过匮乏的年代，尤其是大陆的孩子，多是独生子女，没有经历过争夺的日子。生活在富裕的社会，他们的生活确实比较顺利。顺利的生活带来的却是平淡，缺乏丰富性。但是真正来衡量一个人的生活是不是丰富，恐怕更取决于心理经验"[①]。具体到重木的小说创作中，这种经验可以称之为"思想经验"。这是重木小说的闪光点之一，是他的优势之一。但同样，这也是他所需警惕的地方：当思想性占据绝对优势的时候，应该怎样保证小说文本文学性的饱满？小说是否会成为一个发声的工具而丧失了部分审美属性？换而言之，在思想性与审美性的协调与融合上，重木还大有可为。

发表于《青年作家》2019 年第 8 期

第七节　市井与英雄

　　1991 年生于浙江嘉兴的王占黑，2018 年凭借小说集《空响炮》获得首届宝珀·理想国文学奖。颁奖词中写道："90 后年轻作家努力衔接和延续自契诃大、沈从文以来的写实主义传统，朴实、自然，方言入文，依靠细节推进小说，写城市平民的现状，但不哀其不幸，也不怒其不争"[②]。从起初在豆瓣发表小说，到获得首届理想国文学奖，王占黑的作品引起众多读者与评论家的关注。

---

① 王安忆：《小说与我》，桂林：广西师范大学出版社，2017 年版，第 27 页。
② 卜雨：《独家对话王占黑：一个 90 后不知名作家突然获奖的故事》，搜狐网 2018 年 9 月 22 日。https://www.sohu.com/a/255412595_119350.

王占黑现已出版小说集《空响炮》《街道江湖》两部，二者同源一个"街道英雄"①的创作计划，同属一个整体。其中《空响炮》收录 8 个短篇小说，《街道江湖》收录 14 个短篇小说。在"街道英雄"的创作计划中，王占黑关注的对象始终很明确：即把笔触对准旧社区里的市井民生，通过写实主义的方式建构出独特的社区世界，以浓具地域特色的语言文字、以社区为阵地忠实记录了世纪之交我国城市化过程中的生活变化，其"贴着写"②的创作风格真实还原了社区生活的本来面貌。对于王占黑而言，社区既是她创作的丰富资源，又是她努力建构的"文学王国"所在地。

<h2 style="text-align:center">一</h2>

社区是王占黑写作的主要对象，她着重书写了城市化浪潮下老社区里的市井民生，反映城镇化发展过程中产生的养老、代际差别及下岗潮等主要问题。在《空响炮》《街道江湖》中，王占黑的笔触瞄准的对象主要为三类人：衰败的工人群体、日益庞大的老龄化群体、低收入的外来务工群体③。从城市化大潮的角度来看，《空响炮》《街道江湖》描述的社区整体是趋向衰败、凋敝的，它们常被人称为"旧社区""老社区"。在城市化过程中，一方面先富裕起来的社区人口不断向城市中心或者更大的城市转移，一方面从乡土社会而来的外来务工人口不断涌入。但是，这二者并不平衡：老社区里，有能力的中生代转向大城市打拼、带走新生代到大城市落地生根，遗漏的老年人在旧社区老去；而外来的务工群体及社区的留守儿童无法为旧社区补充到足够的新鲜

---

① 一席演讲 2018：《王占黑：街道英雄》，爱奇艺 2020 年 4 月 5 日。https://www.iqiyi.com/v_19rr2rxua0.html.
② 王占黑：《街道江湖》，北京：北京十月文艺出版社，2018 年版，第 252 页。
③ 同上。

血液。在这种情况下，这些老旧社区几乎像是一个巨大的养老院。"每个城市都有这样的社区，它们或许彼此能互为当代城市丛林的样本。"①王占黑在接受新京报的采访中表示，"有必要将另一种不成景观的景观展示出来，展示出那种临死而不僵的内部状态"②。

首先是对新生代群体的书写。在《空响炮》《街道江湖》共22篇小说当中，并无任何一篇主体是以青年孩童为主人公的故事，但基本上每篇小说，或多或少都折射新生代的身影。尤其在《美芬的小世界》《怪脚刀》《阿金的故事》等小说中，新生代与中生代的隔阂将这种身影凸显得尤为明显。而在其他反映养老、下岗、政策风波的小说中，王占黑或是安排叙述者自身作为孩童视角，或是设置另外的孩童在文本中占有不可或缺的一席之地。《美芬的小世界》讲述丧偶的母亲盼着居住在外的女儿结婚、举办婚礼，女儿却既不打算办婚宴，也不打算要孩子，从而引发母亲的中年失落。这个故事以美芬帮助一只刚产崽的母猫从而消解失落感为结局，透出上一代人浓浓的无奈。关于《美芬的小世界》，王占黑在接受澎湃新闻的采访中表示，两代人的生活观念已经发生巨大的变化，子女的生活不是父母辈的生活。"我写完《美芬的故事》之后，最近写了一个类似于跟《美芬的故事》对立的故事……其实这两代人都不好过，不管是想依附的还是想逃离的。"③王占黑提到的这篇跟《美芬的故事》对立的故事叫《清水落大雨》，写一名女儿竭力摆脱母亲行为作风而不得的无奈。实际上，除了《美芬的小世界》《清水落大雨》，这种两

① 王占黑：《街道江湖》，北京：北京十月文艺出版社，2018 年版，第 254 页。
② 卜雨：《独家对话王占黑：一个 90 后不知名作家突然获奖的故事》，搜狐网 2018 年 9 月 22 日。https://www.sohu.com/a/255412595_119350.
③ 武靖雅：《专访王占黑·一个 90 后作家眼中的下岗潮、老龄化和社区变迁》，澎湃新闻 2018 年 10 月 10 日。https://baijiahao.baidu.com/s?id=1613924007958887165&wfr=spider&for=pc.

代人观念的差异或新生代对上一代辈的逃离，在《怪脚刀》《阿金的故事》中亦体现得较为明显。"怪脚刀"早先是联防队的一员，充当维护治安的角色。小说中，联防队的成员实际作为社会的不安定因素而用来"以毒攻毒"、发挥作用。联防队解散以后，"怪脚刀"以"熬"工厂的赔偿金和退休金为生。他的儿子小刀继承了他年轻时的德行，是一个小流氓，在成长的过程中终于有一天向"怪脚刀"挥动拳头乃至二次结婚后以"怪脚刀"对孙女的疼爱套取了"怪脚刀""熬"出来的房子。阿金是一个游手好闲的五金店老板，讨了个精明能干的老婆，养了个叫明明的聪明儿子。自明明妈操劳过度去世后，出国读书的明明却再也没回来过，阿金最终落得老无所依的结局。在王占黑的笔下，新生代人物并不时刻作为主角显现在小说中，他们的形象若隐若现地在长辈的生活中投射出来。

其次是对中生代群体的刻画。在城市化浪潮中，社区如同一面筛子：年轻有为的人离开、去往更大的城市拼搏，展现价值；老人、失业工人被无情拦截；外来务工者蜂拥而来。而这当中的失业工人、外来务工者，最体面的工作不过从事"男保女超"①（男性当保安，女性当超市收银员）。王占黑把"男保女超"看作自己小说中创作的基础词汇——这一词汇稍为延展，即可成为社区中生代群体的真实写照。他们多为下岗工人、外来务工人员，有的努力营生，有的得过且过。无法适应社会的快速发展，或被生活抓住各自的软肋，小说的人物鲜有称心如意者——有的甚至在困顿潦倒中老去。《麻将，胡了》中的对对吴、葛四囡、在馄饨店聚众打麻将的朋友以及《香烟的故事》中的老王，都是保安。"住在老小区的下岗工人兜兜转转，上山下海，最后不约而

---

① 一席演讲2018：《王占黑：街道英雄》，爱奇艺2020年4月5日。https://www.iqiyi.com/v_19rr2rxua0.html.

同地落脚在这两处：传达室和超市。有野心的，拿这个词来自我奚落，不振作的，说起时却带着些骄傲。"① 社区里的中生代群体作为世俗意义上的失败者，身处城乡之间，跟不上城市化的脚步，赶不上时代的潮流，最终不可避免为生活击倒。《麻将，胡了》中的对对吴下岗后野心勃勃意欲闯出一番事业，给人拍过婚庆录像、修过空调、搞过装潢、开过出租，最终也不能逃过加入保安大队的结局；《水果摊故事》中的老黄为了蝇头小利而导致名声败坏；《光明的故事》中的外来送奶工赵光明很能吃苦，他同时打三份工，却终于被更大的奶箱所淘汰。这些人完全无法适应时代的变化，只能被动接受生活的安排。在瞬息万变的社会发展中，有无数纷繁复杂的、无法把握的意外可以将他们轻松击倒。

最后是对老龄化群体的呈现。王占黑最喜欢写的是老人。《空响炮》《街道江湖》中的老人总是跟小孩子密切关联的。刘欣玥认为王占黑这种面向老龄化群体的写作是对"昨日的遗民"的"打捞"，在某种程度上"反过来提醒我们注意到自现代文学诞生以来，由青春崇拜，青年、'新人'话语占主导的人物光谱之下，老年叙事长久以来处在被降格、偏废的尴尬陪衬位置上"②。王占黑也坦言："当然我最感兴趣的仍是老年人群体。一来老年人同小孩似的，本身具有相当大的创造性和可能性，二来这也是老龄化社会必将面临的问题"③。《来福是个兽》以"我"的视角写一个老人与老狗的晚年生活；《百步桥的故事》写务农的老人因征地无处可劳作；《偷桃换李记》记录老年人病痛中的忏悔与冒险，等等。养老、代际、衰亡……关乎生老病死，总能牵扯出层

---

① 王占黑：《不成景观的景观》，《大家》2018 年第 1 期。

② 刘欣玥：《街区闲逛者与昨日的遗民：王占黑作品读札》，《大家》2018 年第 1 期。

③ 王占黑：《街道江湖》，北京：北京十月文艺出版社，2018 年版，第 253 页。

出不穷的风波。王占黑对此格外敏感，也格外感兴趣。在《老马的故事》中，面对孙子痴呆、老伴中风、儿子相继患病的现实，老马因家庭疲于奔命、因儿媳争夺财产而落得有家不可归，还得忍受旁人的风言冷语。现实之于老马如此冷酷，最终逼得老马赤裸跳楼，给小区留下无声的控诉。《阿明的故事》中的阿明家庭条件算得不错，老了却偏偏染上捡垃圾的癖好，不但邻居嫌弃，连同儿子儿媳也日渐厌恶。然而阿明老来为何变得如此疯魔？"节省惯了；跟风；被儿媳憎嫌老人占用资源。"①《阿祥早点铺》写一对经营早点铺的老夫妻。阿祥夫妇没有亲生儿女，领养的女儿却着了魔要嫁给吃过牢饭的青年，导致家庭关系破裂。垂暮之年，为养女遭来的外孙逼迫帮忙还债。甚至在创作的重心并不倾向老人的故事中，也并不鲜见老年人的影子。在王占黑一手打造的旧社区中，老年人似乎是无处不在的。如《空响炮》，写禁燃烟花政策在小区各色人物中产生影响，这些人当中有个体私营户、居委会管理者、公交车司机、环卫工人，写各类人物纷纷难以适应一时冷清的春节。《空响炮》结局却集墨于无妻无后、依靠讨好小孩子排解孤独的瘸脚阿兴。通过写瘸脚阿兴发明扎气球的方式，制造出类似鞭炮的声响吸引孩子的兴趣，似乎终于为新一年沉闷的春节挽回几分生气，创造出一个意味深长的结尾。

二

在"90后"小说家的身上，那种事无巨细、追求细节描绘与宏大社会景观建构等传统现实主义手法逐渐变得少见了。王占黑《怪脚刀》这般将"生活化"与"泛传奇色彩"融为一体的叙事风格，在"90后"作家中就显得独特。王占黑的叙事有一种

---

① 一席演讲 2018：《王占黑：街道英雄》，爱奇艺 2020 年 4 月 5 日。https://www.iqiyi.com/v_19rr2rxua0.html.

温润的"南方气质"：细腻、温和、零碎、口语化、生活化、趣味化等；但其故事与人物却时常显现出"矛盾体特质"："英雄"与"反英雄"、"坚韧"与"忍受"、"伟岸"与"卑微"、"可敬"与"可悲"、"感人"与"反感"往往同时出现在我们的阅读体验之中。比如在怪脚刀——一个为了拿到买断金而拼命活着的国企下岗工人身上，"联防队员""街头混混"与"下岗职工"、"硬杠性格""风云人物"与"唠叨老头""和事佬""慈祥祖父"等多重反差极大的性格特征综合于一体。凡此种种，都使得怪脚刀的人物形象张力十足。这样的叙事风格不仅仅出现在《怪脚刀》中——王占黑着力书写了一批小人物的各自不同的"喜怒哀乐"与"特立独行"。

《空响炮》《街道江湖》是贴着生活写出来的，甚至故事中塑造的人物，大都可以找到各自的生活原型。王占黑在《麻将，胡了》（创作谈）中明确表示"我只去捡，不负责造"，而她给出的理由则是"民间自有它的派头"[1]。宝珀·理想国文学奖评委认为王占黑的作品是衔接和延续了契诃夫、沈从文的写实主义传统。王占黑则在创作谈、采访或豆瓣日记上曾较多次提及沈从文："我希望给予它一种真实、细致且平视的呈现，大约就是沈从文所说的'贴着写'"[2]。但实际上王占黑与沈从文之间的写实主义风格存在区别：王占黑更侧重写实、还原生活的原本面貌，几乎是相机照片式的原汁原味描摹；对比而言，沈从文诗化的语言使其笔下的世界多有浪漫主义色彩。王占黑认为"文学的真实和虚构可以暂时（或永久地）模糊界限"[3]，因而其小说人物大

---

① 王占黑：《不成景观的景观》，《大家》2018 年第 1 期。
② 王占黑：《街道江湖》，北京：北京十月文艺出版社，2018 年版，第 252 页。
③ 王占黑：《街道江湖》，北京：北京十月文艺出版社，2018 年版，第 255 页。

群像与个体 |

多有各自的原型。王占黑以现实生活为中心，力图向读者还原社区的原生态；其小说叙事贴紧生活，呈现出日常生活叙事、反英雄叙事、方言叙事等特点。

首先是日常生活叙事。王占黑通过《空响炮》《街道江湖》讲述旧社区里"爷叔"[1]日常生活的故事，向读者展示社区生活走向凋敝的趋势，呈现最真实的现实一种。王安忆从正面肯定日常生活的力量："它们（指日常生活）正是那些最单纯又最有力的能量，人性中的常情，是跟随着生存滋长，又滋养着生存的最基本的规律"[2]。王占黑对日常生活抱有异常的热情，她关注社区的日常生活，关注社区人物的日常活动。这些人物又以中年人、老年人群体为主。他们一生中没有几次光鲜宏伟的事迹，从某种意义上说他们甚至是世俗意义上的失败者。但王占黑不拔高也并不贬低，而是力图展现他们真实的生活状态，凸显该类人物内部的真实与复杂。查尔斯·泰勒认为："一个走向社会均等的内在趋势暗含在对日常生活的肯定中"[3]。王占黑描述的日常生活，是生活的本来面貌，是社区生活原汁原味的展示。不拔高、不贬低，以平静克制的笔调尝试构建客观的真实生活，是王占黑日常生活叙事中以个体小人物为叙事对象的一个特点。

不刻意经营情节、流水线似的叙事模式是王占黑日常生活叙事中的另一个特点。她的小说多用白描手法，依靠细节推进故事进展，故事的戏剧性与冲突性整体而言并不突出。但讲述故事的语言相当利落，节奏从容不迫、娓娓道来。淡化故事情节的

---

[1] 一席演讲 2018：《王占黑：街道英雄》，爱奇艺 2020 年 4 月 5 日。https://www.iqiyi.com/v_19rr2rxua0.html.

[2] 王安忆：《我读我看》，上海：上海人民出版社，2001 年版，第 337 页。

[3] [加拿大] 查尔斯·泰勒：《自我的根源：现代认同的形成》，南京：译林出版社，2001 年版，第 332 页。

特点与王占黑观察事物的方式有较大关联。她写作往往是"视觉先行"，视觉观察是王占黑进行写作的事先准备。在《街道江湖》的后记里王占黑特意提到了这种"分镜练习"[①]的写作方式。流水线似的叙事模式并不意味着等同于流水账。王占黑善于在日常生活中发现和挖掘隐蔽的、被压抑的、被忽视或者被歪曲的东西。但在文本中她格外冷静，对挖掘的东西几乎不作评价或显露主观感情，而是忠实地、默默地记录所发生在社区的琐屑的、粗俗的、压抑的事情，用日常生活自身的意义和价值去评判一切。

其次是反英雄叙事。反英雄叙事把传统小说意义上的英雄形象还原为普通的人，刻画日常生活中的平凡人物。从这方面来说，反英雄叙事，即通过对传统高大、伟岸等英雄形象的"降格"，削弱其"传奇性"，增添其"生活性"，从而达到消解传统形式上的英雄形象的目的[②]。王占黑的创作经历了从"刻画英雄"到"英雄平常化、反英雄化"这样一个转变过程。"街道英雄"计划早在王占黑高中时期便已萌生："那时觉得小区里很多叔叔阿姨都很厉害，有本事"，于是"写了第一篇，小区看门人"。"小区看门人"可以说是王占黑"英雄计划"的初次实践，但在大学期间，这个计划却因某些原因而搁浅，直到研究生"才重写了最初那一篇"，并发现"不该美化、传奇化、英雄化"。"他们老了，大半辈子也并不称心如意，于是想要更真实、细致地去写，但仍然保留了'英雄'这个称呼，觉得这个词可以是平民的，甚至反英雄的。"[③] 因此，可以看到，除去个别以动物为叙述主体的故事，王占黑作品描写的对象清一色皆为普通人。保

---

① 王占黑：《街道江湖》，北京：北京十月文艺出版社，2018年版，第256页。
② 徐威：《论余华小说的反英雄叙事及其价值》，《南方文坛》2017年第3期。
③ 理想国：《90后作家王占黑：我有一部民间爷叔生活大全》，中国作家网2018年9月14日。http://www.chinawriter.com.cn/n1/2018/0914/c405057-30292462.html.

群像与个体 |

安、送奶工、下岗工人、个体经营户等在王占黑的笔下得以逐一
登场——这些人的"英雄事迹"大抵不过嗓门喊得比旁人大些，
或者年轻的时候打过几场架。

还原是王占黑反英雄叙事的主要策略：将原本作为英雄刻画
的人物形象还原为真实的普通人，不拔高也不贬低，而是还原普
通人真实的性格特点、生活面貌。在"街道江湖"里，社区的小
人物既有为麻将下家打架、打完又不告诉别人的"对对吴"，又
有斤斤计较、一心掉进钱眼里的老黄；年轻时候的"怪脚刀"出
过联防队的风头，到老却挨了儿子打、为儿媳所瞧不起；看门人
小官，偷吃狗肉、被年轻人打、去美容店……这种对生活的事实
还原，既与传统小说搭建的英雄形象构成反差，又不等同于余华
等为构建反英雄人物形象而采取"虚伪的形式"[1]把平常人物的
小癖性扭曲放大直至变形。

最后是方言叙事。格非在《小说叙事研究》中谈道："语感
是作家对文学语言的独特的敏感性，是语言风格的最重要的构
成因素。我们说一位作家的语感很好，不是说作家擅长遣词造
句，辞藻华美，意象独特，而主要指作者对分寸感和语言节奏的
把握"[2]。王占黑小说语感的形成得益于她成长的社区环境，得
益于吴语方言的长期熏陶。方言语境的建构与经营是王占黑小说
叙事特征之一。王占黑将吴语方言称为她小说的语言底色，类似
"电影中的画风和基调"，并称"去掉方言的小说是不完整的"。
她从小在吴语方言环境中成长，这种内化了的方言，也顺势成了
王占黑小说叙事的语言风格。对于作家而言，方言因自幼熟习而
使得作家更容易把握语言的节奏感，更加顺畅地维持叙事节奏的
稳步推进，也有利于个体气质的产生。从地域文化方面看，方言

---

① 徐威：《论余华小说的反英雄叙事及其价值》，《南方文坛》2017年第3期。
② 格非：《小说叙事研究》，北京：清华大学出版社，2002年版，第98页。

在文本中渗透有利于形成一种鲜明的地域风格。体现在小说中，一是王占黑常使用口语化、趣味性较强、地方气息浓厚的民间白话词汇，如"交关""白相""后生"；二是显现在新奇的人物绰号或独特的比喻上，如"怪脚刀"、如把"打发时间的人"比作"卖不掉的甘蔗"。因王占黑笔下的故事通常以平铺直叙的方式展开，以白描手法为主，方言的使用，在相当程度上丰富了王占黑小说叙事。与此同时，吴地方言的娴熟运用，有效地还原了社区日常生活，也为小说文本掺入民间地域文化提供了便利：《空响炮》《街道江湖》之所以令人印象深刻，很大一部分原因就在于它的真实感、现场感与地域性，而这些感觉的生成又有赖于王占黑对方言的运用。

三

生活在社区中的人，发生在社区中的事，王占黑对此进行如实的记录，并不做任何价值评判。王占黑在文中习惯安排一个"我"的存在。虽然身处小说世界，但"我"只承担见证功能，对故事人物和生活不作干预——作者仿佛带领他人参观社区的导游，向读者原汁原味地展示真实社区的生活。

一般认为城市是陌生人社会，乡村是熟人社会。例如谢有顺指出："乡村是熟人社会，城市是陌生人社会；城市经验高度相似，乡村经验却极富差异性。没有经验的差异，就没有个性的写作，也没有独特的想象"①。王占黑笔下的社区，却融合了乡村与城市的双重特征，它在物质上是城市的，但在气质上又是乡土社会所常见的熟人社会。王占黑把写作的范围限定在了小区——小区里的居民并非大城市商品楼中的住户，而是能够相互联系的

---

① 谢有顺：《乡土资源的叙事前景》，《小说评论》2013 年第 1 期。

邻居街坊。《空响炮》《街道江湖》22篇故事及豆瓣后续推出的作品，以塑造具有相似性却又不尽相同形象的故事作为骨架，共同撑起小区的主体脉络。保安、个体户、菜贩、护工、农民、老知青、赌徒乃至小区里的大小动物，各色人物你方唱罢我登场。王占黑笔下的社区世界越来越完善，轮廓越来越清晰。

　　灵活运用互文手法，以整体、系列、写实的风格见长，是王占黑创作的优势之一：街道、人物、社会问题等，在各自的故事成为主体，又在另外的故事作为补充见证，彼此互相交织纠缠，最终形成一种动态社区的全景图像。在这种互文结构中，王占黑还原了真实的社区生态，再现了城市化过程中逐步突显的种种现实问题：亲子代际、老龄化、养老、下岗等等。张新颖为《空响炮》作的序中提道："她给我看几篇作品，我说单独看也好，如果能多写一些，放在一起看，会更见出好来"[①]，其意即在此。王占黑的小说写社区里的小人物，这些小人物没有惊天动地的事迹，有的是平凡且平淡的生活。王占黑的小说不具有完整的故事结构。她善于截取、串联生活的场面，如同放电影般一帧一帧放映普通人流水似的生活。值得引起我们注意的是，王占黑能够在看似平淡之中挖掘出隐秘的"惊心动魄""黯然神伤"和"无声叹息"来。这些记录现实、关注老龄人群体的社区（城市）系列写作具有相当高的文学价值，在"90后"作家群体中独具特色：不仅在于她书写面向社区的市井民生，还在于她真实、细致、平视、关怀的创作姿态；不仅在于她的日常叙事、反英雄叙事和方言叙事，还在于文字背后流淌的温情、恻隐、关怀乃至忧伤与愤怒。从这一点来说，王占黑的小说是一部独特的、艺术化的社区发展史。

---

① 王占黑：《空响炮》，上海：上海文艺出版社，2017年版，第3页。

"面对大同小异的生活中，如何写出属于自己的独特来，成为每一个'90后'作家都需要考虑的问题"①。在已经出版《空响炮》《街道江湖》两部中短篇小说集的情况下，王占黑社区系列写作仍在继续。王占黑见证社区的兴荣与凋敝，她的写作经验来源于此，她的"文学王国"也有意建立在此。如同福克纳的"约克纳帕塔法县"、莫言的"高密东北乡"、苏童的"香椿树街"、迟子建的"东北雪国"、贾平凹的"商州"与"秦岭"，王占黑也早早圈下了她的写作领域，规划了其文学王国的所在地——社区。相比于其他"90后"作家，王占黑清晰的写作方向、坚定的写作理想、细致而敏锐的艺术感觉、持续耕耘深挖的写作耐心，使得她的创作辨识度高、厚重感足、现实性强、人文关怀气息浓郁，使得她在"90后"作家群体中显得独树一帜，也使得她的创作令人充满期待。

发表于《惠州学院学报》2021年第2期

---

① 徐威：《2017年"90后"小说创作述略——"90后文学"观察之六》，《作品》2018年第2期。

第五章 诗意的诱惑："90后"诗歌创作论

第一节 "90后"诗歌的现实书写

　　自《诗选刊》在 2007 年第 11—12 期"中国诗歌年代大展特别专号"中首次集中推荐"90后"诗歌起，到 2008 年的《"90后"·90 年代出生的诗人作品特辑》，再到《中国诗歌》《山东文学》《诗刊》等刊物相继以专辑、专号的形式推出"90后"诗人作品，"90后"诗人及作品作为"新的一代"逐渐出现在读者们眼前。这些诗歌作品以群体或个人的形式，频频登场，在引发众多关注的同时，也迎来了相当的批评与质疑。在这些批评与质疑之声中，其中一种便是——"90后"诗人及其作品在对现实与时代的书写上，是否太过薄弱？换而言之，"90后"诗人似乎太过专注于书写自我，而将社会与时代置于一旁而不顾。以我看来，这一质疑实际上可以细化为好几个问题进行探讨。首先，"90后"诗人是否完全不关注现实？答案自然是否定的，他们的诗歌作品或多或少都与现实相关。那么，怎样程度的现实书写，或者说什么形式的现实书写才能够称作"关注现实"？个人的"现实"可否视作时代现实的一种？个人书写与现实书写能否有效地融合在一起？在这些问题之后，我们还可以追问，"90后"诗歌的现实书写主要集中在何处？力量几何？又呈现出怎样的特征？这些特征生成的原因又与哪些因素相关？凡此种种，都值得我们进行深入的探究。

一

　　诗歌本就是诗人个人情感与思索在沉淀之后的产物，"其或情之深，思之远，郁积乎中。不可以言尽者，则发为诗"①。也就是说，诗歌首先是个人的，带有明显的个人情感、经验与思考。在这个体性的基础之上，诗歌又有两种常见的延伸向度——一是努力向内挖掘，探究自我内心的悲与喜、情与欲、善与恶等，抒发我之所想所思，它竭尽所能地去呈现一个独特而感性的自我；二是着力向外延伸，以个体感悟为出发点，将个人情感与所处时代大环境紧密相连，在个人抒情中书写时代现状，记录社会与现实。以我看来，这两条路径并无优劣之分，它们都与诗人所处现实相关联，差别之处在于二者对时代、社会、现实的书写力度的不一。这令我想起李白与杜甫——当我们读到"仰天大笑出门去，我辈岂是蓬蒿人""天生我材必有用，千金散尽还复来""苟无济代心，独善亦何益"等诗句，在感受李白的壮志、豪迈与随性的同时，也能感受到李白所处的盛世大唐气象；而在杜甫"国破山河在，城春草木深""朱门酒肉臭，路有冻死骨""亲朋无一字，老病有孤舟"等诗句中，我们仿佛目睹了大唐由盛转衰时一幕幕画面。无论是着重呈现时代中的自我，还是在个人抒情中书写现实，我们都看到，诗歌在抒情之外亦有记录时代的能力，且这种记录有着长久的生命力与感染力。所以，米沃什说"诗歌的见证要比新闻更可靠"②，谢有顺坚信"记忆是

---

① （五代）徐铉《肖庶子诗序》，见胡经之主编；《中国古典美学丛编》，南京：凤凰出版社，2009 年版，第 17 页。

② ［波］切斯瓦夫·米沃什：《诗的见证》，黄灿然译，桂林：广西师范大学出版社，2011 年版，第 22 页。

文学的，客观的真实是历史的，但更多的时候，文学比历史更永久"①。

"90后"诗人热衷于书写自我，他们更为关注自我在这个世界中存在的欢欣与悲伤，关注个体存在的境况，追寻个体存在的意义。如李路平所说，"90后"诗人"更多地将目光聚焦于个体日常生活之中，他们通过自身的身体与心灵和所处时代对话，反映个体的生存境遇，并叩问现实生活的存在意义。他们更多地聚焦于'小写'的时代：个体、日常、私人化经验、快节奏、碎片化"②。问题的关键在于，"90后"诗人在自我书写中关注、书写了多少时代景象与现实景观？2011年，诗人杨克接受采访时认为"90后"诗人"他们的诗歌基本上是非现实性写作，而是想象性写作，因而诗歌不再是干预生活的手段，只是心灵的追问"③。这是观点一种——在这里，需要注意的是，在2011年，年龄最大的"90后"也才21岁，也就是说，绝大部分的"90后"诗人仍身处校园，对于现实的认知其实是有限的。从这种处境看，杨克的观点不无道理。那么，当"90后"诗人年龄渐长，逐步离开安逸的校园环境并接触到社会现实，他们的现实书写是否已经有了新的变化？

对于现实经验并不丰富的"90后"诗人而言，他们许多对现实的感悟与认知是在家庭之中生成的——尤其是亲人在现实面前的遭遇，往往能够引发"90后"诗人对现实的感悟。在这里，"90后"诗人的现实经验并不是直接经验。他们许多作品的现实

---

① 谢有顺：《文学比历史更永久》。http://www.360doc.com/content/17/0427/18/219382_649151541.shtml.

② 李路平：《90后诗歌研究》，广西师范学院，2015级现当代文学，硕士论文，第47页。

③ 南往耶：《90后诗歌：与任何一代相似，与任何一代不同》，《贵州民族报》2011年8月24日A7版。

书写是通过对亲人遭遇的记录与亲人形象的刻画而间接完成的。比如杨康《我不喜欢有风的日子》《乡音》《父亲的痛》《我的那些妹妹们》《掌子面的移动》、程川《他习惯猫着腰前行》《他习惯用咳嗽声掩盖衰老》《冬夜饮酒》(其八)、朱光明《父亲的江山》《姑父获赔》等作品,都是在对亲人的书写中展开他们对现实的观照。我们且看《姑父获赔》:

> 姑父死于一场矿难 / 解决下来 / 家属获赔抚恤金100万 / 所有人都认为还算公道 // 我心里私下犯起嘀咕 / 往前2年 / 矿难死一个人解决60万 / 往前5年 / 矿难死一个人解决30万 / 往前10年 / 矿难死一个人解决2万 // 嘀咕到此 / 我再不敢嘀咕 / 不敢往前 / 更不敢往后

朱光明在姑父之死中,用数字的对比呈现出他所感知的现实——人命与金钱可直接挂钩,且看起来人命越来越"值钱"。在这"值钱"的背后,是丧亲的痛楚,亦是对社会现实的一种批判。诗人的"嘀咕"与畏惧,正是他对于现实的一种间接书写。又如《父亲的江山》:"时过境迁,我在西安工地的角落里 / 见到放弃农业进城务工的父亲 / 耷拉着脑袋,一口接一口地抽着闷烟 / 当年的辉煌荡然无存 / 不停抱怨物价高、工资低、收账难 / 落魄有如丢了大好江山的亡国之君"。作为农民的父亲,曾经拥有一片属于自己的"江山",包括3亩菜园、5亩旱地、10亩水田和两座山。然而,当父亲走进城市,身份从农民转变为农民工,瞬间便一无所有了。这首诗同样是从亲人的遭遇出发,间接地呈现了我们的现实一种—— 一面是农村人口大批向城市涌去,一面是农民进城之后的艰难处境。因而,可以说,这首诗歌既是乡土的,又是城市的。

家乡景象，同样是容易引起"90后"诗人现实感触之物。我们在许多"90后"诗歌的家乡书写中，看到他们对于农村日渐破败衰老、村庄日益空荡这一时代现状的愤慨与悲伤。在《村庄里的大龄儿童》中，朱光明对于农村留守老人的书写令人动容：

> 在我的村庄／有一批留守的／大龄儿童／他们不识字／不上学／不看电视／不关心社会／不串门／不扎堆／／游戏重复／语言重复／话题重复／他们顽皮的天性／因此疲倦／变得呆滞／分散在各自的屋里／山坡或田坎／／他们人均年龄／60岁／以上／／我从县城回到家里／推门的声音／像是集合的口哨／把他们迅速聚拢／他们以老人的口吻／问着儿童关心的问题／／我叫他们／叔／伯／婶／娘

农村青壮年日益减少，留守的往往是老人与儿童。这一现状，是近些年来中国社会不容忽视的现实之一。昔日生机勃勃的村庄逐渐衰败，几乎丧失了全部活力，这种强烈的对比极其容易触动诗人敏感的心灵。由此，诗人将自己的所见所感化为诗句，是一种个人的深刻感触，又是一段真实的现实记录。

城市生活之不易，也是"90后"诗人书写现实的一个重要领域。在一首名为《城市》的诗歌中，余幼幼以戏谑、反讽、象征的手法呈现她眼中的城市现实：

> 这座优秀的城市／住着优秀的校长和干部／带领着一群优秀的建设人才／／我是祖国的花朵／从来不吝惜自己是人才／玩弹弓的时候我在想／好大的一个地盘／孩子们都用他们的手／种花又除草／在校长的带领下／

而在杨康的笔下，城市是写实的、具体的，也是疼痛的。繁华的灯光夜景给予他的感受是绝望："如果我要来形容灯光 / 我会说，灯光是一个人快要绝望的眼神"、"这是我在这座城市的见闻 / 我看到了灯光 / 无数人想向着这样的灯光靠近 / 他们耗尽体内全部的能量 / 越靠近越绝望"（《城市的灯光是一个人绝望的眼神》）。城市生活的艰辛给个体带来的痛楚以及随之而来的绝望，何尝又不是一种最真实的现实书写？

二

整体来看，"90 后"诗人在诗歌作品中对现实的书写大多从对自我的记录开始。变化在于，随着年龄的逐渐增长与现实经验的逐步累积，他们对现实的认知日渐深入，书写现实的力度也在不断增强。近些年来，一批以真实的自我生活状态为题材的诗歌作品，呈现出"90 后"诗人在现实书写方面的力量。值得注意的是，相较于在高校学习数年之后才逐渐更进一步接触社会现实的高校诗人，许立志、魏晓运、朱光明等初中、高中毕业之后直接在社会中为生活而打拼的年轻诗人，其现实书写更为具体也更为繁密，各具特色且充满锋芒。

2014 年 9 月 30 日，"90 后"诗人许立志在深圳龙华的一座大厦跳楼身亡。他的纵身一跃，引发了众多关注，也让更多的人关注到他生前所创作的诗歌。许立志高中毕业之后没能继续修学，而是在广州、揭阳、深圳等地务工。在深圳富士康的流水线上，许立志写下许多关于务工生活的诗歌作品。他的诗歌大多与艰辛的打工生活息息相关，青春的流逝与生活的艰难构成了其诗歌作品的底色。在诗歌中他展现他的疲惫、悲伤与绝望——他书写的是自己的生活，但呈现的是以十万计、百万计的年轻务工人员的痛与悲。换而言之，他的书写是个人的，又是一代人的：

> 沉湎于打工生活／我眉间长出一道孤苦／任机台日夜打磨／咣当声里／十万打工仔／十万打工妹／将自己最美好的青春／在流水线上，亲手埋葬／师傅说／这是高速机，那是泛用机／这是载具，那是治具／可我看到的／全是冰冷／线长说，都是出来打工的／没人逼你／我被这句话捆绑在／回忆的耻辱柱上／细数那些／再回不去的岁月（《打工生涯》）
>
> ……疼痛的光在珠江三角洲弥漫／广州，深圳，东莞，佛山……／亿万打工者驭着生活的火车／修建通往新世纪的康庄大道（《开往南方的火车》）
>
> 我咽下一枚铁做的月亮／他们把它叫做螺丝／／我咽下这工业的废水，失业的订单／那些低于机台的青春早早夭亡／／我咽下奔波，咽下流离失所／咽下人行天桥，咽下长满水锈的生活／／我再咽不下了／所有我曾经咽下的现在都从喉咙汹涌而出／在祖国的领土上铺成一首／耻辱的诗（《我咽下一枚铁做的月亮……》）
>
> 多年前／他背上行囊／踏上这座／繁华的都市／意气风发／多年后／他手捧自己的骨灰／站在这城市的／十字路口／茫然四顾（《进城务工者》）

许立志的诗歌，不是想象性写作，而是现实生活的诗化——它是个人生活的写照，亦是对社会现实的真实记录。他为自己画像，也为与他一起工作的年轻务工者群体画像。在这些作品中，扑面而来的不是有气无力的呻吟，而是凛冽的艰难生活。读这些诗歌，容易令人想起"80后"诗人郑小琼对流水线生活的书写——同样从个人出发，同样带有深切的现实体悟，同样，它们也充斥着锋芒。这样的现实书写犹如铁针，刺痛着我们。

1990年出生的魏晓运在诗集《怎么打开民工的门》中，记录着他在建筑工地上拼搏的种种感触："我睡过多少工地的板子？/ 这并不重要，重要的是 / 多少工地的板子记住了我的名字 / 我的夜晚，还有 / 那具疲惫的尸体 // 我是工地十八岁的幼苗 / 以草木为姓，天地为名"（《生命的自叙》）；"这样的高温，不属于民工 / 机器都会滚烫、沸腾、喊热 / 架子上的那个汉子，头顶冒出的烟 / 像机器的烟筒，但是 / 他的抗议，远远没有发动机的声音 / 那么大"（《无语的民工》）。与许立志的流水线书写一样，魏晓运在他熟悉的工地生活中呈现他的感悟与思考。《工地上那个男孩》《和架子上的一个工人说话》《小魏》《老陈》《黄师傅》《老王》《夜里，一群搬家的农民工》……在这些标题中，我们看到，魏晓运试图在对个体命运的书写中呈现现实生活种种复杂面貌的抱负。

与身处高校的"90后"诗人作品相比较，许立志、魏晓运等人的诗歌具有更强烈的现实生活气息——如果说高校诗人更多地是在将内心感悟化为诗歌，那么，他们则善于将自己所处的生活化为一幕幕鲜活的场景，在这场景中呈现我们所不甚了解的生活领域。他们的诗歌来源于现实，来源于亲身体验，因而他们的现实书写更为具体也更有冲击力。

三

"90后诗人由于年龄和职业等因素的影响，他们的经历相对来说较为简单，与社会的接触面较为狭窄，因而，不可避免地，他们的诗歌题材相对来说较为集中，多集中在感情、校园生活等方面，在诗歌反映生活的广度上显得有些单薄……由于年龄和所处环境等原因，90后诗人生活阅历有限，他们在对生活的描绘上存在着一定的局限性。在对题材的选取上，它们多关注于友情、爱情、乡情、苦闷、欢欣等个人生活的领域，尽管对于其他题材有所关注，但总体而言对生活广度的把握有限。"①——这样的批评在5年前是适当的，而用在今日则并不然。在"90后"群体逐渐离开相对安逸的校园环境，投入到与现实生活的搏斗中，他们身上"现实经验的有限""生活广度的不足""书写力度的薄弱"等一系列问题都随之发生变化。而事实上，我们也看到了"90后"诗人在现实书写上的突破。总的看来，"90后"诗歌中的现实书写呈现出以下新的特征：

第一，无论是间接地观照现实还是直接书写现实，"90后"诗歌中的现实书写总是从自我这一个体出发的。无论是书写"我"在他人身上看到的，还是书写"我"亲身体验的，"90后"诗人的创作总是以自我为出发点。比如，"90后"诗人苏笑嫣认为，"前些年代的诗人注重的民族性、社会性会更强一些，而90后更多关注个体"②。第二，"90后"诗人对于现实，既无强烈的"主观战斗精神"，亦无明显书写时代风云变幻的欲望，他们的现实书写集中在一个个具体的"小我"中。换而言之，"90后"诗人目前并无书写宏观的波澜壮阔的现实的倾向——或者说，他们并无宏大叙事的愿望。他们的现实书写扎根于细微处的真实情境，总是试图将一种真实从生活移植到诗歌中。也正是因为如此，他们作品中的现实书写在力度上并无大众预期的那般深刻，甚至给人以"90后"诗人不关注现实的假象。第三，对于现实生

---

① 赵洋洋，董运生：《世纪"新来者"的喜与忧——论90后诗人与诗歌》，《殷都学刊》2012年第1期。

② 南往耶：《90后诗歌：与任何一代相似，与任何一代不同》，《贵州民族报》2011年8月24日A7版。

活中残酷的一面，"90后"诗人不是在高声疾呼，也没有幽怨自弃，而总是在呈现。他们更多的是将自己的"所见""所闻""所经历"的事物相对客观地呈现在诗歌中，字里行间有诗人独特的情绪，但并无明显的评判色彩。从这个角度来说，"90后"诗人的现实书写是相对内敛的，也是相对自我的。第四，在书写自我中，我们又时常看到"90后"诗人在现实面前不自觉地呈现出迷茫、无力、愤懑甚至绝望等灰冷色调。这种情绪也可视作"90后"诗人现实书写的一种。

总而言之，随着"90后"诗人年龄的增长、阅历的增多与思想的进一步成熟，他们的现实书写在题材上逐步广阔起来，诗歌的锋芒也愈加锐利、耀眼。因此，"90后"诗人对于我们时代与现实的书写，值得我们期待。

发表于《诗歌月刊》2017年第11期

第二节 "自选"与"他选"

自《诗选刊》2007年首次将"90后"诗歌纳入其年代诗歌大展，到今天众多主流文学刊物以"专栏""专号""专辑"等形式对"90后"作家作品进行大力推荐，"90后"作为诗坛的新兴力量越来越受到文学界的关注和青睐。"90后"作为新的一代，正迅速以群体姿态登上当代文学的舞台，并取得引人注目的成绩。2017年，由"90后"诗人马晓康主编的《中国首部90后诗选》①（以下简称为"马晓康本"）和由《诗刊》社主编的《我

---

① 马晓康：《中国首部90后诗选》，太原：北岳文艺出版社，2017年版。

听见了时间：崛起的中国90后诗人》（上、下卷）①（以下简称为《诗刊》社本"）两部"90后"诗选相继面世。在"90后"诗歌写作者首次集体亮相十周年之际，这两个选本的面世，既阶段性地总结了"90后"诗歌，也将"90后"诗歌提升到了新的高度。两个选本皆面向正在崛起的"90后"诗歌写作群体，但它们发出的却是来自"民间"和"官方"两种不同的声音。选的结果自然不尽相同，我们或许可以从这结果的异同中窥探一番：两个选本的异同，折射出各自怎样的编选理念？它们又能否呈现出"90后"诗歌大致样貌与整体实力？"选"的意义又在何处？

一、选本的代际化："自选"与"他选"

文选作为一种文学传播的载体，在中国历史上早已有之。自春秋时期孔子编选、删订《诗经》以来，到如今依照年龄、性别、代际、地域、流派、题材、体裁、年代等各种标准进行选本编著，文选在中国已有几千年的历史。这些选本所呈现的，不仅仅有经过编选的优秀作品，还有编选者敏慧的编选眼光。鲁迅先生就曾表示："选本所显示的，往往并非作者的特色，倒是选者的眼光。眼光愈锐利，见识愈深刻，选本固然愈准确"②。的确，"选"本质上就是一种判断、筛选、评价和引导。因而，入选的更多是编选者视野中那些符合其审美与立场的作品。编选者将这些作品结集，既是重视文本本身的分量，也是希冀通过对文本的筛选从而使得某一群体、某一风格、某一流派等在阅读者乃至写作者中产生影响。

---

① 《诗刊》社：《我听见了时间：崛起的中国90后诗人》，北京：中国青年出版社，2017年版。

② 鲁迅：《鲁迅全集》（第六卷），北京：人民文学出版社，2005年版，第436页。

针对同一群体的多种选本，在中国当代诗歌史上并不少见。"十七年文学"之后具有重要影响的诗歌群体，多有两本或两本以上有代表性、有影响力的选本。比如"朦胧诗"群体，有最早公开发行的由阎月君、高岩等人编选的《朦胧诗选》，有作家出版社出版的《五人诗选》，还有由洪子诚、程光炜编选的《朦胧诗新编》等。又如"第三代诗"群体，先有唐晓渡、王家新编选的《中国当代实验诗选》和徐敬亚、孟浪等编选的《中国现代主义诗群大观1986—1988》，后有万夏、潇潇编选的《后朦胧诗全集》。以上选本以诗歌流派、诗学特征为中心，而从代际视角划分诗歌群体并编选选本自"70后"诗歌始。比如黄礼孩编选的《70后诗人诗选》、安琪与黄礼孩共同主编的《诗歌与人：中国大陆中间代诗人诗选》与《中间代诗全编》、康城等人编选的《70后诗集》、刘春编选的《70后诗歌档案》、丁成编选的《80后诗歌档案》，以及本文着重探讨的"马晓康本"及《诗刊》社本"两部"90后"诗选等。在以代际标注"70后""80后""90后"诗人之后，近几年又出现了一批"五人诗选"——主要是回眸"70后"之前的两个代际（"50后"和"60后"）中具有代表性的诗人诗作。2017年3月，华东师范大学出版社出版了《五人诗选》，编选了雷平阳、陈先发、李少君、潘维、古马的作品。同年7月，花城出版社出版了《新五人诗选》，编选了臧棣、张执浩、雷平阳、陈先发、余怒的作品。以上两本皆是"60后"诗人的结集。而2019年1月，花城出版社继续出版了《50年代：五人诗选》，编选了"50后"诗人于坚、王小妮、梁平、欧阳江河、李琦的作品。

　　这样梳理下来，我们似乎看见一幅波澜壮阔的图景——从代际的角度看，当代诗人几乎都有了属于自己的代际选本。这是新世纪以来一个值得关注的文学现象，其背后隐藏着复杂的变化。当代诗歌进入代际命名以后，相当一部分的诗歌写作者"抱团发展"，以期引起更多的关注。① 在其中，既有迫切进入文学场域并留下其声名者，也有因处同一时间阶段被组织起来的人。因此，这些选本，既有代际群体或个人的"自选"，也有从旁观者视角与他者审美出发的"他选"。"他选"大多由诗坛前辈、学者、评论家、出版社对某一群体的诗歌进行编选。相对而言，这类选本的权威性与被认可度更高。然而，我们也不能忽略掉"自选"。一者，在当代文学现场"自选"往往在"他选"之前。"自选"有利于诗人、诗歌群体引起读者和评论界的关注，也有利于其作品进一步进入"他选"选本。二者，"自选"是由写作者自己选择，往往更能够代表某一诗歌群体的创作理念与审美趣味。无论是哪种，"选"都为他们的声音、形象供给了更集中、更有力的输出。然而，我们也必须清楚地看到，进入代际命名潮流以来，诗歌写作者常常作为被建构的群体而被冠名为"××后"。这一命名虽然多有"归纳"与"自行集结"的意味，但他们没有统一、明确的诗歌创作理念与相对集中、一致的美学风格，再加上代际更替的速度相对较快，最终的结果是他们的声音与形象更加难以清晰化。于是，在当代文坛中，总能看到他们的身影——仿佛是一个旗帜鲜明的群体，但认真观察后却又如同雾里看花，在似是而非中无法描绘出一个清晰的轮廓。所以，当我们回望代际诗人群体时，正如臧棣所言："就诗歌阅读而言，70后诗人刚摸脉摸得有点眉目，80后诗人写作基本还没怎么消化呢，现在90后这

---

① 比如，有相当数量的"90后"作家并不甘心被人忽略——他们积极地在网络上"自我表现"，形成联谊社团"抱团发展"，通过自办刊物、自编书籍、自办网站，编制各式各样的"90后"作家排行榜等种种方式，试图让更多的人关注、认可"90后"作家。参见徐威：《论"90后文学"的发生——"90后文学"观察之五》，《作品》2017年第12期。

么一个阵容庞大的诗歌群体又开始浩然登场，确实令人吃惊"①。

回到"马晓康本"和《诗刊》社本"两个"90后"诗歌选本——前者是"自选"，后者是"他选"，两个选本的编选者、编选方式（稿件来源）、编选范围、出版经费均有不同之处。

第一是编选者的不同。"马晓康本"的编选者主要是马晓康及其组建的编委会，有马晓康、阿煜、顾彼曦、郭良忠、贾假假、荆卓然、李龙刚、梁永周、吕达、牛冲、祁十木、秦三澍、童作焉、王浩、王家铭共计 15 人。他们皆为"90后"诗人，但却包含着多种写作向度，选本因而显现出较强的个体性。《诗刊》是中国作家协会主管的大型文学刊物之一，是历史悠久的传统官方刊物。"《诗刊》社本"的编选者题名为"《诗刊》社"——尽管《诗刊》社中"90后"诗人丁鹏作为编辑为此选本付出了大量心血，但显然，从编选者的命名来看，"《诗刊》社本"的集体色彩较浓，而个人色彩要弱于"马晓康本"。第二是两个选本编选方式（稿件来源）的不同。"马晓康本"的入选作品来源于"面向全国征稿和诗家推荐相结合，编者评分选取"②；《诗刊》社本"并未公开征稿，而是以《诗刊》社微信公众号推出的"90后诗歌大展"中的诗人和历年《诗刊》中发表作品的"90后"诗人为主体进行编选、约稿。《诗刊》长期关注青年诗人，下半月刊中的"校园"栏目更是直接关注到许多年轻写作者，这势必对"《诗刊》社本"的编选有着不小的帮助。第三是编选范围的差异，即入选者出生年限的不同。"马晓康本"所编选的"90后"范围不同于"《诗刊》社本"及大众往常定义的"1990 年至 1999

---

① 张清华、臧棣、汪剑钊等：《新时代与 90 后诗歌》，《诗刊》2019 年第 14 期。

② 马晓康：《中国首部 90 后诗选·后记》，太原：北岳文艺出版社，2017 年版，第 422 页。

　　　　　　　　　　　　　　群像与个体　|

年间出生的人"，而是将其扩大至了"1989—1999"。马晓康在一次采访当中解释道："1989 年，未尝不可以作为 90 年代的开端，毕竟我们诗歌写作史的一次精神质变，正是从 1989 年开始的"[①]。第四是选本出版经费的差异。"马晓康本"是一种"90后"选"90 后"的"自选"（自我组织）行为，而非出版社、杂志社等的主动策划，因而背后缺乏出版资金的支持。从马晓康在选本的征稿启事来看，此选本为自费出版："我做了充分的准备，不需要众筹，但没有理由拒绝订购"[②]。《诗刊》社本"则有充足的出版经费支持：2016 年《诗刊》杂志就制定了"90 后诗歌计划"，而此选本正是计划的成果之一。

综合来看，"马晓康本"是自选，《诗刊》社本"是他选；"马晓康本"具有"民间立场"，《诗刊》社本"则具有"官方色彩"。"自选 / 他选""民间 / 官方"，针对同一"90 后"诗人群体的两个选本，在不同的组织方式与编选理念下，呈现出多重差异。这些差异，恰恰是值得我们关注的地方。

二、多重差异：作者、作品与选本风格

"马晓康本"和《诗刊》社本"既有交集，也有不同，但这些差异并不代表着它们是完全对立的两个选本。"马晓康本"求大求全，追求"面"包含许多个"点"；而《诗刊》社本"力图精英，"点"不在多而在深。从入选两个选本的作者及作品来看，《诗刊》社本"更偏向于选入"学院派"的诗歌，"马晓康本"

---

① 马晓康、花语：《马晓康：人们会重新回到寻找史诗的时代》，中国诗歌网 2017 年 6 月 20 日。https://www.zgshige.com/c/2017–06–20/3637455.shtml.

② 马晓康：《〈中国 90 后诗选〉征稿启事》，作家网 2017 年 5 月 24 日。http://www.zuojiawang.com/html/wentanxinxi/26227.html.

则是将"知识分子写作""草根写作""口语诗"等多种书写风格的诗歌一并选入。

入选诗人诗作的异同建构了两个选本纵横交错的局面。入选"《诗刊》社本"的诗人诗作,普遍来说已相对成熟和稳健。"马晓康本"则是求大求全,入选的诗人诗作涉及现代诗歌书写的多种向度:"既有偏向深度意象和语言探索的'学院派',也有直抒胸臆追求事实诗意的'口语诗'以及无意义的'废话诗'和坚持自由创造的'民间立场'"①。在此条件下,"《诗刊》社本"里有些成熟稳健的诗人诗作符合某种向度而同时入选"马晓康本",而"马晓康本"中在某一向度上的相对成熟稳健的诗人诗作,也可以同时入选"《诗刊》社本"。另外一些未同时入选的,或同时入选却诗作不同的,即两个选本的异处所在。

两个选本入选诗人比较	
同时入选两个选本的诗人	阿海、阿天、阿卓日古、曹僧、陈汐、陈翔、程川、大树、代坤、丁鹏、丁薇、公刘文西、宫池、黄建东、金小杰、康雪、蓝格子、黎子、李顺星(李空吟)、李一城、刘阳鹤、马骥文、马小贵、马晓康、孟甲龙、祁十木、秦三澎、若颜、砂丁、述川、宋阿曼、王江平、王子瓜、童作焉(李金城)、吴盐、午言、息为、向著、向晓青、徐威、徐晓、于文翀、玉珍、张存己、张小榛、朱光明、庄苓、庄凌、左手(共49位)
同时入选两个选本并有相同作品的诗人	阿海、阿卓日古、曹僧、陈翔、程川、大树、宫池、蓝格子、李一城、刘阳鹤、马晓康、祁十木、述川、宋阿曼、向著、徐威、玉珍、朱光明、庄凌、左手(共20位)
同时入选两本诗选但作品完全不同的诗人	阿天、陈汐、代坤、丁鹏、丁薇、公刘文西、黄建东、金小杰、康雪、黎子、李顺星(李空吟)、马骥文、马小贵、孟甲龙、秦三澎、若颜、砂丁、王江平、王子瓜、童作焉(李金城)、吴盐、午言、息为、向晓青、徐晓、于文翀、张存己、张小榛、庄苓(共29位)

---

① 马晓康:《中国首部90后诗选·前言》,太原:北岳文艺出版社,2017年版,第1页。

入选了"《诗刊》社本"但未入选"马晓康本"的诗人	白天伟、白猿、北北、曾入龙、陈丛、陈景涛、程沛、程一、楚茗、邓溪瑶、繁弦、范俊呈、付邦、郭月洲、洪光越、黄莺子、吉云飞、姜巫、蒋在、康承佳、康苏埃拉、康宇辰、李唐、李天意、李田田、李昀璐、栗鹿、梁豪、林国鹏、林子懿、米吉相、莫小闲、潘云贵、彭杰、屈杨、冰洁、如妍、石杰林、唐小林、汪斐然、王超然、王磊、王琼、未名、温馨、吴径、吴立松、吴文星、肖于超、谢雨新、熊森林、熊生庆、颜彦、杨妍、杨泽西、姚文定、叶织、曳诩、予望、袁磊、袁恬、袁伟、苑希磊、张家纬、张诺一、张晚禾、张雪拉、张雨丝、张媛媛、郑纪鹏、钟芝红、朱天歌（共 71 位）
入选了"马晓康本"但未入选"《诗刊》社本"的诗人	阿然、阿煜、鲍伟亮、白左、曹驭博、车婉莹、陈万、陈韵怡、重木、葱葱、从安、弟弟、蝶小妖、杜峰、杜嘉俊、冯谖、桴亘、扶摇、高璨、高短短、高洋斌、高宇、更杳、贡苡晟、顾彼曦、顾子溪、郭良忠、韩熠伟、何骋、何攸天、贺婕、黑多、胡不伟、胡游、黄鹤权、黄语蝶、黄雨陶、灰狗、贾假假、焦琦策、金格、金洋、靳朗、荆卓然、井弧、井鸣睿、敬笃、居昕、桖桖、莱明、蓝蝶儿、蓝毒、李海鹏、李柳杨、李龙刚、李世成、李琬、李义利、李意奴、梁敬泽、梁洛嘉、梁永周、灵鹭、刘黄叶兰、刘郎、刘浪、刘尚华、刘涛、刘文杰、刘肖旭、卢游、璐小猫、路攸宁、罗耀、吕达、绿鱼、马迟迟、马青虹、马文秀、马映、蛮蛮、毛毛、米崇、魔约、陌邻、木鱼、木子文武、牛冲、诺布朗杰、欧阳炽玉、柒叁、祁连山、千夜、覃才、青尘、清月无痕、饶佳、任如意、申海唐、师飞、拾谷雨、树贤、树弦、司马如阳、苏河、苏笑嫣、薇弦、孙念、甜河、田凌云、涂然、王长征、王春天、王冬、王二冬、王付、王浩、王家铭、王俩合、王世虎、王威洋、王瑶宇、吴惘、吴雨伦、西贝、西克、向晚、萧楚天、潇湉、许玄妮、炎石、杨万光、杨旭、叶飙、叶长文、叶雨南、易小倩、余幼幼、宇剑、曾贵麟、张朝贝、张培亮、张家玮、张佳羽、张楠、张骞、张晚禾、张心柔、张妍文、张勇敢、张元、翟文起、赵应、郑琬融、郑毅、郑智得、周念、朱慧劫、朱来磊、朱旭东、宗昊、左小事界（共 162 位）

首先是同时入选两个选本并有相同作品的诗人。阿海、阿卓日古、曹僧、陈翔、程川、大树、宫池、蓝格子、李一城、刘阳鹤、马晓康、祁十木、述川、宋阿曼、向茗、徐威、玉珍、朱光明、庄凌、左手——他们及其作品的被认可度普遍较高。如王子

瓜将曹僧认为是"一代人写作的代表甚至某种典范"[①];2016 年 "诗刊社"公众号推出"90 后诗歌大展",首位展示的"90 后" 诗人玉珍的组诗《田野上的皇后》,一经推出即收获了近 1.3 万的 阅读量;阿卓日古为彝族,刘阳鹤、祁十木则来自回族,他们来 自少数民族,饱含少数民族的款款深情。

其次是入选两个选本但入选作品完全不同的诗人。与前者相 似,金小杰、向晓青、徐晓、马骥文等人均已在诗歌创作上取得 了较多的关注。他们或是曾参加过《诗刊》《中国诗歌》《星星》 等刊物组织的重要活动,或是在《诗刊》《诗选刊》《星星》《中 国诗歌》《扬子江诗刊》等重要刊物发表过作品。相对而言,这 两部分"90 后"诗人的创作已经较为成熟,并形成了自己的写作 风格。这些诗人中,有的人入选作品完全不相同,但入选两个选 本中的诗歌风格是相差无几的。然而也有些入选两个选本的不同 作品,风格差别较大,甚至可以说拥有不同的面貌。如金小杰写 到她的教书生涯,入选"《诗刊》社本"的明显是更加严肃,或 者说更"知识分子"一些,而入选"马晓康本"里的则更多显露 出抒情化、生活化、个人化的特征。马骥文在两个选本当中的诗 歌也指向不同向度:入选"《诗刊》社本"的作品较为富有历史 厚重感,而入选"马晓康本"的作品则较为个人化,更倾向于书 写个人情绪。在"《诗刊》社本"中,他的诗从形式上和内容上 都相对紧凑。形式上,每一首都没有分行,一节便是一首;内容 上,不断在题记中引用名句(《喊叫水诗篇》题记引用布罗茨基 的"幸存下来的似乎是水和我",《墓园记事》题记引用奥克塔维 奥·帕斯《四重奏》的"我们不过是一个个光点"等等),每首 诗都拥有较为深厚的历史感。而在"马晓康本"中,入选的是分

---

① 霍俊明:《你所知道或不知道的一代人——关于 90 后诗歌,兼论一种进 行时写作》,《西部》2018 年第 5 期。

行断节很明显，且以轻散化话语描写个我伤痛的诗歌："草药冒着热气，在原野上寻找路过的 / 伤心，还是？ / 当一个人走过，另一个人又接着走 / 姿态是潜在的美学 //……// 你不敢写下一个大 / 如同，你宣告自己不属于这个圆 / 规针刺中白色的中央 / 就像飓风吸食大地上不合时宜的轻"[1]（《人景》）。

再是两个选本不同的入选诗人。入选"《诗刊》社本"却未入选"马晓康本"的有 71 位诗人，大约占了"《诗刊》社本"入选人数的六成。162 位诗人入选"马晓康本"（接近"马晓康本"入选人总数的八成）却未入选"《诗刊》社本"。造成这一现象的原因主要有以下几个：一是由入选者多来自各大高校（甚至不少是名校研究生）和其在重要刊物、赛事有较为丰厚的发表或获奖履历看，不难发现"《诗刊》社本"编选的作品是更偏向于知识分子写作的；而"马晓康本"的 15 位编委代表了几种诗歌写作向度，众口难调，并非每位都乐于引荐和评选这一类作品。二是一部分入选"《诗刊》社本"的诗作过长，而"马晓康本"的征稿启事上写的"建议每人两首、每首 30 行以内，不过也可投长诗或长诗节选"[2]。因"马晓康本"求大求全，故而入选的诗人多，又因自费出版，所以每个诗人能占的版面相对就较少，长诗便不太讨喜。三是《诗刊》是中国作协的官方刊物，其门槛相对较高，"马晓康本"编选的不少诗作，尚未达到他们的编选标准。

最后从一些细微之处看看两个选本的区别。一是个人简介："《诗刊》社本"里的入选诗人，个人简介大多呈现为"××，×年生，毕业 / 就读于 × 校，× 学位，作品见于 ×× 刊物，曾获

---

[1]　马晓康：《中国首部 90 后诗选》，太原：北岳文艺出版社，2017 年版，第 195 页。

[2]　马晓康：《〈中国 90 后诗选〉征稿启事》，作家网 2017 年 5 月 24 日。http://www.zuojiawang.com/html/wentanxinxi/26227.html.

××奖，曾参加×夏令营"或与之相近的样式；而"马晓康本"大多入选诗人的个人简介相当简单，更有甚者只有短短一句出生年份及籍贯的介绍。这其实已经暗含着一种意味："《诗刊》社本"要求更严苛，入选者大多需要有一定的作品发表经历。二是出生年份：入选"《诗刊》社本"者靠近代际末出生的诗人总体而言为数不多，如1996年出生的陈景涛、楚茗、代坤，1997年出生的姜巫，1999年出生的彭杰等；而入选"马晓康本"者靠近代际末出生的人数要多一些。这意味着，"《诗刊》社本"入选诗人的创作历程相对更长久，经验更加丰富。三是入选作品的内在关联。因"《诗刊》社本"每个人的入选诗歌数量较多，每个人平均有6—7首的空间，所以编选时有余地考虑到个人诗歌的整体性、相关性和内在逻辑。如蓝格子的入选作有几首都是以"日常"命名：《日常：四月的一个夜晚》《日常：争吵之后》《日常：海边散步》，又比如白天伟的《五月十六日》《六月七日》《五月二十八日》都是以日期为题；而"马晓康本"平均每个入选者的作品仅有2—3首，对入选诗歌的整体关联有所切断，因而在入选诗人整体风格的呈现上略显欠缺。四是入选作品的尺度。"《诗刊》社本"入选的120位诗人的700多首诗里几乎没有出现过较为"露骨"的字眼，涉及身体与欲望时总自觉地带着某些隐喻。"马晓康本"则不然，其用词尺度要比《诗刊》社本"大得多："小时候的梦里 / 就有女人 / 或者女孩 / 和大了梦里女人女孩的样子 / 有些不一样 / 在扑上去 / 扒光她们衣服的时候 / 总是看到白白的一片 / 什么都没有 / 但不知道为什么 / 每次，都忍不住扑上去 / 接下来 / 又不知道做什么"（陈万《小男孩之梦》），"我只能硬着头皮被它偷看 / 连乳房也不放过"（胡不伟《月亮总是偷看我》），"六月骂我是傻B"（井弧《割袍断义》），"有时候做饭比做爱有乐趣"（刘黄叶兰《削皮》）。

三、编选理念：深度与广度

以上异同，都与选本背后编者的编选理念紧密相关。探寻这两个选本的编选理念，最终还是要回到"自选"和"他选"上。

编选理念的差异首先来自于他们在文学场中所占位置的差异。布尔迪厄认为，"无论对于作家还是批评家，画商还是出版商或剧院经理，唯一合法的积累，都是制造出一种声名，一个得到认可的名字，这种得到认可的名字，这种得到认可的资本要求拥有认可事物和人物的权利，进而得到赋予价值的权利，并从这种操作中获取利益的权利"[①]。也就是说，在文学场中具有象征资本（威望、名声、荣誉）的占位也就拥有了支配其他占位的权利。《诗刊》作为中国作家协会的官方刊物，在文学场域的象征资本不必多言。对于《诗刊》而言，编选"90 后"诗歌选本实则是在扶持青年写作，认可和支配"90 后"诗歌的入场。与之相反的是，马晓康或"马晓康本"相对而言并没有足够的象征资本支撑其进入被文坛前辈占据大多数位置的文学场域。除却具有象征资本的主流文学期刊推介外，他们只能积极地表现自我。这次编选正是他们在发出自己的声音。在场域的位置不同，是两个选本编选理念不尽相同的原因之一。除此之外，还需要看见两个选本另一个"场"的不同，即立场。为响应中共中央关于繁荣发展社会主义文艺的意见、扶持青年文艺创作，《诗刊》社制定了"90 后诗歌计划"，而"《诗刊》社本"正是"90 后诗歌"计划的一环，此选本也是《诗刊》社扶持年轻诗人的成果之一。"马晓康本"是马晓康集结 15 位"90 后"诗人好友共任编委，自费出版。《诗刊》社的编辑丁鹏在一篇文章中曾经提及："余幼幼、

---

① ［法］皮埃尔·布迪厄：《艺术的法则：文学场的生成与结构》，刘晖译，北京：中央编译出版社，2011 年版，第 182 页。

吴雨伦、马晓康等则更多地呈现为民间立场与'地下写作'的风貌[①]。因此，"《诗刊》社本"带有更鲜明的"官方立场"与"主流色彩"，而"马晓康本"则居于民间立场。不同的位置、不同的立场也使得两个选本产生了不同的编选理念。

"《诗刊》社本"的编选理念流露出的是精英化。入选120人，每个人平均6—7首，整体质量更具稳定性。入选者大多已经在《诗刊》《星星》《中国诗歌》《扬子江诗刊》等重要诗歌刊物发表过作品，有的还参加过"《诗刊》社青春诗会"《人民文学》新浪潮诗会"《星星》中国大学生诗歌夏令营"《中国诗歌》新发现夏令营"等，都是已经崭露头角的诗歌新力量。同样是选，但刊物、赛事、夏令营的筛选在选本之前已经发生。那么，入选过重要刊物和重要比赛的写作者可以说已经得到了一定的认可。从这个角度来看，《诗刊》社编选时有着更为严苛的要求，它是在筛选的基础之上进行的二次编选。

"马晓康本"的编选理念透露的则更多是包容。入选211人，每个人平均2—3首，比起"《诗刊》社本"的普遍稳健成熟，"马晓康本"更愿意展示它的广度。入选的211人里，有一些诗歌并不被官方或者主流所接纳并传播；有一些写作者具有潜力但尚未达到主要期刊的认可；有一些写作者甚至并无诗歌发表的经历。"马晓康本"敢于将其一并纳入这个选本，主要源于其希冀的包容性。正如在此之前不厌其烦地使用"求大求全"一词，是因为包容，也是因为他们要以群体的形式登上舞台，自然是群体越大发出声音的可能性也越大。

---

① 丁鹏：《诗刊社百位 90 后诗人扶持计划启动》，中国作家网 2017 年 3 月 1 日。http://www.chinawriter.com.cn/n1/2017/0301/c403994-29115785.html.

群像与个体 |

四、作为一个平台：意义与局限

近几年，"90 后"作家走红，备受文学刊物、文学奖项等的喜爱，也得到了众多文学力量的支持。然而，在这背后，也不乏质疑的声音：他们的创作质量究竟如何？他们的创作是否具有持续性？回到这两本"90 后"诗歌选本，这样的质疑同样存在：他们的水平如何？是否过度拔高了他们的创作？编选又是否有意义？

在互联网时代，诗歌创作处于一种生产大爆炸之中。各式各样的诗歌网站、论坛、微信公众平台、社交平台为诗歌的呈现提供了与传统纸媒发表截然不同的另一条路径。"90 后"诗歌同样如此。但是，数量庞大的文本海量涌现，自然避免不了良莠不齐的现象。两本诗选的意义之一在于：在海量的"90 后"诗歌文本之中，精选出相对优秀的、相对具有个性的作品，让读者、研究者对"90 后"诗歌有一个相对直观的感观。其次，尽管《中国诗歌》《诗刊》《星星》《诗选刊》等刊物都曾经推出过"90 后"诗人作品的专辑或小辑，但这些小辑从整体看依然显得零散。从这个意义上说，两本诗选的意义之二在于：全面地整合了近十余年来"90 后"诗人作品，呈现了"90 后"诗人的整体实力。更为重要的是，选本为众多的"90 后"诗人提供了一个平台，并有可能在此平台亮相的基础上进一步前行。由此，两本诗选的意义之三在于：让"90 后"诗人群体作为同代人一同进入当代文学场域，并引发关注。当然，进入当代文学场域并不意味着他们能够迅速地在场域之中得到自己的位置。这是一个相对较为漫长的过程，是一个受制于时间的筛选过程。这一过程，即为文学作品的经典化。

徐勇在讨论当代诗歌选本编纂时，谈到过诗歌选本的重要功能。他认为："诗歌选本编纂功能的某种新变，一是通过诗歌选本中的编选以达到诗歌经典化的文学史建构功能，一是通过诗歌选本建构诗歌流派或通过诗歌年选的编选以建构文学现场的功能。"① 对比两部选本，它们在这两方面都发挥着作用，只是"《诗刊》社本"更侧重的是文本"经典化"功能，而"马晓康本"更侧重的是则是文学现场的功能。童庆炳指出文学经典建构的因素是多种多样的，其中"发现人"（又可称为"赞助人"）② 就是关键因素之一。作为权威期刊，《诗刊》的影响力显然是大于"90 后"诗人自身的。它作为"90 后"诗歌作品的"发现人"，能够赋予"90 后"诗人及诗歌更高的信任值与肯定值。由此，"《诗刊》社本"对"90 后"诗人与诗歌从"新秀"走向"中坚"、从"习作"走向"经典"有更大帮助。

当然，两个选本的编选或多或少存在局限。"《诗刊》社本"入选作品多由编者在各大刊物发表的作品中自由选稿，在这个角度来说，一些尚在起步阶段的"90 后"诗人便错过了这场盛宴。据入选诗人的简介情况，没有较多发表经历与获奖经历的"90 后"诗人想要入选还是显得困难。而"马晓康本"则是为了求全，其编委会成员包含多种诗歌写作向度和审美向度，在编委组稿选稿环节大家众口难调，致使"马晓康本"疏漏了一些具有代表性的诗人（比如曾入选过《诗刊》社"青春诗会"的林子懿，曾获人民文学诗歌奖年度新锐诗人的莫小闲等皆未被选入"马晓康本"）。某些篇幅过长的诗篇并没有被马晓康选进。在书本容量有限的情况下，为求包容更多诗人和诗作，这种策略性的放弃也就不得不发生。同时，该书的遗憾同样体现在一网打尽上。编者

---

① 徐勇：《选本编纂与当代诗歌创作的阶段性演变》，《南京师大学报》（社会科学版）2019 年第 1 期。

② 童庆炳：《文学经典建构诸因素及其关系》，《北京大学学报》（哲学社会科学版）2005 年第 5 期。

为了求大求全，而把一些几乎是刚刚起步的初学者列了进来，导致选本质量良莠不齐，选本的整体质量下滑。也是在这个意义上，我们发现，《诗刊》社本"和"马晓康本"形成了相互补充的关系，它们共同勾勒出了当下"90后"诗歌的整体样貌，成为了解、研究"90后"诗歌的重要资料。

当然，"评价一个诗人尤其是整体的一代人的才能不是凭几个评论家的文章以及诗人的几本诗集、诗选和所谓的'诗歌大展'就能说了算的，必须放在历史和美学的双层装置以及谱系、关系、场域中予以综合评价和厘测"①。自2007年"90后"诗人首次集体登场，"90后"文学率先从"90后"诗歌发生，至今已有14年。2017年，两个选本在"十年之际"对"90后诗歌"结集展示，既是一种回眸，也包含了"历史与美学的双层装置"的筛选，更是对青年诗人群体的期望。

从代际群体的角度，或者"自选"和"他选"的角度，这两个选本的编选方式都能找到一定的历史传承。不过，"90后"诗歌的登场要温和一些，它不像前几辈一般持着"另立门户"的叛逆姿态，也并未显现出明显的、集中的诗歌理念与宣言。因而，两个选本更像是一种展示，而非呐喊。作为一个阶段性总结，它们提供了两个鲜活的视角让我们了解"90后"诗歌现场，让我们更好地探讨"90后"诗歌。"前些年看'90后'只在文学的边边角角上，今天百余位'90后'集体推出，标志着他们以主流的姿态登上诗歌舞台。"② 最后需要指出的是，"90后"诗人们以群体姿态涌现，但最终他们只能以个体的形式"存活"：选本中的诗

---

① 霍俊明：《一份提纲：关于90后诗歌或同代人写作》，《扬子江评论》2018年第3期。

② 马海燕：《集结120人〈"90后"诗选〉首发 "90后"诗人群体受关注》。http://www.chinanews.com/cul/2018/06-27/8549044.shtml.

人当中，有人可能在某一天就此搁笔；也有人可能进入文学场域更核心更关键位置，创作出更具代表性与影响力的作品，我们拭目以待。

发表于《粤海风》2021 年第 12 期

第三节 "诗意的诱惑"与"坚守的困境"

2011 年 7 月 22 日上午，《中国诗歌》首届"新发现"诗歌夏令营在武汉盘龙城举行了开营仪式，姜人六、黄一文、但薇、潘云贵、杨康等 20 位来自全国各地的青年诗人作为首届学员随即开始了他们为期 7 天的诗艺探索、学习之旅。《中国诗歌》重视对青年诗人的挖掘与鼓励——从 2010 年第 1 期开始《中国诗歌》就开设"大学生诗群"栏目刊发"80 后""90 后"诗人作品；2011 年第 1 期《中国诗歌》推出"90 后诗选"，以群像形式推出 64 位"90 后"诗人。因而，"新发现"诗歌夏令营的举办，可以说是再一次印证了《中国诗歌》对于诗坛新生力量的重视："为了呈现诗坛当下最富有朝气的年轻人的诗歌创作状态，为中国新诗'发现新的力量'"[①]。秉持着这样一种宗旨，"新发现"诗歌夏令营如今已经举办了七年，魏晓运、尚子义、刘理海、覃才、牛冲、马晓康、莱明、高短短、马骥文、祁十木、蓝格子、西尔、丁薇等数十位青年诗人相继在武汉接受商震、李少君、邹建军、叶延滨、王光明等诗坛名家的指导；每年，《中国诗歌》还

[①] 朱研：《新发现，新遇见 新的，开始……——〈中国诗歌〉·2011"新发现"诗歌夏令营侧记》，见《青春与诗的光芒》，刘蔚编，武汉：卓尔书店，2014 年版，第 35 页。

以专辑的形式刊发"新发现"诗歌夏令营学员的诗歌作品；不仅如此，在 2014 年，《中国诗歌》还推出了"新发现诗丛"四辑共 48 册，使得许多年轻的诗歌创作者出版了人生中的第一本诗集。

应当说，在对诗坛新生力量的鼓舞与扶持上，《中国诗歌》是不遗余力的。2011 年至今，《中国诗歌》的 7 次"新发现"，将 92 位青年诗人推向了更广阔、更令人瞩目的舞台。他们的诗作，从不同的角度呈现了当代诗歌创作的新面貌与新力量：或是细腻情深，或是气势开阔，或是文字锐利，或是体态轻盈，或是想象奇崛，或是言语深沉，或是笔法先锋，或是取意古典……此刻，在习诗的道路上，他们或许只是刚刚起步，他们的诗与思或许仍略显青涩，格局也尚未真正成形，但是，我们已然能在他们的探索中见到他们往大处、深处迈去的些许迹象。与此同时，我们也注意到，诗艺探索之路也并非他们想象中那般轻松，他们同样也面临如何坚守诗心、不断提高诗艺的困境。

一、诗意的诱惑："内心千言万语的另一种形式"

"《中国诗歌》·新发现"的大部分成员都是"80 后""90 后"的年轻新一代——2011 年参加首届"新发现"的张琳婧 1998 年生，时年 13 岁；其余的学员也大多在 20 岁左右。20 岁，活力四射却又隐秘忧伤的年纪；情感炽热而又不免灼伤自我的年纪；对未来充满畅想却也逐渐接触真正现实生活的年纪。此刻，对于年轻的敏感的心灵而言，诗歌作为一种言说方式，充满着"诗意诱惑"。青年男女的万般心绪、千般滋味，借助于诗歌，最容易酣畅淋漓而又若隐若现地吐露出来。"气有所抑而难宣，意有所未喻，时有所触，物有所感，事有所不可直指，形之为诗，则一言片语而尽之矣。"① 于是，爱情的甜与涩，生活的喜与忧，对生与死的思索，对理想与现实的体悟，对自我与他者的困惑，都化为了一行行诗句。这正如吕达诗句所言："就像这首十行的小诗／其实是我内心千言万语的另一种形式"（吕达《有夜当如此》）。

参加首届"《中国诗歌》·新发现"时，羌人六还是一名体育老师，一边教学，一边写作。他的创作，内容丰富，体裁多样，情感真挚，在小说、诗歌、散文三方面均取得了佳绩。而今，他斩获"紫金·人民文学之星"散文佳作奖等多个大奖，加入了中国作协，并成为了巴金文学院的"签约作家"。对于羌人六而言，言说的方式是多样的。而言说方式的选择，则全然依赖于他所试图传达的意旨与情感。三种不同体裁，信息容量不一，呈现方式各异，各有其所擅长承载的意旨与情绪。小说在虚构中容纳万象，散文在纪实中展露生活，而诗歌，就适合他不可抑制的情感表述，适合他酒醉后的深夜独白。那些深沉的、隐秘的、难以言尽的、难以言清的复杂情绪，他写在诗中。"想在纸上任性一回，把自己写成／一只断裂带的雄鹰，能飞得目空一切的雄鹰／偶尔喝醉的时候，我特别渴望飞上群山之巅／以一个体育老师的身份，／命令它们永远保持安静"，"以诗人和雄鹰的双重名义，／我将写下内心最后的秘密／表面上，除了写，我几乎一无所有，不过是／一个活生生的穷光蛋，一名普通的体育老师／而背地里，我早已成为断裂带上独一无二的精神领袖"（《非虚构》）。这些真诚而又狂热的内心隐秘，成为了他诗歌创作中重要的书写对象。

依我看来，最适合展露内心隐秘的文学体裁就是诗歌——它可以将秘密隐藏在天马行空的想象当中；它并不追求独一无

---

① （元）方回：《仇仁近百诗序》，见胡经之：《中国古典美学丛编》，南京：凤凰出版社，2009 年版，第 276 页。

　　　　　　　　　　　　　　　　　群像与个体 |

二的精确，而是赋予词语更多、更开阔的象征与隐喻，在神秘、模糊、含混的文本风格中让"秘密"若隐若现地"暴露"。诗歌是最为个人化的文学体裁。从诗歌的创作与接受来看，诗人所要"言说"的意旨及"言说时的快感"与读者"读到"的意旨及"阅读的快感"往往是不一致的。叶维廉在《中国诗学》中将作者传意、读者释意之间的差距及微妙关系称之为"传释学"①，其意即在此。诗歌的朦胧与多义等特性，使得更多的青年人选择用诗行的形式记载他内心的情感与挣扎。

在诗歌中反观自我是许多青年诗人在习诗过程中所大量书写的题材。青年诗人的万般心绪常来自于自我的变化。一方面，随着年龄的增长与心智的不断成熟，对自我的审视、定位、反思及对未来的期许日益成为许多青年人在寂静深夜不得不思索的命题；另一方面，在与"他者"的碰撞中，也容易产生对自我的认知变化。于是，"我"以及"我怎样"成为了青年诗人不断书写的主题。青年诗人热衷于书写自我，他们更为关注自我在这个世界中存在的欢欣与悲伤，关注个体存在的境况，追寻个体存在的意义。翟莹莹在《放一枪》明确了当地提出，人应当打破虚假的外衣，应当认识真正的自己："对着镜中的我狠狠放一枪 / 脱胎出真实的七零八落 / 我受够了虚假完整 / 受够了看上去很美 / 一天天活着，浪费着 / 每个想死去的念头……狠狠地放一枪，才能看清 / 碎片里，对诗歌如此自私的人 / 才能将灌入我体内多年的风放掉 / 才能让我看到 / 每个笑容都是放声大哭"。在这里，放一枪是一种可贵的自我审视的勇气，更是一种解放自我的有效途径。阿天的《与己书》以自问自答的形式，吐露成长过程中的困惑："在黄河边，我们看不清彼此的眼睛 / 像两条蛇在暗处、等待，这迷人的，

---

① 叶维廉：《中国诗学》（增订版），合肥：黄山书社，2015年版，第171页。

有毒的，黑暗的／星空，是你一生的追寻吗／我们互相质问，像两名拔出长剑的武士"。互相质问，实则是自我内心的多重审视，而在这反复的审视之中，一种信念与勇气得以强化："你说：要保持心中的火"。顾彼曦的《互相矛盾》列举了种种人生中无法解决的困境，以及由此带来的无奈与悲凉。这种无奈最终指向生命与死亡，指向了人的某种本性，整首诗从而具有了更深层次的意蕴："我们无法把握故事的走向／如同我们无法预测自己的死亡／我们注定要伤害部分人，因此终生愧疚／我们最终伤害的是自己，我们避而不谈"。徐晓对自我的书写，既有对时光流逝的慌张，亦有对自我的沉重反思："我不再年轻，活得粗糙，空有／一副好皮囊，浪费这美好光阴／我悲伤，心有暗疾，习惯／打碎了牙齿连血一起吞下去／一双腿，总是误入歧途／一双手，在空气中空着／什么也抓不住／一张嘴，大张着，不知说什么"（《空》）；"没有人比我更贪恋那肆无忌惮的疼／没有人愿意陪我跃入深渊"（《我在黑暗中闭上了眼》）。与徐晓直白而果断地喊出她的爱情宣言相比，宋阿曼的《明月夜》《黄金分割》《我有一百种方式离开》等诗作则在男女双方的"隔阂"与"距离"中审视自我，向晓青则在爱情中进一步地确认"除了爱，还有什么值得我们／赌上唯一的命／去做无谓的牺牲"（《今天，为什么写作》）。

在自我之外，外在的现实社会状况同样容易引发青年诗人的诗兴。这种对现实的书写与呈现往往又是借助于自我的见闻、体悟或身边亲朋的真实经历而实现的。赵桂香将城乡之间的漂泊与追求理想过程中的精神疼痛联系在一起："我用力去焐热一个城市的名字／我不断地与市中心的高楼对话／与广场的花草对话／不断用流光溢彩的磨刀石／逐一磨掉自己的乡音和乳名"，"鸟儿归巢时／总有暮色从身体里升起来／这一再让我想起家乡／田野上的枯草／风一来，身子便不由主地／一截一截／低下去"（《寻梦人》）。

诗人执着而虔诚的寻梦过程中有种种孤独与苦痛，这些精神疼痛被诗人表述为"乡音与乳名"的丧失、对家乡的怀念、"一截一截 / 低下去"的身体、和落叶的"紧紧拥抱"。真正的痛苦不是说出来的，而是表现出来的，正如诗人在另一首诗中所言："此刻那些能够用语言说出的 / 或许 / 都不再叫疼痛"（《那些能够说出的都不叫疼痛》）。因而，这些诗意化的、具象化的疼痛，虽不直言，却有着打动人心的力量。牛冲一组对女工、二婚的女人、失魂落魄的姑娘、贴瓷工、车间师傅、水果妇等底层人物进行勾勒的"素描诗"，取材于生活，又不仅限于生活表层。他以一个旁观者的角度，书写他们的生存境遇，书写他们的卑微与缄默："这个羞涩的女人，该如何让自己更加自如。/ 她开始努力观察这个成功男人。/ 用细小的心，沿着陡峭的山路爬，/ 想着路过小腿，膝盖，胸毛，以及胡楂"（《二婚的女人》）；"在同一个地点，同一个时间 / 两人干咳一声 / 算是一声问候"（《抽着烟的师傅》）；"那是怎样的等待 / 仿佛这里的一切都被风声带走 / 巨大的沉默日复一日"（《水果妇》）。然而，这种呈现又并非完全客观、中立的，其间，还隐秘地掺杂着诗人的悲悯。譬如，在刻画在外务工的女工时，诗人意有所指地写道："我将《许三观卖血记》翻到第 46 页"（《女工》）。显然，诗人有意地将女工与小说中的许三观——一个为了家庭卖血 12 次的男人进行对比，从而使得女工与许三观形成一种互文性观照。魏晓运通过自身的切身体验，呈现底层生活之艰难，他的诗歌借由个体命运的书写呈现现实生活的种种复杂面貌："我睡过多少工地的板子？/ 这并不重要，重要的是 / 多少工地的板子记住了我的名字 / 我的夜晚，还有 / 那具疲惫的尸体 // 我是工地十八岁的幼苗 / 以草木为姓，天地为名"（《生命的自叙》）；"这样的高温，不属于民工 / 机器都会滚烫、沸腾、喊热 / 架子上的那个汉子，头顶冒出的烟 / 像机器的烟筒，但

是 / 他的抗议，远远没有发动机的声音 / 那么大"（《无语的民工》）。大树的《制帽厂女工》同样关注底层现实，但新意略为不足，诗歌中的"机台""暗铁""死亡""沉默"等意象，容易令人想起郑小琼等人的诗作。相比较而言，《在祥华丝绸门口》所选取的切入角度就显得独特。从丝绸到蚕丝再到蚕蛹的回望，实则是对生命力量的肯定，是对命运的一次悲凉呐喊。"多年以后，父亲像一只断翅的风筝 / 穿梭在北疆的风雪里 / 繁忙脏乱的工地上，他举起一把沉重的锤子 / 不停地敲击着木板 / 像敲击着他越来越疼痛的人生 / 无论在怎样安静夜里 / 再也无法完成一声年轻时的哭声"（顾彼曦《父亲再也不哭了》）。家庭的离散使得原本阳光开朗的父亲从此形单影只地面对生活的艰难。以父亲的哭泣之难来指向生存之不易，诗歌在"此时无声胜有声"中，展露出更具力量的现实锋芒。在杨康的诗歌中，繁华的灯光夜景给予他的感受是绝望："如果我要来形容灯光 / 我会说，灯光是一个人快要绝望的眼神"，"这是我在这座城市的见闻 / 我看到了灯光 / 无数人想向着这样的灯光靠近 / 他们耗尽体内全部的能量 / 越靠近越绝望"（《城市的灯光是一个人绝望的眼神》）。

对于敏感的诗人而言，生活中的万物皆有诗意。风霜雨雪，花开花谢，甚至一次散步，一次饮水，一次辗转反侧，都可能成为一首诗的胚芽。蓝格子的"日常"系列诗作，即从生活场景中挖掘出个人化的新颖诗意。譬如在雨水中蓝格子体悟到的是时光带来的惶恐："我们坐在各自的椅子上，共同看着 / 那些雨，从高处，落向低处 / 窗外沙滩，被砸出深深浅浅的坑 / 一场陡峭的雨，是不是 / 也将这样，砸向我们的中年"（《日常：避雨》）；在沉香的燃烧中她感慨死亡之美："沉香最终在你眼前熄灭 / 死亡的过程竟可以如此温柔，不动声色"（《沉香》）。余榛从瓦片中读到时间的力量与命运的神秘（《瓦片传记》），在门中看到坚守的意

　　　　　　　　　　　群像与个体 |

义（《虚掩之门》）；在贾昊橦的诗中，一幅静止的画卷重新"活"起来，枯叶、寒鸦与留白构成了张力十足的对立关系："你必须死死绷住 / 这一声长啸"（《枯木寒鸦图》）；水有着执着的"向东逃亡"的渴望："比如，一次次发现。水缸里的平面 / 竟然在 / 微微地倾斜着"（《不安之水》）。马映在独特的想象中赋予罐子以生命："哥哥说，家里的小羊死了 / 她便听到清脆的罐子的破裂声"（《罐子》）。秋子的《屠》更是将在菜市场的见闻记录通过原汁原味的描述从而化为诗："一个人携带着食物的鲜香，来回飘荡 / 她买了一把葱，一块豆腐 / 提着完美的菜篮离开，她看见了 / 一只小白兔，雪白雪白的，小兔子 / 睡在笼子里 / 小白兔，你为什么会出现在 / 菜市场里？"在通过对卤牛肉、鸡肉与杀鱼过程的铺垫之后，读者自然也清晰地看到，小白兔也难以逃脱被"屠"的命运。

对于诗心萌动的青年人来说，诗意无所不在。从日常生活中发掘诗意，需要警惕的是，个体经验与情感如何艺术地转化为一首有所指的诗？换而言之，并不是所有对生活的描述在通过断句、分行之后，都可以称之为诗。一方面，诗人需要赋予诗歌以一定的意蕴与指向；另一方面，诗歌同样需要修辞与技艺。

二、诗艺的打磨：经验与情感的艺术转化

2013 年，中国作协创研部针对以"70 后""80 后"为主体的中国青年诗人写作现状进行了一次调查。《一份青年诗人写作状况的考察报告》认为，当下青年诗歌写作大体出现了三种格局——其一：更多带有"乡土"生活经验的青年写作者在异地生存和城市化的语境中不断表达对前现代性"乡土中国"的眷恋和回溯性的精神视角。这些诗歌大体上带有精神挽歌的性质，我们也可以指认这些青年诗人的"精神乡愁"几乎无处不在；其二：

青年写作群体因为各自社会身份、阶层以及精神状态和诗歌观念的差异，其中一部分青年写作者（尤其是近5年出现的诗人）存在着自我沉溺的精神倾向。在这一写作群体中，青年诗人更多沉浸于所谓个体的趣味和日常性的想象之中；其三：因为这一青年写作群体社会身份的复杂性，一些带有学院派的知识化写作倾向也随之出现。因为显豁的知识背景，这一群体的写作尤其是在早期都带有知识化的倾向。[①] 这一考察结果——虽然是从梳理"70后""80后"诗人写作状况中得出的——对于"《中国诗歌》·新发现"学员的创作而言，同样显得适用。

青年诗歌创作的三种普遍格局或者称之为三种普遍的书写领域的生成，意味着绝大多数青年诗人很难在书写题材上别出新意，从而显现出诗歌作品的独特性与异质性。同时，这也意味着，青年诗人面临着如何"新瓶装旧酒"的能力考验。换而言之，如何在常见的书写领域中展露出"我"的不一样？如何将个人化的经验与情感通过艺术转化生成独特的诗歌文本？这时，青年诗人在展开想象、遣词造句、断句划行、氛围营造、视角切换、书写风格等诗歌修辞与诗歌技艺上的钻研与训练，就显得异常重要了。

在"《中国诗歌》·新发现"的成员中，黄小培、潘云贵、弋戈、杨康、刘理海、覃才、莱明、马骥文、祁十木、西尔等人在诗艺的打磨上，均有着独到之处。

黄小培（黄一文）的诗歌，用词细腻而富有深情，在从容不迫的表达中自然生成慰藉人心的力量。他的诗，在悲伤中呈现的不是灰冷而是温暖。比如，在《细小的爱》中，他首先陈列他所不爱之物："被我爱过的事物，有一些 / 我已经不再爱了，/ 比如

---

① 霍俊明：《一份青年诗人写作状况的考察报告》，见《新世纪诗歌精神考察》，保定：河北大学出版社，2014年版，第55页。

　　　　　　　　　　　　群像与个体　|

亲人日渐沧桑的脸，/比如妻子默默转身的泪水，/如同生活的暗刺。/我的爱总是追不上万物的流逝"。但是，这些令人不快之物，迅速地又被那些温暖与宁静所取代："我只爱坐在沙发上熟睡的父亲/手里缓缓滑落的电视遥控器，/我只爱他响亮的鼾声/提升了午后的宁静"。他的诗，在迷茫与困惑中呈现的不是焦灼与绝望，而是淡然与安抚："这是对一切苦厄温柔的否定，/光芒总能透入人心，/让人在明亮中获得一种安慰"，"我把自己当成一株植物安静地呼吸，/微风中，真的能够传递阵阵喜悦，/一些词语：美、忧伤、欢愉、孤独……/仿佛一生当中沉淀下来的泪水，/为一生的困顿填平沟壑"(《光芒总能透入人心，像是一种安慰》)。在众多青年诗人都在书写悲愤与绝望之时，黄小培诗歌作品中的这种澄明的、通透的、温暖的力量，显得尤为打动人心。

在小说与散文中，潘云贵用"明媚而忧伤"的语调写下了许多青春的故事。而在他的诗歌作品中，另一种深沉与痛楚的情感表述给人留下了深刻印象。"那些树叶忧伤地飘落，忧伤地成为/世界上所有没有族谱的死者/那些遥远而凝重的颤抖/那些无人瞩目过的碎片/沉寂在九月的空气里，成为大地/局部的故事"(《九月的遗忘》)。诗歌在丰富的跳跃中显现出联想的丰富。从飘落的树叶到死者，从死者到颤抖，从颤抖到碎片，从碎片再到大地，每一次跳跃看似无甚关联，实则都隐含着内在的逻辑。另一方面，这种跳跃又呈现出由物及人、从细小到广阔、从实到虚这样一种转变倾向，因而诗歌层次感显著，意旨圆润。《在养老院的下午》中，潘云贵将死亡拟人化、具象化："我看见他们缓慢踱进林荫，这时/死亡从他们身体里跑出，没有形状/一边走动，一边与他们交谈"；《睡在父亲的身体里》则在独特的想象、词语的重复与递进中勾勒"我"对父亲的深厚情感："每晚在梦中/我能听见一些事物碎掉的声音/越来越清晰，是父亲的骨头/我怀疑自己正睡在他的身体里 / 黑暗中 / 骨头一遍一遍地响 / 我一遍一遍哽咽"。

从安（李啸洋）这个电影学博士研究生在研究电影之外也写诗——不仅写诗，他还写了不少的诗歌评论。按照那些流行的划分体系，我们可以将他归纳到"学院派"诗歌写作中——相比较于同龄的大学生、研究生，他的诗歌也确实更具有学院派的风格。譬如说，在他的诗歌中，少见"我"的独白，其情因而显得隐秘；语感极佳而取意、用词极具跳跃感与联想性，使得诗歌充满了象征与隐喻。在他的"咏物诗"中，他将个人的情感与玄思附着、潜藏在所咏之物中，从而使石头、雕像、锁具等具有了更为新颖的同时更为形而上的意义指向："世界靠石头来加深自己 / 刻，凿，雕 / 在铁器里剃度，石头 / 方有了佛的肉身 / 是身 / 在寻找身外之身"（《石头经》）；"入夜，锁便陷入无限的警觉：/ 无论金质、银质与铜质 / 保护一扇门的同时，也将牵绊留于槛外 // 通常，锁活在自己的空芯里 / 以刑具的对称性来启闭他物。/ 而蛀空的部分，需要更精确的力 / 来召唤启示"（《锁具》）；"一阵骇叫，黄铜被打磨成光滑的 / 比喻。裸女成形，万千手掌抚摸 / 赢得煊耀、为了舞台上走失的掌声 / 她决心不朝斧工喊疼"（《雕像》）。这种有意营造的"指向性"，使得李啸洋的诗歌生成了一种寓言性质：它是及物的，但又是务虚的；它是高度浓缩的，但又在无限地外延着。且看他的《茫石帖》：

　　　　不要追问。要等，
　　　　要等很多年，石头
　　　　才会相信石头。遍野的石头
　　　　被大风啄去僵硬；被相信的石头
　　　　拖着淤青，把自己打成一道死结

化成沙粒，化成汹涌至虚无的尘

坦然接受刀剑的凌迟。一路

撤退的牙齿，对溪水

避之不及。与温柔聚集的刹那

掏空心悸，也泯灭悲喜。

盲人说，石头是风最后的住址

胡天蛰伏在北方的巨石里。在黄昏

坐定，我也成为石头的一部分

虽言"茫石"，探讨的实则是人的精神困境。在时间的长河之中，化成虚无之尘之"死"与接受刀剑凌迟最后成为承载胡天之神的巨石之"生"，是石头两种选择，亦是两种截然不同的命运。当"我"最后也成为石头的一部分，石头的迷茫亦成为"我"的迷茫。这种人生迷茫无法即刻得以破解，因而，"不要追问，要等。/ 要等很多年，石头 / 才会相信石头"。时光会给予"我"答案，会见证"我"最终选择成为遍野的、普通的、最终化为沙砾的"石头"还是在痛楚中得以新生的"被相信的石头"。除此之外，诗中还隐晦地暗示"我"与"他者"之间的隔阂、苦难的承受及意义等。凡此种种，都使得李啸洋的诗歌充满象征与隐喻，成为一种"寓言之诗"。

秋子的《桂子山》在干净而利落的遣词中建构出诗歌的淡雅之美。娴熟的语言技巧，恰到好处的断裂，使得诗歌韵味十足："这是我最爱的季节 / 仿佛，我能从尘埃之中，步入一片 / 洁净之林 / 前方是此起彼伏的花香，降落 / 深入肌理，每一树果实都隆重，安静 / 充实，如同圣物 / 这枯朽前最后的生机 / 这完美之中的完美 / 忧伤也得到洁净 / 仿佛，所有美好过的事物 / 再次呈现"。与当下许多拗口、别扭、阻滞的诗歌文本相比较，《桂子山》这种可顺畅默念、吟诵且越读越有滋味的诗歌作品，给人带来了极为舒适的阅读体验。刘浪的《独居》书写孤独，诗句中却无一句直言。从一盆吊兰的形与色写起，再到灰雀悠扬的鸣啭，在形、色、听等多种感官体验中，将一个独居女性的孤独含蓄地展露在读者的面前，令人眼前一亮："一只灰雀飞来，在她的两次失神间/轻轻跳跃着。它悠扬的鸣啭几乎/煮沸了屋里的空气，而她裁下/这歌声的一角，做成她越冬的寒衣"。诗歌的最后一句可谓是点睛之笔：将歌声进行剪裁，这本身就显得极为独特；而将这歌声做成寒衣，则尽显"她"内心深处的孤寂与寒凉。

死亡是最为永恒的文学母题之一。死亡是每一个人都必须要面对的最终结局，它令人惶恐，同时又令无数书写者"痴迷"。从某种程度上说，对待死亡的态度就是一种对自我、世界与存在的认知的呈现。冯爱飞的《那个拾柴的女人》《比草更低的低处》，将人在生死面前的平静与豁达表现得韵味十足，从而使得诗歌在死亡书写中却生成了别样的感动人心的生命力量：

> 从前，我愿意提着一只篓
> 去很远很远的地方，收集可以生火的柴
> 柴从树上落下来，安静地躺在山的阳面
> 山的阴面，有我的母亲。有我死去多年
> 未曾见过一面的祖父的坟，这块地
> 已经被她选好了，活着的时候
> 她在这里拾柴，死了的时候。她说
> 她要葬在这里，如果有人问起
> 你就对他说，瞧
> 那个曾在这里拾过柴的女人

一个"瞧"字尽显母亲的平静与豁达，可谓是此诗之诗眼。在《比草更低的低处》中，这种对生死的感悟则更为具体："我们裹着夕阳，在山顶吮吸大地赐予一切生命的乳汁 / 羊群死了，就会落到草下面。草又长出新的葱郁来 // 如果有一天，我也落下去了 / 落在比草更低的低处，我的头顶 / 也会长出。新的泥土来"。死亡并不意味着个体的终结，而是一种更宽广意义的新生。因而，冯爱飞的诗歌虽写死亡，却毫无死亡书写之丑恶，也丝毫不见死亡之恐惧。丁薇也书写死亡，一种儿童视角的死亡印象："棺木张口的嘴合上了，/ 它把叔叔吞了进去。/ 那年我六岁，/ 不懂生离死别。/ 只是站在出村的路口 / 看着八仙抬着，痴痴等着 / 再一次把他吐出来。"（《路口》）诗歌的独特之处在于，将死亡艺术化地表现为"吞"与"吐"。

诗歌言志、抒情，这是众所周知的常识。然而，我们也看到，巧妙地运用一些叙述学的手法，同样能够极大地促使诗歌情感的迸发。譬如，郑毅的《草堂即事》将小说叙事中的"欧·亨利结尾"运用在诗歌中：

> 对于读过的所有的书
> 我只字不谈
> 对于听到的所有的故事
> 我只字不谈
> 对于经历的所有的冒险
> 我只字不谈
>
> 我只谈心间的山川与河流
> 耳边的明月与清风

甚至，连这些都不谈

我怕多说了一个字

这个世界会令我更加贪恋

　　一系列的"只字不谈"，只是因为这些事物乃是"我"对这个世界的深深迷恋。结尾处的精巧转折，使得所有的"不谈"都走向了它的反面。丁薇的《雪》同样如此，在读者预期"我"站在雪中是为了得到清洁之时，丁薇却要将"我"化作那洁白的雪。"我"于是迅速地与那些需要清洗的、不洁的"他们"区别开来："雪落下来了。／人间的事物呈现同一种白，／他们获取了片刻洗清自己的机会。／而此刻，我站在雪地里，／任雪慢慢覆盖着我。／将我还原，化为这众多白中的一点。"

　　杨康的诗歌坦率而真诚，他的《我的申请书》《我不喜欢有风的日子》《一个人在高高的塔吊上走来走去》等诗作早已广泛传播。弋戈、何伟、祁十木等人的诗歌，意象独特而丰富，文字冷静而内敛，显得张力十足。西尔的诗歌带有强烈的叙述性质，诗中的人物形象具有极强的象征色彩（譬如《春美术馆》中的栋先生）。他试图打通诗与"非诗"的界限，在怀疑、反讽与象征中，呈现出诗歌文本的反叛性、异质性与跨文体特色。黍不语的诗歌，在隐秘的对比中使得诗歌呈现出忧伤格调，在这忧伤中又不失向上的、希望的力量。颜彦善于在时空、虚实的巧妙转换中呈现她的体悟。《年幼记》中洁净如初的左手与饱受侵蚀的右手互为观照，将成长过程中的种种情感伤痛与出生时的啼哭融为一体，显得精妙。

三、"青年冲动"与"坚守的困境"

　　青年人对诗有一种天然的向往与喜爱——至少，他们曾对诗有过浪漫的想象。于是，每一年，都有大量的年轻人步入到"以诗为言""以诗为乐"的写作行列中来。在某种程度上说，这最初的创作冲动，往往是"诗意诱惑"的结果。从对诗的欣赏，到对诗的浪漫想象，再到进行诗的创作，这是许多青年诗人共同走过的道路。在经历一段时间的创作之后，问题也随之而来：我究竟为什么写诗？诗于我而言，究竟意味着什么？以我看来，这是青年诗人普遍面临的第一个困境，同是也是一个具有转折点意义的困境——对这一问题的思索与回答，甚至直接地影响他们创作道路的继续与否。

事实上，每年涌现而出的青年诗人，其中不少都尚未真正思索过这一问题。他们写诗，凭借着的是丰富的想象、敏感的心灵、天生的语言才华以及对诗的"青年冲动"。不可否认，他们也写出了不少优秀的、极具个性的诗作。然而，问题的关键在于，这种"诗意诱惑"下的、短暂的创作冲动，难以支撑他们进行长久的诗歌创作。于是，我们看到，青年诗人一直在涌现，不少青年诗人在一两年内迅速地步入诗坛发出耀眼光芒，随即又迅速地"消失不见"。"诗坛代有人才出，各领风骚二三年。"换而言之，这种诗歌创作，缺乏持久性，缺乏系统而深入的思索，它是"诗意冲动"，是"青年专属"。早在一百多年前，里尔克就曾经探讨过这一问题。1903年，里尔克在给一个青年诗人的第一封信中谈道："只有一个唯一的方法：请你走向内心。探索那叫你写的缘由，考察它的根是不是盘在你心的深处；你要坦白承认，万一你写不出来，是不是必得因此而死去。这是最重要的：在你夜深最寂静的时刻问问自己：我必须写吗？你要在自身内挖掘一个深的答复"[1]。

---

[1] ［奥］里尔克：《给青年诗人的信》，冯至译，昆明：云南人民出版社，2016年版，第16—17页。

在认定了诗之于我的分量之后，言说之难构成了青年诗人创作的第二阶段的"困境"。生死爱欲，喜怒哀痛，诗歌创作的题材大多可归纳为此。因而，如何表达就显得重要。柏拉图在《伊安篇》中说，优秀诗篇的产生乃是因为诗人"被赋予灵感"，"被神附体"。然而，一时的灵感迸发不能够保证一个诗人的长久而稳定的创作；而对诗艺的持续钻研与打磨，则使之成为可能。钱钟书在《谈艺录》中直言："性情可以为诗，而非诗也。诗者，艺也。艺有规则禁忌，故曰'持'也"[①]情感、才气、天分，对于一个诗人来说，当然有着重要的地位。然而，单凭情与才难以成就一个诗人——诗艺同样显得重要。因此，钱钟书认为："有学而不能者也，未有能而不学者也。大匠之巧，焉能不出于规矩哉"[②]。入乎其内，出乎其外，理当成为以诗歌为志业的青年诗人勇于直面与接受的挑战。当然，这种钻研与打磨，并没有青年诗人们想象中的那么简单。从遣词造句到诗歌结构，从意象选择到主旨呈现，每一步都令人感到艰难。从某种程度上来讲，当下绝大多数青年诗人都并非"专业的""职业的"。但是，一种"专业化"的创作姿态与创作追求，应当成为青年诗人的自我要求。一方面，我们竭力将自己的诗歌写得娴熟，乃至形成一种自我的风格；另一方面，我们又必须对这种娴熟保持高度的警惕——自我重复同样是创作道路中潜藏的"陷阱"。

诗路之难，当然不止这些。诗心的坚守与诗艺的提升，是摆在当下《中国诗歌》·新发现"青年诗人面前的两道坎。写三五十首诗歌容易，写三五个月诗歌容易，将诗歌视作一生之志业则显得尤为艰难。犹记得在首届"新发现"夏令营的授课中，叶延滨提出的"诗人的成活率"这一概念："在诗坛上出名不难，

---

① 钱钟书：《谈艺录》，北京：商务印书馆，2016 年版，第 108 页。
② 同上。

　　　　　　　　　　　　　　群像与个体 |

难的是葆有健康的诗意人生。十年后诗坛仍记得那便是好，二十年后诗坛仍记得便可以说是诗人，身后诗坛仍记得那才是真正的诗人"①。2011 年至今，"《中国诗歌》·新发现"共精选了 92 位学员进行细致指导与推荐，《中国诗歌》"新发现"专辑中推出数百位青年诗人作品。他们用各自的风格呈现了诗坛的青年新力量。而此刻，他们或许正处在"坚守的困境"当中。我们真诚地希望，10 年后，20 年后，在诗坛之中仍能读到他们的作品。

发表于《中国诗歌》2018 年第 2 期

第四节 "90 后"诗人首先是一个诗人

2017 年 3 月 10 日下午，由《诗刊》社和国新书苑主办的全国首场"90 后诗歌对话"系列活动在海口骑楼老街国新书苑举行。《诗刊》副主编李少君表示："这是自《诗刊》社 2017 年起启动了百位'90 后'诗人扶持计划以来，又一次对'90 后'诗人的大力扶持，主要目的是提供一个对话的平台，让'90 后'诗人自己走上历史的舞台。"此次对谈由"90 后"诗人徐威主持，他与莱明、朱光明、郑纪鹏三位"90 后"诗人一起就当前"90后"诗歌及各自的创作进行了近三个小时的深入对话。

一、"90 后"诗人首先是一个诗人

徐威（1991 年生，中山大学中文系博士研究生）：大家好，我是徐威，来自中山大学。感谢《诗刊》，让我们四个"90 后"

----

① 《叶延滨：诗歌关键词》，见《打开诗的钥匙》，李亚飞编，武汉：卓尔书店，2014 年版，第 12—13 页。

能够在这儿与大家谈谈诗歌。也要感谢少君老师，自我们写诗以来，一直都得到他的关心与扶持。下面，大家先进行一个自我介绍，谈谈自己的诗歌之路吧。

莱明（1991年生，四川大学材料科学系博士研究生）：各位老师好，我是莱明，来自四川大学，正在攻读博士学位。我的诗歌创作启蒙应该是在高中阶段，但真正意识到自己是在写诗，将写诗看作一种文学创作应该是在大学三年级的时候。我的诗歌阅读是从西方浪漫主义开始的，后来慢慢接触到西方其他流派的诗歌，以及80年代诗歌、第三代诗歌等，诗歌创作之路开始有一个慢慢的调整。我不像其他人那样一开始创作就有非常高的起点，或者说我也曾走了很多弯路。但我相信，重要的不是你一开始就写出来什么样的作品，而是你今天的作品比起昨天来说一直是有进步的。

朱光明（1994年生，《成都商报》编辑）：我叫朱光明，来自四川。我现在都不敢相信，我自己是一个诗人。我自幼生长在农村，父母也疏于管教，我上初中时候就是一个浑小子，被学校开除过两次。后来出去打工，在书店随手就翻到两本诗集，一本是《海子的诗》，一本是《瓦尔特·惠特曼的诗》。这两个诗人一下子就打动了我，海子的诗炽热，惠特曼的诗也有非常热烈的情感。他们的作品激发我走上了诗歌道路。你说写诗有什么用，这个真不好说。但从我个人来讲，写诗让我从一个浑浑噩噩不知道怎么生活的人变成了对生活有好心态的人。在写诗之前，我根本不知道生活还有这么多乐趣。

徐威：光明的感受我也有体会，在写诗之前，生活总感觉是平平淡淡的，像是一张白纸。写诗之后，这张白纸变得五彩斑斓了，有黑色的压抑，有红色的热烈，有白色的冰冷。诗歌对年轻的诗人来讲，可能是打开了另外一扇通往这个世界的窗子。每一个人推开的窗子都不一样，每一个人都通过不同的路径去抵达这个世界。生活不只有苟且，还有诗和远方，这也是一种生活方式。接下来我们听听海南的青年诗人郑纪鹏的诗歌之路。

郑纪鹏（1991 年生，*海南音乐广播记者*）：个人的写作史在我的意识里面是很轻的。放在咱们的经济、政治、生活中，包括咱们的生命历程里，我觉得个人写作不值得一提。刚大家讲到为什么写诗，我觉得我写诗带有一种功利。我写诗是为了打发时间，我是在非常无聊的时候无意中接触到诗歌的。以前的一位老师知道我在写诗以后，说我可以在班上多招几个女孩喜欢。所以我觉得我写诗有那么一点功利。在我看来，诗歌是一种非常民主的东西，它能够给我们很多元化、个人的、私密的一种体验。这种个人体验当然也可以走向公众，就像今天，我们四个之前也互不相识，但因为诗歌而坐在了一起，进行一场陌生人的对话。诗歌在陌生感里又给我们传递一种亲切，这种感觉让我感到欣慰。

徐威：刚才纪鹏讲到功利，我觉得功利心每个人多少都有，甚至我觉得，写作也需要一点功利之心与虚荣之心，它们也是我们写作动力的一种。师友的认可能够让自己有一定的成就感，或许就能更进一步地推动自己的创作。一定程度上的功利与虚荣，让自己在创作中得到相关的成就感，这并不是一件坏事情。以前我最喜欢语文，成绩也最好，数理化成绩则极差，就那么几十分（笑）。上了大学之后最高兴的一件事情是再也不用学数学了。在中文系里，可以光明正大地读以前被视为杂书的小说诗歌，可以光明正大地去写。因为兴趣而写作，又因一些认可与鼓励而坚持着。读书写作于是让我有成就感，并且一直坚持下来。另外一点，我觉得写作是个人的事情，但常常又不只是一个人的事情，在我身边有这么几个同样热爱文学的同道中人，相互讨论，相互鼓励，携手并进，这也是幸运的。就像昨晚我们在酒店，一群之前并不相识的人相聚在房间里谈论诗歌，从 8 点不知不觉就聊到了深夜。我听光明说，成都那边的诗歌氛围尤为浓郁，几乎每周都有各式各样的诗歌活动。

莱明：我倒很少参加校园里或者社会上的各种诗歌社团活动，我更倾向于诗歌是小众化的，应当保持一种距离感。从一开始，我的写作就是一个人埋头写，写个五六年，但都没什么变化。后来逐渐有小众的几个朋友之间的交流，观念和写法也有所改变，然后一点点进步。我觉得交流非常重要，但这种交流不是喧嚣的，而是寂静的，三两好友之间的，这样可以深聊、细聊，互相带来不同的经验。

徐威：想起以前我们三两个人聊诗歌可以聊个通宵。我认为并不是所有的读中文的人都热爱中文，但我也相信，每个中文系总有那么几个人是有文学理想的。不论是"70后""80后"还是"90后"，都是如此。说到"90后"这个命名，它并不是从我们开始的，而是从"80后"开始的。先有了"80后"才有了"90后""70后"等这样的代际划分。事实上，我并不认为这样的代际划分有多么重要的意义。随着时间的推移，几十年后，人家读的、看重的只是你的作品，而不是因为你是"80后""90后"抑或"00后"。时至今日，《诗刊》《作品》《中国诗歌》《诗选刊》等许多刊物每年都以"90后"为标签、以群像的方式推出我们这一代人的作品，这引发了我的一个思考。我们是作为群像存在，还是作为个体存在？我们是以集体的形式出现，还是以个体的形式呈现我们的作品？我是徐威，还是得说我是"90后"徐威？是否每个人都乐意在前面加上这个标签？这一点我认为我们可以保持怀疑。在我看来，"90后"诗人首先得是个诗人，再首先他得是一个人。我的意思是，我们首先得是一个独立的个体，而后我们才能去谈论前面是否应该加上某些外界给予我们的标签。从这

　　　　　　　　　　　　　　　　　　群像与个体 |

个角度来说，我认为对这种个体性我们应当保持一个清醒的认知，哪怕嘴上不说，但心里面要清楚。然而，也不得不承认，我们很多"90后"的出场，多多少少得益于这样的"90后"标签。这一点，我不知在座各位怎么看待。

朱光明： 我也是以"90后"诗歌大展的方式开始发表的。我们是"90后"，这是一个客观的存在。我们只要写自己的就行了，别人怎么命名是别人的事情。

莱明： 我觉得"90后"这一命名是一个伪命题。首先，就像徐威说的，我们首先是一个具体的人。为什么大家说"80后""90后"？我觉得每一次划分，都是他人、外界的一种期待，然而这并不是我希望看到的。我觉得我们还是应该默默写好自己的东西，这是最重要的。现在很多微信公众号的推送，在作者的前面都加上"90后"这样的标签，这可能跟我们的数据时代也有关系。就比如安卓6.0、安卓6.01这样一种更新。（笑）很多年过去之后，这样的标签是不存在的，而我们所有的努力就是去标签化。

徐威： 去标签化其实就是让我们以个体的形式去显现我们作品的价值。惠特曼是大诗人，但我们现在谁也不会说惠特曼是"几几后"代表诗人。所以，"90后"只是一个暂时的命名，很快就会过去的。但作品是不会过去的，至少它的生命力要更长久一些。

郑纪鹏： 作品也会过去的，任何东西都会有生命，包括地球。代际划分这个问题，聊的人太多了。我就散开来聊吧。昨天我们在酒店碰头的时候，就在想，今天要聊些什么。聊诗歌有意思吗？生活是很无聊的，诗歌也是很无聊的。徐威的博论是讨论文学与死亡这一话题，我也对死亡很感兴趣。我觉得，死亡也是用来化解无聊的。我们生来就太无聊了，因为要用太多的东西来化解这种无聊，包括诗歌、上网等等。但其实，诗歌只是很小的一部分。我们看很多高僧的诗歌，文学水平并不高。关键在于，真正的得道高僧已经看破红尘看破生命，在他们的眼里，诗歌只是雕虫小技，甚至什么都不是。因此，将诗歌放在整个生命来看，真的是很渺小的。任何东西都会消亡的。我写诗也是为了消解无聊，我甚至定下目标，我活着要做的事就是消解无聊。无法用各种事情消解无聊，最后就只能用死亡来消解了。

莱明：我觉得纪鹏的观点有点消极。

二、"90后"写作的社会现实观照在哪里？

林森（作家，《天涯》副主编）：我从编辑的角度提个问题，"90后"作品里面对社会的观照好像特别少，更多的注意力是放在个人身上。甚至，个人内心情感也是缺失的，诗歌只是词语的堆砌。我们《天涯》杂志一直关注现实，也一直希望得到一批"90后"写作者观照现实、反思社会、直面时代的作品，但总是太少。这个时代，这个现实，你们是怎么看的？

徐威：谢谢林老师。您提出的这个问题很重要，它也出现在我昨天列的谈话提纲里面，我觉得是我们应当探讨的。我们看到，许多"90后"更多地在书写个体的经验，写个人感受，是自我的。我们没有从个体走向公共，或者说没有发出自己明确的、响亮的声音。包括我自己也是如此。所以，昨晚我写下这个问题，也进行了一些反思。我觉得谈论这个问题之前，我们首先可以谈谈"90后"所处的环境。就"90后"的出场而言，绝大部分的"90后"出场之时还是处在一个温和的校园环境里，大部分不需要自己养活自己。也就是说，现实并没有给我们施加特别大的压力，逼得我们不得不去面对它，不得不去反思它。在安稳的校园生活中，"90后"也能写诗，也不乏优秀之作。另一方

群像与个体 |

面，也有一批人，比如出生年份较早的"90后"，今日已经走出校园，步入社会，开始要自己挣钱养家糊口。这个时候，我们更多的精力又花在了如何去面对现实生活、如何填饱肚子上了。在我们有时间思考的时候，我们没有去思考面对现实。当我们真正面临它的时候，我们的精力又花在了如何养活自己上了。所以，之前是安稳的校园生活，现在陷入现实生活为谋生而花费大量精力、努力去克服心里的焦虑与疲惫。再一个，或许我们中的大多数都太温顺了，我们并没有太强烈的真正的叛逆。这几个方面，或许都可能导致您说的"90后"为何没有直面现实发出自己的声音。

朱光明：我觉得这位老师说的现象并不存在，可能只是因为你们更多接触到的是高校的"90后"写作者，而没有关注到底层的写作者。您说现在的"90后"不关注社会，只写个人情绪，甚至连个人情绪都没有了，我并不认同。我是农村来的孩子，接触的更多也是底层的"90后"作者。可能他们在学识上并不占优势，包括我现在都还分不清什么是声母韵母。但是，他们的诗歌是有观照现实的。他们表达个人情感，比如作为留守儿童的感触，这种感触既是个人的，也是社会的。许立志也是"90后"，底层的诗人，他的诗歌就带有很多对时代的观照，但我们的杂志刊物都没关注他。这可能也是因为我们在投稿的时候，没法在简介上写上某某大学。坦白说，底层诗人可能在诗歌语言上比高校的要差一点，但这种时代感是不亚于这些高校诗人的。

莱明：我们以前总是关注语言表达了什么，关注了什么，但现在这个认识应当发生改变。语言本身就是一种美，当几个词语组合在一起，就形成了美感。语言不再是一种工具，而就是一种艺术品，这种认识是语言的本体论。现在高校的大学生，能够接触到更多西方的诗歌资源，他们的阅读、翻译、写作可能融为一体。另外，我想说，现在"90后"书写自我，其实也是渴望得到更多的关注，就如同我们发个朋友圈，渴望大家去点赞一样。从我们自身出发，我们没去关注这个世界，我们能否反过来思考，是否应该让这个世界来关注我自己？所以，我们是想把自己敞开，让别人来了解我们。

郑纪鹏：我觉得这个时代让"90后"有了更多的记录时代的途径选择，文学已经没那么重要了。如果真正要更多地去了解这一年代人，可以去网络上看直播，可以通过我们现在的网络热词，甚至微信的表情包。网络上的，手机上的，这些以后都可能成为史料。此刻，文学并不是呈现时代的最佳选择，诗人和作家也代表不了这个时代的群体。也就是说，途径多元化了，我们有各种各样的方式去呈现我们的生活。时代变化太快了，谁也没想到"屌丝"会成为一个热词，比如徐威就曾经专门写论文论述"屌丝"这一词语的产生与意蕴。四五年前，我们也根本不知表情包为何物。所以，别的方式正在进入这个时代，更真实、更全面、更直接地记录这个时代。文学不断在式微，已经不再是唯一记录时代的载体了。

三、死亡、经验及其他

马良（诗人，评论家，海南省文艺评论家协会副主席）：听了你们几个"90后"的发言，我也有所感触。作为一个"60后"，我觉得诗歌还是有永恒的地方。无论是书写心灵还是书写现实，无论是自我派还是现实派，不可否认的是，真正承载人类文化的最终还是文字，而不会是表情包。不论文学、诗歌是否已经边缘化了，作为诗人，像徐威说的我们也都经历过诗歌的诱惑，经历过对诗歌的痴迷。当代时代资源的丰富性是我们那个年代所不具备的，中国的、西方的、古代的、现代的各方面都是打开的，你们非常方便地就可以得到。比如刚才莱明说的阅读、翻译、写作融为一体。最重要的是，无论是"90后"，还是"60后"，我们都还在坚持。我们还是希望，通过文字来荣誉地记载我们的心灵，记载我们的时代。刚才你们还讲到写作的虚荣心，我倒觉得说虚荣心不如说是荣耀，西方说荣耀上帝，我们就来荣耀诗歌。

徐威：谢谢马老师。刚才纪鹏讲到很多观点都很新颖，不过对于死亡这一点，我也想做个回应。事实上，当我决定写死亡这一个话题的时候，很多师友就在提醒我，要警惕陷入一种虚无主义。纪鹏说人生就是无聊，甚至把消解无聊作为自己的人生目标。这个观点，其实也并不新鲜。叔本华就认为，人生就像钟摆，一边是无聊，一边是痛苦，摆来摆去，有什么意思呢？这当然也是一种世界观，但我也保持警惕和畏惧——既然人生这么无聊，那我还要活着干什么？接下来就只能像纪鹏写的小说那样去《论自杀》了。（笑）

郑纪鹏：无聊和死亡并不是一个观点，而是一个事实。

朱光明：几年前我读了诗人黑大春的一首作品，里面写道："跟他们谈谈爱情，谈谈生命，顺便再谈谈死亡"。刚才纪鹏说他感到无聊，写诗就是打发无聊，其实我也有这样的感觉，但我想换一种说法：我是在追求快乐。不管是经商挣钱、画画还是写诗，我觉得我们都是在追求快乐。我的生命就是在追求快乐，同时也可以理解为纪鹏说的打发无聊。

郑纪鹏：这就是作家的聪明之处，他们始终在建构一种自己认可的虚荣。生命其实是很奇妙的东西，死亡无处不在威胁着我们，但我们始终可以假装看不到死亡。我们现在，说实话，年纪也不小了，都可以说是"人到中年"了。现在我们还能活着坐在这聊这些东西，应该要高兴的。（笑）

莱明：我想问下纪鹏，既然你觉得很多东西都是无意义，那你为何把死亡抬得那么高？

郑纪鹏：我真没有把死亡抬那么高，我只是说出了一种常识，只是大家不爱听。死亡是一个很重要的节点。

徐威：这个时候我就感觉我要做的论文真的很有意义。（笑）前几天我写了一首诗，里面有一句叫"我写下一万种死亡／一万种生的启示"。谈论死其实是为了更好地生。确实，大家对死亡确实是很忌讳的，大家都不愿意去谈。包括我们的基础教育也是如此，老师会教我们红灯时候不能过马路，但他不会告诉我们，红灯过马路很可能会让你死掉。我们没有死亡教育，对死亡伦理也不甚关注。回到诗歌吧，刚才林老师提的问题，我想起另一个词，叫作勇气。不单单是"90 后"，我们现在太多的作家都没有直面现实的勇气。在我的文学观念里，我特别欣赏一种有难度的写作、有勇气的写作。遇到问题，遇到一块大石头，我们是选择避而远之、视而不见，还是直面与超越，这是一种考验。伟大的作品伟大在何处？就在于这种超越性。当现实与内心冲突的时候，我们何以选择，这也是一个可以讨论的问题。

朱光明：刚才徐威说他欣赏有难度的写作，我在想，遇到大石头绕过去又何尝不是一种选择呢？就像水一样，这也是一种选择。大家都谈死亡，但我们都没有经历过太多的死亡，所以我觉得现在这种讨论会显得有些虚无。当我们经历多一点的时候，再谈死亡可能会好点。

徐威：然而我们没法对死亡有任何经验，死亡是无法经历之后再谈的东西。谁也无法死一遍再活过来跟我们说这些。（笑）

朱光明：那对他人的死亡我们也并没有太多的经验，怎么谈呢？

徐威：这是一个好问题。光明说经验，我认为，现在看来我们的经验，包括我们"90 后"写作的经验，更多的是来源于阅读，而非体验。阅读是我们获取经验非常重要的方式，当然，不可否认，有体验印象感触肯定更为深刻。

朱光明：我倒不这么觉得，读无数书还不如亲身去体验一次。

林森：听到这，我有个怀疑，就像徐威和莱明，一直在高校，自己能够创作，也能够去阐释自己的诗歌与观念。大量的高校诗人走了这样的一条路，但另一批人，像光明这样，草根的、走另外一条路径的诗人，是否会丧失自己的解释权与发言权？他们的声音在众多声音中是否就变小了？

马良：林森这个问题，其实也很好解释，他们认为的只是他们认为的，但历史和时间会证明一切。像今天在座的，有所谓学院派，有所谓草根，也有所谓非主流。有把诗歌作为理想去热爱的，也有把写诗看作打发时间消解无聊。他们的风格和理念都不一样，但最后他们都会被历史所检验。徐威讲有难度的写作，这点我是很欣赏的。在我看来，写作是一个高淘汰率的行业。但你们都还年轻，年轻就不怕犯错误，好好对待写诗这门手艺就行。

莱明：我也觉得林老师的担忧是没有必要的。如果有太多的人站在这条路上，那必然又会另有一部分人选择另外一条道路。这就是艺术，艺术就是总想创造一些新的不一样的东西。

……

徐威：对话是思想的碰撞。今天这个对话我认为非常难得，四个来自不同地方、有着不同经历的"90"后坐在一块，一起如此集中地来谈论"90后"的诗歌以及个人的想法。对我而言也非常有收获，听到了很多我之前所没关注到的、不了解的声音。凡此种种，都是思想碰撞的火花，都是一种启迪。感谢《诗刊》给我们提供了这样一个美好的平台，也非常感谢在座的各位老师、嘉宾能够在这听我们说这么多，并给予前辈的指点。我们的对话活动到此结束，谢谢！

发表于《诗刊》（下半月刊）2017 年第 6 期

结语　群像与个体：短暂的"90 后文学" 与漫长的文学书写

一

文学与时间有着暧昧的关系：有的作品在时间的浸润中，愈发显得饱满、圆润，散发出愈加亮眼的光芒；有的作品在时间的筛选中，逐渐被淘汰，日益尘埃加身，最终无人问津；也有的作品，在岁月中蒙尘已久，又在某一个特殊的时刻，被人重新发现。在时间的长河中，有的作品走向中心、走向经典化，有的作品走向角落、接受被淘汰的现实。在这个意义上，时间可谓是文学最公正的评判者之一。对于作家而言，同样是如此。有的作家少年成名，接着却逐渐失去了声音；有的作家则稳健前行，作品一部比一部优秀；还有的作家，如同沉潜之兽，不动声色，却会在某一个时刻突然冒出，一鸣惊人。在"一鸣惊人"之后，我们愈加充满期待：是一而再再而三三而无穷，还是就此戛然而止？因而，我们既看重那些"惊艳的夺目"，也看重那些"持久的创造"；我们既为"惊天一鸣"而欢呼，更为那些"稳健之音"而喝彩。

对于"90 后"作家作品，我们同样保持这样一种态度。从 2007 年"90 后"诗人首次集体亮相，至今（2021）已经过去 14 年。在这 14 年间，有一些曾经响亮的名字现在已经悄无声息，有一些风靡的作品现在已经无人问津。当然，在这 14 年间，更多的身影进入了我们的视野，更多的作品获得了关注。这是文学的常道之一。

14 年，说长也长，它足以让一代青年作家成长起来；说短也短，不过是让大部分"90 后"作家从少年走向了青年，从青年走向了成年。然而，从"群体"和"个人"的角度看，这 14 年都显得重要：它让一个庞大的创作群体展现出蓬勃的创造力，丰富着当代文学书写，并培养、筛选着新一代的中坚力量候选人；与此同时，它见证着一个个青年作家的成长之路，也验证着一个个青年作家对于艺术的持续追求和持续创造力。

从"群体"的角度看，这 14 年，大致可以分为这么几个关键的时间节点。一是 2007 年，"90 后"作家群体首次以"群体"形象亮相。这一阶段，写作者人数并不多，作品也并未引发较多的关注。二是 2011 年前后，《诗选刊》《中国诗刊》《作品》等刊物为"90 后"作家群体提供了机会，但这股力量并未形成一股合力。值得注意的是，在这一阶段，"90 后"热衷于"自我表现"，文学活动众多，各类民刊、社团、排行榜等奋勇而出，显现出迫切的进入当代文学场域的意愿。三是 2016—2017 年，包括《人民文学》《诗刊》《十月》《天涯》《作品》《芙蓉》等在内的主流文学期刊纷纷力推"90 后"作家作品，形成了"90 后文学"的第一个高潮。由此，引发了全国各级刊物纷纷开设"90 后"作家作品专辑、专栏、小辑等潮流。文学奖项与文学评论也紧跟而上，对"90 后文学"的关注力度到达高点。值得注意的是，在这一阶段登上各大刊物的"90 后"作家中，已有许多新鲜面孔。四是 2020 年前后至今，"90 后文学"的热度逐渐下降，或者说，"90 后文学"在当代文学场域之中已经逐渐扎下根脚，成为了一种"常态"。在这一阶段，第一个高潮期的"90 后"作家亦完成了粗略的再次"分流"：有的"90后"作家表现愈加抢眼，刊物发表、作品出版、作品获奖等接连不断；也有部分"90后"作家另有选择，在短暂的亮相之后并无更多的作品出现，继而开始转身离去。

二

从"90后"作家进入文学场域的方式来看，文学刊物在此发挥了重要的作用。2011年前后，"90后"作家抱团发展，提出了一些创作口号与宣言，创立了社团与刊物，但效果并不明显。一方面这源于当时创作出的文学作品仍较为青涩，另一方面则源于他们自身所拥有的文学资源与话语力量有限。而文学刊物——尤其是大量的主流刊物——在以"专辑""专号""专栏""小辑"等形式推出"90后"作家群体时，"90后"作家群体顿时四处开花了。

在短暂的时间内，集中推出数十位乃至数百位"90后"作家、诗人，这给当代文坛带来了一股新的气象。这是文学场域内的主流力量对青年作家的扶持与助力。当然，这一举动实则也暗含了"竞争"与"筛选"之意。一大批"90后"作家作品出现在我们的视野之中，而其作品并非已经完满无缺，有的甚至仍显青涩。这时，"90后"作家作品进入文学场域，亦如同一场透明的、无形的选拔。优者自然得到更多力量与机会，而其中的平庸者在一轮又一轮的筛选中，自然也就开始走向隐匿。当然，这一过程并不是瞬间完成的，它需要一个相对漫长的时间。

因而，在文学期刊、文学奖项、文学批评等的助力之下，"90后"作家以"群体"的姿态走进当代文学场域，最终只能以"个体"的形象"存活"下来。事实上，作家本来就是"孤军奋战"的，本来就是充满个体性的。对于这一点，"90后"作家比以往的文学前辈们有着更为清晰的认知——在当下，每一个"90后"作家都在"独立作战"，再不见创作群体、创作宣言、美学追求等，自然更谈不上创作思潮了。

三

因此，从代际批评的角度出发，将"90后"作家群体归为一类，将他们的创作命名为"90后文学"，其实只是也只能是一种过渡性的、暂时性的观察方法与研究策略。他们的出身背景各不相同，他们的写作风格各异，他们的美学追求繁复不一，他们的创作理念大相径庭……凡此种种，都无法让我们从"艺术的""美学的"角度将他们归为一类。而他们唯一的相同点，在于他们出生于20世纪90年代。他们在较短的历史视域里构成了所谓的"一代人"，从而区别于"80后"和"00后"。而从更漫长的时间中去看，鲁迅、巴金、汪曾祺与"90后"作家，同样可以视作"一代人"。

所以，"90后"作家也好，"90后文学"也好，都只是短暂的命名。这种带有强烈"当下意味"的研究策略，既有它的长处（比如它至少让我们对这么一群创作者有了更整体更直观的了解，比如它能够直接地帮助青年作家成长），也有它的不足，在此不再赘述。

对于这些青年作家而言，这十余年，或许仅仅只是开始。在短暂的命名背后，在漫长的文学创作中，起核心作用的仍然是青年作家自身的创造力。这才是决定他们是否在漫长的岁月过后，能否与鲁迅、汪曾祺等优秀作家成为"同代人"的关键所在。所以，从这个意义上来说，本书所论述的作家、作品，依然只是一种"当下观察"。

四

"当下观察"具有时效性,这亦带来一种无奈。比如在此刻,许多优秀的"90后"作家又都有了新的作品,许多之前尚未显现的名字也已经广为人知了。庞羽《白猫一闪》《野猪先生:南京故事集》、王占黑《小花旦》、周恺《苔》《侦探小说家的未来之书》《少年、胭脂与灵怪》、路魆《角色 X》、丁颜《烟雾镇》、范墩子《虎面》等小说集纷纷而来,陈春成短篇小说集《夜晚的潜水艇》一鸣惊人备受好评……然而,他(它)们在本书之中却并不见踪影。对此,我们只能感慨:当下的文学评论与研究虽是处在进行时之中,但与文学创作相比,确实始终存在一种滞后性。

最后,需要说明的是,"90后"网络作家和作品是一个体量庞大、值得关注的对象,但并未纳入本书的研究范围之中。个人视野与精力的有限,使得许多"90后"作家作品也未能得到展开论述,遗珠之憾在所难免。因种种原因,"90后"散文创作的研究本书也暂未涉猎。诸多遗憾,只期待日后能再进一步完善、细化了。此外,我的学生严东林、董济东参与了本书第四章第七节和第五章第二节的资料搜集与写作,在此表示感谢。

2021 年 8 月

群像与个体 |

图书在版编目（CIP）数据

群像与个体——"90后文学"论稿/徐威著. -- 北京：作家出版社，2023.5

（21世纪文学之星丛书·2021年卷）

ISBN 978-7-5212-2214-2

Ⅰ.①群… Ⅱ.①徐… Ⅲ.①作家-人物研究-中国-现代 ②中国文学-当代文学-文学研究 Ⅳ.①K825.6 ②I206.7

中国国家版本馆 CIP 数据核字（2023）第 042788 号

群像与个体——"90后文学"论稿

作　　者：徐　威
责任编辑：李亚梓
特约编辑：赵　蓉
装帧设计：守义盛创·段领君
出版发行：作家出版社有限公司
社　　址：北京农展馆南里 10 号　　邮　　编：100125
电话传真：86-10-65067186（发行中心及邮购部）
　　　　　86-10-65004079（总编室）
E-mail: zuojia@zuojia.net.cn
http://www.ZUOJIACHUBANSHE.COM
印　　刷：唐山玺诚印务有限公司
成品尺寸：142×210
字　　数：205 千
印　　张：8.625
版　　次：2023 年 5 月第 1 版
印　　次：2023 年 5 月第 1 次印刷
ISBN 978-7-5212-2214-2
定　　价：49.00 元

作家版图书，版权所有，侵权必究。
作家版图书，印装错误可随时退换。